A
Jornada
da Heroína

Maureen Murdock

A Jornada da Heroína

A BUSCA DA MULHER PARA SE
RECONECTAR COM O FEMININO

SEXTANTE

Título original: *The Heroine's Journey: Woman's Quest for Wholeness*
Copyright © 1990 por Maureen Murdock
Copyright do Prefácio à edição de trigésimo aniversário © 2020 por Maureen Murdock
Copyright do Prefácio © 2020 por Christine Downing
Copyright da tradução © 2022 por GMT Editores Ltda.

Todos os direitos reservados. Nenhuma parte deste livro pode ser utilizada ou reproduzida sob quaisquer meios existentes sem autorização por escrito dos editores.

tradução: Sandra Trabucco Valenzuela
preparo de originais: Rafaella Lemos
revisão técnica: Camila Bertelli
revisão: Ana Grillo e Sheila Louzada
projeto gráfico e diagramação: Ana Paula Daudt Brandão
capa: Kate E. White
adaptação de capa: Natali Nabekura
imagem de capa: iStock
impressão e acabamento: Lis Gráfica e Editora Ltda.

CIP-BRASIL. CATALOGAÇÃO NA PUBLICAÇÃO
SINDICATO NACIONAL DOS EDITORES DE LIVROS, RJ

M949j

Murdock, Maureen
    A jornada da heroína / Maureen Murdock ; tradução Sandra Trabucco Valenzuela. - 1. ed. - Rio de Janeiro : Sextante, 2022.
    224 p. ; 23 cm.

    Tradução de: The heroine's journey
    ISBN 978-65-5564-332-9

    1. Mulheres - Psicologia. 2. Mulheres - Condições sociais. 3. Feminilidade. 4. Papel sexual. I. Valenzuela, Sandra Trabucco. II. Título.

22-75346
    CDD: 305.4
    CDU: 316.346.2-055.2

Meri Gleice Rodrigues de Souza - Bibliotecária - CRB-7/6439

Todos os direitos reservados, no Brasil, por
GMT Editores Ltda.
Rua Voluntários da Pátria, 45 – 14º andar – Botafogo
22270-000 – Rio de Janeiro – RJ
Tel.: (21) 2538-4100
E-mail: atendimento@sextante.com.br
www.sextante.com.br

Para minha mãe e minha filha

Sumário

Prefácio à edição brasileira	9
Prefácio *por Christine Downing*	13
Prefácio *por Maureen Murdock*	17
Introdução	21
1. Separação do feminino	33
2. Identificação com o masculino	49
3. O caminho de provas	67
4. A dádiva ilusória do sucesso	83
5. Mulheres fortes podem dizer não	93
6. Iniciação e descida para a Deusa	109
7. Anseio urgente de reconexão com o feminino	131
8. Curando a ruptura mãe/filha	151
9. Encontrar o homem interior com coração	175
10. Além da dualidade	189
Conclusão	203
Notas	207
Bibliografia	215
Fontes das ilustrações	219
Agradecimentos	221

Prefácio à edição brasileira

A mulher do novo milênio reconhece sua força e seu poder, conquista espaços, exige respeito, valorização, autonomia, justiça e igualdade de direitos e oportunidades. Esse poder tem sido conquistado passo a passo, luta a luta. Trata-se de uma caminhada que envolve processos de autoconhecimento e mudança de paradigmas. Nesse percurso árduo, marcado também pela busca da mulher pelo equilíbrio e pela reconexão com a energia telúrica, Maureen Murdock lançou, em 1990, uma obra-chave para a compreensão da psique feminina, que a Editora Sextante coloca agora à disposição do público brasileiro.

Maureen Murdock nasceu em Nova York, em 1945. Formada em Psicologia e especializada em terapia de casais e terapia familiar, atua há mais de 30 anos como psicoterapeuta junguiana, escritora, fotógrafa e professora de escrita criativa. Seu trabalho é reconhecido pela vitalidade e a abrangência com que aborda os diversos aspectos do feminino.

A jornada da heroína nasce da busca da mulher por sua totalidade, dentro de uma cultura que há séculos tem como base um mundo organizado e liderado por e para o masculino, em detrimento do feminino. A cultura estabelecida define-se através de valores masculinos, que, desse modo, costumam ser apontados como os padrões aceitos e revalidados por toda a sociedade. É daí que advêm um dos principais questionamentos de Maureen Murdock: como a mulher lida com o feminino, se o padrão reconhecido como "bem-sucedido" tem como base o masculino? Essa pergunta – que a autora se fez 30 anos atrás – persiste até hoje, apesar dos avanços alcançados pelas mulheres desde então.

Neste livro, Maureen Murdock nos apresenta, de modo acessível, sua prática terapêutica com mulheres bem-sucedidas em suas respectivas áreas de atuação, seja no mundo corporativo, nas artes, nas ciências ou no mundo acadêmico. Através de relatos de clientes, Maureen observou sentimentos que se repetiam com frequência no comportamento de mulheres que alcançaram seus objetivos e que eram reconhecidas como pessoas de êxito pela sociedade regida por preceitos masculinos: após atingir suas metas, essas mulheres sentiam um vazio, um desequilíbrio interior que as levava a refletir sobre suas escolhas, sobre seus caminhos, enfim, sobre si mesmas.

A esse conjunto de relatos se soma a história pessoal da própria Maureen, que expõe suas feridas e o processo de cura através da busca pelo espírito feminino, sua inserção na vida cotidiana e a descida para a Deusa. Para ela, o processo de cura ocorre quando a mulher aceita sua natureza feminina, numa jornada interior de cura da ruptura mãe/filha, em busca do equilíbrio e da integração plena com a essência do feminino. É um momento de afastamento para a introspecção que resultará na reconexão com o feminino.

Em 1981, Maureen entrevistou pela primeira vez o mitólogo Joseph Campbell (1904-1987), autor de *O herói de mil faces* (1949), obra que identifica semelhanças e recorrências na construção de mitos de diversas culturas, em épocas e localizações diferentes. Nessa análise, Campbell propõe o monomito, ou a jornada do herói, uma jornada cíclica dividida em 17 passos que é comumente presente na constituição dos mitos e que segue modelos arquetípicos junguianos mas também elementos freudianos relativos ao inconsciente. Ao entrevistar Campbell, Maureen já havia concebido o que chamou de jornada da heroína, que incorpora aspectos da jornada do herói de Campbell, porém com um foco diferente: o percurso feminino da heroína deveria curar a ruptura interior entre a mulher e sua natureza feminina e, ao final, após reconectar-se com o feminino, restabelecer o equilíbrio entre o masculino e o feminino, em harmonia com a natureza, com a Terra.

O contexto do desenvolvimento do trabalho de Maureen Murdock está permeado pela chamada Segunda Onda feminista. A publicação do livro *O segundo sexo* (1949), de Simone de Beauvoir, representa um marco que impulsiona essa Segunda Onda, que, especialmente na França e nos Estados Unidos, direcionou-se ao questionamento das desigualdades culturais, políticas, sociais e econômicas enraizadas numa sociedade androcêntrica, patriarcal e sexista que desrespeita direitos fundamentais das mulheres, tendo como único argumento o sexo. Por sua vez, Betty Friedan (citada por Murdock), na obra *A mística feminina* (1963), traz à tona a discussão sobre o papel da mulher e sua submissão ao modelo restrito de "dona de casa", tolhida no desenvolvimento de suas capacidades por processos educacionais que visam à manutenção do status da mulher como um ser dependente e inapto numa sociedade regrada por valores masculinos. É nesse contexto que Maureen Murdock inicia seu trabalho de auxiliar mulheres na conscientização da validação de suas escolhas, como a rejeição do feminino e a identificação com a figura masculina do pai, fazendo com que a ruptura mãe/filha produza uma "filha do pai". Para Murdock, o caminho para o autoconhecimento é introspectivo e, em geral, doloroso: é a chamada descida para a Deusa, um encontro com o lado sombrio de cada uma.

Na sociedade configurada de acordo com os valores androcêntricos, Maureen Murdock reflete sobre o feminino valendo-se de mitos, contos de fadas, antigos símbolos e deusas, relacionando-os aos sonhos relatados por mulheres, inclusive ela mesma. Deusas ancestrais de diversas mitologias, como Perséfone e Inana, são resgatadas e suas histórias são colocadas lado a lado com as de mulheres contemporâneas a nós.

A jornada da heroína faz muito mais que despertar o interesse de mulheres ou de profissionais da psicanálise: trata-se de uma obra instigante e desafiadora. Há alguns anos, este livro também se tornou referência para a construção de narrativas audiovisuais e escrita criativa, suscitando a atenção de roteiristas e estudiosos da comunicação e da literatura, como é meu caso particular: se a jornada do herói de Campbell despertou o interesse de parte da indústria do entretenimento para a produção de roteiros, a jornada da heroína de Murdock vem desencadeando o mesmo interesse, ao criar personagens que realizam os passos dessa jornada. Em estudos publicados e palestras que venho ministrando sobre o tema, a recepção ao protagonismo feminino baseado na jornada da heroína é cada vez maior.

A presente tradução preza pela preservação do estilo da autora, mantendo-se o mais próxima possível do original tanto do ponto de vista sintático quanto lexical, de acordo com a orientação da editora, conservando a fluidez e, tanto quanto possível, o sabor da oralidade expressa nos diálogos. Agradeço muito a oportunidade de fazer parte deste magnífico projeto.

A jornada da heroína: A busca da mulher para se reconectar com o feminino, de Maureen Murdock, é ainda hoje uma leitura agradável, que nos enriquece e nos desafia à reflexão e à transformação.

Sandra Trabucco Valenzuela,
Ph.D. pela Universidade de São Paulo (USP)
Pós-doutora em Literatura Comparada também pela USP

Prefácio
por Christine Downing

Que presente para todos nós a publicação desta edição de *A jornada da heroína*, de Maureen Murdock, que foi publicado há 30 anos. O livro era importante em 1990, quando foi publicado pela primeira vez, e é importante agora.

Maureen Murdock foi minha colega, minha mentora, até minha aluna por algum tempo, e até hoje é uma grande amiga. Para honrar esse fato, vou chamá-la apenas de Maureen. Se fizesse diferente e me referisse a ela como Murdock, estaria desonrando tanto nosso relacionamento quanto alguns dos temas centrais de seu livro.

Como o título sugere, a inspiração deste livro surgiu quando Maureen percebeu como a jornada do herói, apresentada em *O herói de mil faces*, de Joseph Campbell, fala apenas *do herói*: do herói masculino, de uma jornada na qual as mulheres aparecem apenas como ajudantes ou obstáculos, e somente em relação à jornada *dele*. Além disso, Campbell trata de uma jornada em direção à individualidade que não se aplica à experiência feminina. Isso significa, como Maureen bem reconheceu, que nós, mulheres, precisamos de um relato das *nossas* jornadas.

Ao relê-lo, fiquei impressionada ao ver que ela não se prende à tentativa de oferecer uma revisão passo a passo do modelo de Campbell (como outras revisões feministas fizeram). Ao contrário de Campbell, Maureen não tem como foco principal mitos em que divindades femininas ou heroínas desempenham o papel principal, como se dissesse: "Joe, por que você não incluiu *estas* histórias?" Sim, ela fala de Perséfone e de Inana, mas de uma forma que sugere que elas são como nós, e não que nós somos como elas.

Embora use o termo "heroína", ela na verdade está tirando o foco das figuras excepcionais. Todas nós somos heroínas. E há algo de sagrado – algo "divinamente ordinário", como diz Maureen – em nossas histórias, na minha e na sua.

De fato, o que talvez seja mais notável em seu livro é que Maureen escreve com a própria voz. Ela usa a primeira pessoa do singular. Começa falando da própria experiência e a amplifica, sempre recorrendo a histórias extraídas de seu trabalho como terapeuta, a histórias de pacientes e de algumas colegas de trabalho suas. Desde o início, Maureen nos leva a perceber que não existe *a* jornada da heroína, não existe um padrão que se aplique a todas nós.

Quero reconhecer a importância dessa voz que fala "eu", porém, mais ainda, destacar que ela na verdade é uma voz que fala "nós". Um "nós" em que me sinto completamente incluída. Um "nós" que combina demais com o *espírito da época* específica em que este livro foi publicado pela primeira vez.

Maureen e eu participamos plenamente da Segunda Onda feminista, iniciada nos anos 1970 em resposta ao livro *O segundo sexo*, de Simone de Beauvoir. Em todo o país, mulheres se viram tomadas – praticamente sem saber umas das outras – por uma fome de palavras, imagens e histórias capazes de honrar as particularidades da experiência feminina e de esclarecer, desafiar e aprofundar a compreensão de nossas vidas *como mulheres*. Começamos a escrever em primeira pessoa, a nos incluir, trazendo nossos sonhos, nosso corpo, nossa sexualidade, nossa raiva e nossas confusões para nossa escrita de uma forma que até então era tabu no mundo acadêmico. Descobrimos umas às outras. Descobrimos que precisávamos umas das outras.

É para uma compreensão completa do livro que, aqui e ali, Maureen cita nomes de mulheres que foram/são parte de nosso "nós". Fiquei atenta a isso ao longo de meu percurso por estas páginas. Alguns nomes que anotei (sem uma ordem específica): Patricia Reis, Betty Meador, Carol Pearson, Linda Leonard, Nor Hall, Elaine Pagels, Susan Griffin, Sylvia Perera, Starhawk, Estella Lauter, Kathie Carlson, Jean Bolen, Riane Eisler e Marion Woodman. Uma lista inteira de irmãs, cada uma com sua história, com sua jornada.

Maureen reconhece que a jornada das mulheres pode assumir muitas formas, mas contrabalança esse fato com uma articulação mais focada de sua própria jornada, que ela vê ecoar na de muitas pacientes suas (e nos mitos que conta). Como Esther Harding, em *Os mistérios da mulher*, e Sylvia Perera, em *Caminho para a iniciação feminina*, Maureen está particularmente atenta às lutas das mulheres que foram "filhas do pai", que alcançaram o sucesso num mundo dominado por valores masculinos e, por fim, perceberam que esse sucesso não tinha sentido e que se sentiam espiritualmente vazias. Ela escreve lindamente sobre a importância de refazer a conexão com nosso lado mais feminino, nos redescobrir como "filhas da mãe". E compreende como tudo isso é difícil – como é duro abandonar a persona bem-sucedida. Como nos parte o coração reconhecer a profunda ambivalência da nossa relação com nossa mãe, inevitavelmente marcada por amor e ressentimento. Como é doloroso nos permitir sentir nossa raiva, nosso desejo, nosso desespero.

O próprio relato de Maureen neste livro é singularmente sincero e modesto. Ela sabe que a jornada não é linear, que lidamos com a mesma luta uma e outra vez. Ela reconhece plenamente que ainda está no caminho. Imagino que ainda diria isso.

Com certeza, para Maureen e para nossa geração de feministas, nunca bastou apenas nossa jornada individual para alcançarmos a plenitude emocional ou a realização espiritual. Nós queríamos mudar a cultura. Então imagino que, quando escreveu este livro, Maureen esperava, ou ao menos desejava, que ele estivesse ultrapassado hoje, que não fosse mais necessário.

Infelizmente, sei que não é o caso. Dou cursos de psicologia e mitologia grega (para alunos de pós-graduação com idades que vão dos 20 e poucos aos 60 anos) nos quais quase sempre reservo um tempo para contar a história de Deméter/Perséfone. É claro que também conto muitas outras histórias, e no entanto sempre, sempre, uma quantidade enorme de trabalhos finais do curso trata dessa história seminal sobre mães e filhas. São histórias dolorosas de escrever – e de ler. E, ano após ano, mulheres de todas as idades escolhem escrever sua dissertação sobre o tema da descoberta da voz feminina – sempre com um toque novo e individual, mas também sempre porque, por muito tempo, suas vozes ficaram dolorosamente inacessíveis.

Ainda precisamos deste livro.

Christine Downing, Ph.D.
Professora de Estudos Mitológicos no Pacifica Graduate Institute e autora do livro *The Long Journey Home* (A longa jornada para casa).

Prefácio
por Maureen Murdock

Se você quer elevar a humanidade, empodere as mulheres.
– Melinda Gates

Escrevi *A jornada da heroína*, há 30 anos, para descrever uma alternativa ao estereótipo egoico da jornada do herói masculino, tão admirado na cultura dominante. Até então, não havia um padrão arquetípico reconhecível que se adequasse à experiência das mulheres.

Eu costumava recorrer à jornada do herói descrita por Joseph Campbell em meu trabalho como terapeuta familiar e professora de escrita criativa, mas achava que ela deixava a desejar em termos espirituais, pois não tratava da ferida profunda do feminino, fosse no nível pessoal ou cultural.

A vida das mulheres tem uma mitologia diferente da dos homens. Nós negamos quem somos quando medimos sucesso, realização ou satisfação pelos marcos da jornada do herói. Na época, eu queria que as mulheres entendessem que o preconceito contra nós e contra os valores femininos é uma força que parte da sociedade, não um indicativo de nossas próprias fraquezas. *A jornada da heroína* tocou num ponto sensível para muitas mulheres de diferentes origens culturais e foi logo traduzido para mais de uma dezena de idiomas, entre eles o persa e o coreano.

Desde 1990, a narrativa feminina vem mudando, à medida que as mulheres se voltam a questões de identidade, relacionamento, conexão e empoderamento. Estamos fazendo uma enorme diferença na sociedade, mostrando o que pode ser alcançado quando avançamos juntas.

No momento em que escrevo este prefácio, existem – além do número recorde de candidatas à presidência dos Estados Unidos – três mulheres na Suprema Corte. Além disso, quase 25% do Congresso americano é composto de mulheres e Nancy Pelosi é presidenta da Câmara dos Deputados – a segunda na linha sucessória da presidência. O movimento #MeToo se tornou um fenômeno mundial de empoderamento feminino e expôs a insidiosa lógica de abuso e assédio sexual a que mulheres e meninas de todos os ramos, esportes e religiões são submetidas. Hoje, há mais executivas na lista Fortune 500 do que nunca (embora as mulheres ainda correspondam a apenas 6,6% do total), e um estudo recente publicado na *American Psychologist* indicou que, pela primeira vez em 70 anos, a maioria dos americanos acredita que as mulheres são tão competentes quanto os homens, se não mais.

Em 2019, a seleção americana de futebol feminino enfrentou críticas por exigir salários iguais aos dos atletas masculinos, tratamento médico, condições de jogo seguras e justiça social. As atletas acreditaram em si mesmas, o que foi fundamental para vencerem a Copa do Mundo de 2019 e servirem de inspiração para as meninas e as mulheres que viriam depois. Julie Foudy, ex-capitã da seleção americana de futebol e duas vezes campeã mundial, comentou: "De uma forma que eu nunca vi antes, esse time não tem medo de assumir a própria voz." Há um espírito de confiança na equipe e tudo parece possível. Como resultado, as jogadoras foram reconhecidas pelos outros times da Copa e elevaram o nível do futebol feminino no mundo todo.

É uma grande mudança. Mas...

Quando escrevi este livro, há 30 anos, quis assegurar às mulheres que não era necessário nem saudável seguir o caminho do herói masculino, pois isso era espiritualmente árido e não se adequava à nossa mitologia. Não, não podíamos ter tudo; a sociedade não ofereceria creches a preços acessíveis para tornar o ambiente de trabalho adequado a pais e mães. Eu esperava que o futuro eliminasse certos desafios que as mulheres enfrentavam ao longo de seu "caminho de provas", em sua jornada em direção à individuação e ao equilíbrio. Era o que eu chamava na época de "mito da inferioridade feminina ou do pensamento deficitário".

Mal imaginava que, três décadas depois, ainda enfrentaríamos esse estereótipo de gênero arquetípico. Como vivemos em uma sociedade que vê o mundo a partir de uma perspectiva masculina, muitas mulheres ainda internalizam a voz patriarcal que lhes diz que elas têm menos valor. Assim, muitas meninas se sentem invisíveis, inferiores desde a infância por terem sido designadas como mulheres ao nascer, sendo desestimuladas a desenvolver seu pleno potencial. E, no clima político atual, há um ataque inegável aos direitos reprodutivos das mulheres. Recentemente, uma jovem fez a seguinte pergunta: "Por que eles nos odeiam tanto?"

Minha resposta a ela seria: "É uma narrativa presente em nossa cultura patriarcal há pelo menos 5 mil anos. O ódio surge sempre que o poder das mulheres emerge." Mas o exemplo do time de futebol feminino dos Estados Unidos é um corretivo para todos nós. Ele mostra que tudo é possível para as mulheres quando encontramos nossa voz, honramos nossa identidade, batalhamos juntas por um objetivo comum e permanecemos de braços abertos aos céus, como a antiga Deusa Mãe minoica, numa postura de orgulho e reconhecimento da sacralidade do feminino.

Maureen Murdock, 2020

Introdução

Mulheres e homens sentem um vazio nos dias de hoje por suspeitarem que sua natureza feminina, assim como Perséfone, tenha ido para o inferno. Onde quer que exista esse vazio, essa lacuna ou ferida aberta, deve-se buscar a cura no sangue da própria ferida. Eis mais uma das antigas verdades alquímicas: "Nenhuma solução deve ser feita a não ser em seu próprio sangue." Portanto, o vazio feminino pode ser curado não pela conjunção com o masculino, mas por uma conjunção interior, por uma integração de suas próprias partes, por uma lembrança ou uma reconstituição do corpo mãe-filha.
– Nor Hall, *The Moon and The Virgin* (A lua e a virgem)

Em meu trabalho como terapeuta de mulheres, a maioria delas entre 30 e 60 anos de idade, venho ouvindo um estrondoso clamor de insatisfação com os êxitos conquistados no mercado de trabalho. Essa insatisfação é descrita como uma sensação de esterilidade, vazio, dissociação e até mesmo de traição. São mulheres que abraçaram a típica jornada do herói, alcançando assim o sucesso acadêmico, artístico ou financeiro, mas para muitas delas permanece o questionamento: "De que me serve tudo isso?"

A ilusória dádiva do sucesso deixa essas mulheres sem tempo, exaustas, sofrendo de doenças decorrentes do estresse e se perguntando como perderam o rumo. Não era isso que elas estavam procurando quando decidiram partir em busca do sucesso e do reconhecimento. A imagem que elas criaram de como seria ao alcançar o topo não incluía o sacrifício do corpo e da alma. Ao perceber os danos físicos e emocionais que as mulheres sofrem nessa missão heroica, concluí que o motivo para tanta dor é o fato de terem escolhido seguir um modelo que renega quem elas são.

Meu desejo de compreender como a jornada da mulher se relacionava com a jornada do herói me levou primeiro a conversar com Joseph Campbell em 1981. Eu sabia que as etapas da jornada da heroína incorporavam aspectos da jornada do herói, porém sentia que o foco do desenvolvimento espiritual feminino era sanar a divisão interna entre a mulher e sua natureza feminina. Eu queria saber a opinião de Campbell a esse respeito. Fiquei surpresa quando ele me respondeu que as mulheres não precisavam realizar a jornada: "Em toda a tradição mitológica, a mulher já está *lá*. Tudo o que ela tem que fazer é entender que ela já é o lugar que as pessoas estão tentando alcançar. Quando uma mulher entende qual é seu caráter maravilhoso, ela não se deixa confundir com a ideia de ser um pseudo-homem."[1]

A resposta de Campbell me chocou e a considerei profundamente insatisfatória. As mulheres que conheço e com as quais trabalho não querem "estar *lá*" nem ser esse lugar que as pessoas desejam alcançar. Elas não querem personificar a Penélope, que espera pacientemente pelo marido, tecendo e desfiando sem parar. Elas não querem ser aias da dominante cultura masculina, prestar serviço aos deuses. Não querem seguir os conselhos dos fundamentalistas que pregam a volta da mulher para o lar. Elas precisam de um novo modelo que entenda quem e o que é a mulher. Em seu livro *Daybook: The Journal of an Artist* (Diário: Registro de uma artista), a escultora Anne Truitt diz:[2]

> A caverna da condição feminina é aconchegante para mim, e creio que sempre me refugiarei nela com a confortável sensação de que, em um sentido mais profundo que as palavras podem expressar, estou onde deveria estar. Só posso imaginar que talvez os homens sintam o mesmo em relação a alguma caverna da condição masculina. Há um forte consenso em torno da aceitação das diferenças entre homens e mulheres, mas ainda que a condição feminina seja para mim o "lar", isso não significa que eu deseje ficar em casa o tempo todo. A caverna se tornaria fétida se eu nunca saísse. Tenho energia demais, curiosidade e força de sobra para permanecer confinada. Partes inteiras de mim se atrofiariam ou simplesmente azedariam. Se quiser

ser responsável por mim mesma – e eu quero –, preciso ir em busca das minhas aspirações.³

Hoje, as mulheres têm uma missão em nossa cultura. É a missão de acolher por completo sua natureza feminina, aprendendo a se valorizar como mulher e a curar a ferida profunda do feminino. Trata-se de uma jornada interior fundamental para se tornar um ser humano totalmente integrado, equilibrado e íntegro. Como na maior parte das jornadas, o caminho da heroína não é fácil, pois ela não dispõe de sinalizações ou guias bem definidos. Não há mapas, cartas náuticas ou a idade cronológica certa para a viagem começar. Não há uma linha reta a ser seguida. Trata-se de uma viagem que raramente recebe validação do mundo exterior – que, na verdade, muitas vezes a sabota e interfere nela.

O modelo da jornada da heroína deriva, em parte, do modelo de Campbell da jornada do herói.⁴ A linguagem das etapas, entretanto, é específica das mulheres e o modelo visual se apresentou para mim de uma forma muito feminina. Posso dizer que veio das minhas costas.

Na primavera de 1983, eu fazia parte de um programa de pós-graduação do Instituto Familiar de Los Angeles e estudava uma técnica terapêutica chamada "escultura familiar". Essa técnica utiliza a representação de uma cena repetida com frequência na família de origem da pessoa, por exemplo, o típico cenário de um jantar. Eu estava participando da cena como eu mesma num jantar em família, que incluía meus pais e minha irmã mais nova – cujos papéis eram representados por outros estudantes. Enquanto sustentávamos como numa estátua a posição congelada em que cada membro da minha família costumava ficar, minhas costas de repente travaram. Eu não conseguia mais manter a posição que havia assumido – "curvada para trás" para manter tudo em paz.

Passei três dias imobilizada. Fiquei ali deitada de bruços no chão da sala, chorando pela dor e pelo caos da minha família que eu tinha aprendido a recalcar com trabalho e conquistas. E dessas lágrimas surgiu a imagem da jornada da heroína, um caminho circular em sentido horário que começava com uma rejeição muito abrupta do feminino – definido por mim como dependente, supercontrolador e raivoso. O caminho prosseguia com a imersão total na já conhecida jornada heroica exterior, que contava com a ajuda de aliados masculinos para conquistar a dádiva de independência, prestígio, dinheiro, poder e sucesso. A isso se seguia um desconcertante período de aridez e desespero que levava a uma inevitável descida ao submundo, ao encontro do *feminino sombrio*.

Dessa escuridão surgia uma urgente necessidade de curar o que eu chamo de *ruptura mãe/filha*, a *profunda ferida feminina*. E a viagem de volta envolvia a redefinição e validação dos valores femininos, assim como a integração desses valores com as habilidades masculinas aprendidas na primeira metade da jornada.

A imagem me surgiu completa, tal como se verá adiante, e nos anos seguintes me dediquei a compreender as etapas dessa jornada. Este vem sendo um lento processo de escuta das histórias de clientes e amigas, em que também observo, num nível mais profundo, minha própria necessidade de reconhecimento e aprovação em uma sociedade dominada pelos homens.

Essa jornada é descrita a partir da minha perspectiva e também da perspectiva de muitas das mulheres da minha geração que buscaram a validação dos sistemas patriarcais e perceberam que eles não apenas deixam a desejar como são terrivelmente destrutivos. Somos as filhas da era pós-Sputnik, que foram encorajadas a alcançar a excelência para recuperar a supremacia do Ocidente.

Eu sou o que se costuma chamar de a "filha do pai" – ou seja, uma mulher que se identificou principalmente com a figura paterna, muitas vezes rejeitando a mãe, e que sempre buscou a atenção e a aprovação do pai e dos valores masculinos. O modelo que apresento aqui não se aplica necessariamente à experiência de todas as mulheres de todas as idades e tampouco se limita a elas. Ele aborda a jornada de ambos os gêneros, descrevendo a experiência de muitas pessoas que se esforçam para se manter ativas e oferecer uma contribuição ao mundo, mas que também temem o que nossa sociedade voltada para o progresso vem causando à psique humana e ao equilíbrio ecológico do planeta.

O movimento ao longo das etapas da jornada é cíclico e a pessoa pode estar em mais de uma etapa ao mesmo tempo. Por exemplo, estou trabalhando para curar minha ruptura mãe/filha e também para integrar as duas partes da minha natureza. A jornada da heroína é um ciclo contínuo de desenvolvimento, crescimento e aprendizado.

A jornada se inicia com a busca pela identidade de nossa heroína. Esse "chamado" ocorre não numa idade específica, mas quando o "antigo eu" já não serve mais. Isso pode acontecer quando a jovem sai de casa para começar uma faculdade, para trabalhar, viajar ou iniciar um relacionamento. Ou na meia-idade, quando a mulher se divorcia, volta a trabalhar ou estudar, muda de carreira ou se depara com o "ninho vazio" (quando os filhos crescidos deixam o lar). Ou então simplesmente no momento em que a mulher se dá conta de que não tem uma identidade própria.

A etapa inicial da jornada em geral inclui uma rejeição do feminino, que é definido como passivo, manipulador ou improdutivo. As mulheres costumam ser retratadas em nossa sociedade como distraídas, volúveis e

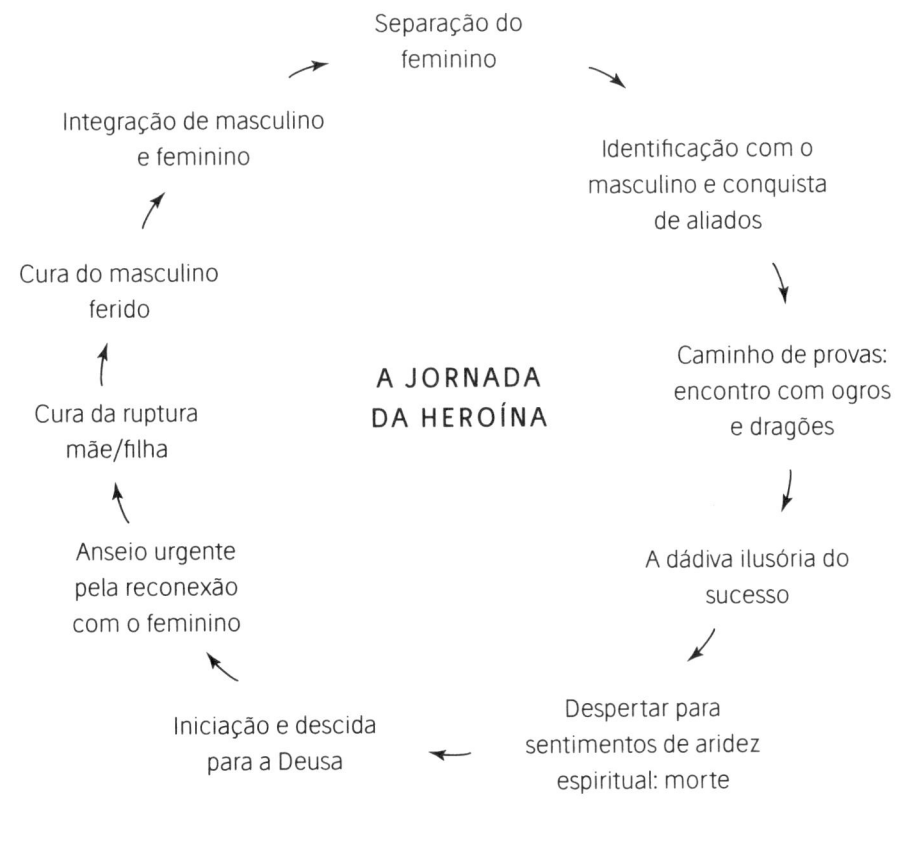

A JORNADA DA HEROÍNA

- Separação do feminino
- Identificação com o masculino e conquista de aliados
- Caminho de provas: encontro com ogros e dragões
- A dádiva ilusória do sucesso
- Despertar para sentimentos de aridez espiritual: morte
- Iniciação e descida para a Deusa
- Anseio urgente pela reconexão com o feminino
- Cura da ruptura mãe/filha
- Cura do masculino ferido
- Integração de masculino e feminino

A jornada da heroína começa com a "Separação do feminino" e termina com a "Integração de masculino e feminino".

emotivas demais para dar conta do recado. Essa suposta falta de foco e de uma clara diferenciação nas mulheres é percebida como fraqueza, inferioridade e dependência, não apenas pela cultura dominante como também por muitas mulheres.

Entre aquelas que buscam êxito no mundo masculino do trabalho, é comum que escolham tal caminho para acabar com esse mito. Querem provar que são inteligentes e competentes, que são emocional e financeiramente independentes. Discutem suas questões com o pai e familiares do sexo masculino. Escolhem modelos e mentores que sejam ou homens ou mulheres identificadas com o masculino e que validem sua capacidade intelectual, seu propósito e sua ambição, trazendo a sensação de segurança, direção e sucesso. Sua dedicação é totalmente voltada para realizações no trabalho; para ascender no mundo acadêmico ou corporativo; alcançar prestígio, posição e construir um patrimônio; se sentirem poderosas no mundo. É uma experiência inebriante para a heroína, e ela conta com o total apoio da nossa sociedade materialista, que atribui um valor supremo ao que se *faz*. Qualquer coisa que seja menos do que fazer um "trabalho importante no mundo" não tem nenhum valor intrínseco.

Nossa heroína veste sua armadura, pega sua espada, escolhe seu corcel mais rápido e se lança à batalha. Então ela encontra seu tesouro: um diploma de doutorado, um alto cargo corporativo, dinheiro e autoridade. Os homens sorriem, apertam a mão dela e a aceitam no clube.

Depois de certo tempo aproveitando a vista panorâmica do topo, administrando tudo, o que às vezes inclui carreira e filhos *também*, pode surgir uma sensação de: "Certo, eu cheguei! Mas e agora?" Ela procura então o próximo obstáculo a ser superado, a próxima promoção, o próximo evento social, preenchendo cada momento livre com o *fazer*. Não sabe como parar ou dizer não e se sente culpada só de pensar em decepcionar qualquer pessoa que precise dela. As realizações se tornaram um vício, e esse poder recém-conquistado dá um incrível "barato".

Em geral, é nesse momento que a mulher começa a se sentir fora de sintonia consigo mesma ou pode desenvolver uma doença física ou até mesmo sofrer um acidente. Ela começa a se questionar: "De que me serve tudo isso? Conquistei tudo o que queria, mas me sinto vazia. Por que essa solidão e essa angústia terríveis e insistentes? Por que me sinto traída? O que foi que eu perdi?"

No anseio de se livrar das associações negativas com o feminino, nossa heroína acabou por criar um desequilíbrio dentro de si mesma que a deixou arrasada e com cicatrizes. Ela aprendeu a fazer tudo com lógica e eficiência, mas sacrificou sua saúde, seus sonhos e sua intuição. Talvez o que ela perdeu tenha sido a profunda relação com sua natureza feminina. Ela pode relatar e se lamentar pelo entorpecimento de sua sabedoria corporal, pela permanente falta de tempo para a família e seus projetos criativos, pela perda de amizades profundas com outras mulheres ou pela ausência de sua própria "garotinha".

De acordo com Campbell, "o principal interesse da mulher é criar e acolher. Ela é capaz de criar um corpo, criar uma alma, criar uma cultura, criar uma comunidade. Se não tem o que criar, ela de alguma forma perde a noção de sua função".[5] Na minha opinião, muitas mulheres que abraçaram a jornada do herói masculino esqueceram como criar e acolher a si mesmas. Elas presumiram que para ser bem-sucedidas era preciso manter-se sempre afiadas e, nesse processo, muitas acabaram com um buraco no coração.

O que Campbell afirma sobre os homens e sua crise de meia-idade pode se aplicar na mesma medida à perplexidade e insatisfação que as mulheres sentem em face do sucesso: "Ao atingir o topo, eles se dão conta de que a escada que subiram está escorada na parede errada. Que eles se equivocaram lá no início."[6]

Algumas mulheres descobrem que seus esforços para conquistar sucesso e reconhecimento se baseavam no desejo de agradar os pais – especificamente, o pai internalizado. No momento em que começam a observar seus motivos, algumas têm dificuldade para encontrar as partes de si mesmas que são realmente suas. E aí surge um sentimento de desolação. "Quando olho para dentro de mim, não sei quem está lá", me confidenciou uma cineasta com pouco mais de 40 anos. "Minha única certeza é um anseio de preencher meu coração. A única coisa em que posso confiar é o meu corpo."

O que aconteceu com essas mulheres é que elas não foram longe o suficiente no caminho da libertação. Aprenderam a ser bem-sucedidas de acordo com um modelo masculino, porém esse modelo não consegue satisfazer a necessidade de ser uma pessoa inteira. O equívoco lá no início pode ter sido a decisão de seguir as regras dos outros para alcançar o valor próprio e o sucesso. Quando decide parar de seguir as regras do patriarcado, a mulher não tem diretrizes para lhe dizer como agir ou sentir. Quando ela não quer mais perpetuar formas arcaicas, a vida se torna emocionante – e aterrorizante. "A mudança é assustadora, mas onde há medo, há poder. Se aprendermos a senti-lo sem deixar que ele nos detenha, o medo pode se tornar um aliado, um sinal de que algo com que nos deparamos pode ser transformado. Muitas vezes nossa verdadeira força não está nas coisas que representam o que nos é familiar, confortável ou positivo, mas em nosso medo e até mesmo em nossa resistência à mudança."[7] Assim começa um processo de iniciação.

Nesse trecho da jornada, a mulher começa sua descida. Pode haver um período aparentemente interminável de ausência de rumo, tristeza e fúria; de deposição de reis; de busca pelas partes perdidas de si mesma e de encontro com o feminino sombrio. Essa etapa pode levar semanas, meses ou anos e, para muitas mulheres, pode envolver um tempo de isolamento voluntário – um período de escuridão e silêncio, de aprendizado da arte de ouvir profundamente a si mesma outra vez: de *ser* em vez de fazer. O mundo exterior pode encarar esse estágio como uma depressão e um período de incapacidade. Familiares, amigos e colegas de trabalho imploram à nossa heroína que "siga em frente".

Esse período costuma ser repleto de sonhos de dissociação e morte, de sombras irmãs e intrusos, de jornadas através de desertos e rios, de antigos símbolos da deusa e animais sagrados. Há um desejo de passar mais tempo na natureza, nutrindo-se da terra, e uma consciência cada vez maior das mudanças cíclicas das estações e dos ritmos da Lua. Para muitas mulheres, o período menstrual se torna uma ocasião importante para honrar a condição feminina, o sangue, a limpeza e a renovação do corpo e da alma. A descida não pode ser apressada porque é uma jornada sagrada não apenas para recuperar as partes perdidas de si mesma, mas também para redescobrir a alma perdida na cultura – algo a que muitas mulheres hoje se referem como a retomada da Deusa. Uma anotação em meu próprio diário durante esse período aponta:

> Este é um território inexplorado. É escuro, úmido, sangrento e solitário. Não encontro aliados, consolo ou sinais de saída. Sinto-me aberta e em carne viva. Procuro as partes de mim mesma – algo reconhecível –, mas só encontro fragmentos e não consigo reuni-los. Isso é diferente de todas as lutas que já enfrentei. Não se trata da conquista do outro; é ficar cara a cara comigo mesma. Caminho nua em busca da Mãe.

Procuro recuperar as partes de mim que ainda não viram a luz do dia. Elas devem estar aqui na escuridão. Elas esperam que eu as encontre, pois já não confiam mais em mim. Eu já as reneguei antes. Elas são meus tesouros, mas tenho que cavar para trazê-los à superfície. Nessa jornada não vai aparecer uma fada madrinha me mostrando o caminho de saída. Eu cavo... em busca da paciência, da coragem de suportar a escuridão, da perseverança para não subir prematuramente à luz, o que interromperia de forma abrupta meu encontro com a Mãe.

Após o período de descida, nossa heroína começa, lentamente, a curar a ruptura mãe/filha, essa ferida que ocorreu com a rejeição inicial do feminino. Essa etapa pode envolver ou não uma cura real da relação entre a mulher e sua mãe. O certo é que uma cura ocorre dentro da mulher, à medida que ela começa a acolher seu corpo e sua alma, resgatando seus sentimentos, sua intuição, sua sexualidade, sua criatividade e seu humor.

Pode surgir de repente uma vontade irresistível de fazer aulas de cerâmica, culinária, jardinagem, de receber uma massagem, de criar um ninho confortável. Parte da energia que era direcionada para o exterior é, pouco a pouco, redirecionada para dar à luz projetos criativos, para redescobrir o corpo e desfrutar da companhia de outras mulheres. Mulheres cuja carreira foi o foco principal até então podem agora decidir casar e ter filhos. Essa etapa envolve escolhas e sacrifícios muito claros, os quais, para uma pessoa com visão patriarcal, podem parecer uma renúncia.

Uma cliente minha – uma dentista de quase 40 anos –, depois de perder uma das mamas em consequência de um câncer, decidiu escrever, fazer jardinagem e ser mãe. Ela conta: "É uma decisão difícil. O salário fixo faz com que eu me sinta segura e útil, e creio que será quase impossível conseguir um plano de saúde devido à minha condição preexistente, mas estou impaciente para fazer as coisas que eram importantes para mim antes de a odontologia me fazer deixar tudo de lado."

Tive uma experiência semelhante ao escrever este livro. A jornada exterior em busca de reconhecimento tornou-se cada vez menos importante à medida que eu explorava meu terreno interior. Minha voz feminina foi se tornando potente à medida que eu desenvolvia coragem para deixar de me agarrar ao pensamento linear. Então eu estaria livre para ouvir sonhos, imagens e aliados interiores. Eles se tornaram meus guias. Quando reduz a ênfase que dá à busca heroica exterior para definir a si mesma, a mulher fica livre para explorar *as próprias* imagens e *a própria* voz.

Enquanto se concentra em sua jornada interior, a mulher recebe pouco reconhecimento e menos aplausos do mundo exterior. As perguntas que ela faz a respeito dos valores da vida provocam desconforto naqueles que estão comprometidos com as armadilhas exteriores do sucesso. É por isso que essa jornada exige coragem e a confiança em algum tipo de assistência espiritual. Hoje as mulheres se reúnem para estudar, compartilhar imagens e honrar o que é feminino e foi perdido por elas próprias e pela cultura. Muitas encontram conforto e alegria na criação conjunta de rituais destinados a celebrar os ritmos da natureza e marcar as transições na vida delas e na de seus entes queridos.

Tenho a impressão de que a intensa ênfase na espiritualidade feminina que se vê hoje em dia é resultado direto do grande número de mulheres que trilharam a jornada do herói para, no fim, descobrir que ela é vazia para o indivíduo e perigosa para a humanidade. As mulheres adotaram a jornada do herói porque não havia outras imagens para emular: ou eram "bem-sucedidas" numa cultura masculina ou eram dominadas e dependentes. Para modificar as estruturas econômicas, sociais e políticas, precisamos encontrar novos mitos e novas heroínas. Talvez seja por isso que tantas mulheres e tantos homens estejam se voltando a imagens da Deusa e a culturas matriarcais antigas para entender estilos de liderança que envolvem parceria em vez de subjugação e cooperação em vez de ganância.

"Nestes últimos anos do século XX e início do XXI, parte da missão das mulheres é reviver uma espiritualidade da criatividade que não tenha medo da estranha beleza do mundo submerso do subconsciente e ajudar os homens a sair do mundo tão restrito e estreito dos fatos comprováveis e limitados em que a sociedade os aprisionou", afirma Madeleine L'Engle em artigo publicado em 1987 na revista *Ms.*[8] Ela prossegue: "Meu papel como feminista não é competir com os homens no mundo deles – isso é fácil demais e, em última análise, improdutivo. Minha missão é viver plenamente como mulher, desfrutando de todo o meu ser e de meu lugar no universo."

Qual é o lugar da mulher nesta etapa do nosso desenvolvimento cultural? Acredito fortemente que seja curar a ruptura que nos diz que nossos conhecimentos, vontades e desejos não são tão importantes ou tão válidos quanto os da dominante cultura masculina. Nossa tarefa é curar essa ruptura interna que nos manda passar por cima dos sentimentos, da intuição e das imagens de sonho que nos falam da verdade da vida. Precisamos ter a coragem de conviver com o paradoxo, a força para manter a tensão de não saber as respostas e a disposição a dar ouvidos à nossa sabedoria interior e à sabedoria do planeta, que implora por mudanças.

A heroína deve se transformar numa guerreira espiritual. Isso exigirá que ela aprenda a delicada arte do equilíbrio e tenha paciência para a lenta e sutil integração dos seus aspectos femininos e masculinos. No início, ela sente a necessidade de abandonar seu eu feminino para se fundir com o masculino e, quando faz isso, começa a perceber que essa não é a solução nem o fim. Ela não deve descartar nem abrir mão do que aprendeu durante sua busca heroica, mas deve aprender a enxergar suas habilidades e seus êxitos conquistados com tanto esforço não como o *objetivo*, e sim como parte da jornada. Ela então começará a usar essas habilidades em sua missão maior em busca de aproximar as pessoas, e não de ganhos individuais. Esse é o casamento sagrado do feminino e do masculino: quando a mulher pode não apenas servir às necessidades dos outros, mas valorizar e ser sensível às suas próprias também. Esse foco na integração e a consciência da interdependência que surge a partir dele é necessário para cada um de nós neste momento em que trabalhamos juntos para preservar o equilíbrio da vida na Terra.

A esposa de Ló

Mas se viajares para um lugar suficientemente distante, um dia reconhecerás a ti mesma vindo pelo caminho ao teu próprio encontro. E dirás: SIM.

– Marion Woodman

Em algum lugar do caminho,
com outra voz
e outra língua,
ela espera por outro tempo

e pelo lava-pés,
enquanto eu, uma salgada lágrima de mulher,
permaneço solidificada, esposa de Ló,
olhando para trás, para minha cidade em chamas
vales, montanhas e planícies
ao longe. Voltando-me,
o peso de milhares de anos
para aquela mulher que espera ao longe,
observando eras incontáveis,
vidas sem nomes,
que caem e desmoronam
por montes e ladeiras rochosas
mulher sem fim
suas rimas a acompanham,
suas lembranças,
suas palavras duras, suas palavras suaves, seus gritos,
minhas palavras, meus gritos, todo o não ouvido
as formas como escuto
os sons silenciosos de mulheres
começando a irromper
e a serem ouvidas profunda e amplamente.
Totalmente virada, um passo à frente,
um e outro mais,
avanço pelo caminho
para aquela que sou
e ainda não sou.

– Rhett Kelly[9]

1
Separação do feminino

A mãe representa a vítima dentro de nós, a mulher sem liberdade, a mártir. Nossa personalidade parece perigosamente borrar-se e justapor-se à de nossa mãe. E numa tentativa desesperada de saber onde termina a mãe e começa a filha, realizamos uma cirurgia radical.
– Adrienne Rich, *Da mulher nascida*

Tanto os historiadores da maternidade quanto os teóricos da psicodinâmica nos recordam que desde a Revolução Industrial as mães são responsabilizadas, enaltecidas ou recriminadas por quem seus filhos são e pelo tipo de pessoa que se tornam.[1] A mãe é vista como a principal causa do desenvolvimento positivo ou negativo de uma criança, sem que a autoridade e o respeito que seu papel recebe dentro de seu sistema familiar específico ou da cultura em que se insere sejam levados em conta. A sociedade deposita uma enorme responsabilidade sobre a mãe, mesmo sem lhe conceder qualquer apoio financeiro, prestígio ou elogio por exercer um trabalho de tamanha importância para toda a cultura. Não há prêmio ou menções honrosas para o exercício da maternidade. Raramente damos crédito à mãe, mas nos apressamos em culpá-la por todos os males da sociedade. Numa recente decisão judicial proferida em Los Angeles, a mãe de um criminoso condenado que era membro de uma gangue e morava numa área assolada pelo consumo de crack foi indiciada pelo que o tribunal descreveu como ausência na prestação de um cuidado materno adequado. Vale ressaltar que nenhuma menção foi feita à ausência de cuidados paternos, de educação, de moradia e de oportunidades para crescer em uma sociedade segura e protegida.

Nossa sociedade é androcêntrica: ela vê o mundo a partir de uma perspectiva masculina. Os homens são recompensados por sua inteligência, sua ambição e sua confiabilidade, ganhando posição, prestígio ou capital financeiro. Quando as mulheres alcançam o mesmo patamar dos homens, também recebem recompensas, mas nunca as mesmas. Se as mulheres se virem através da lente masculina e se avaliarem de acordo com os padrões de uma cultura definida pelos homens, sempre acabarão se considerando deficientes ou carentes das qualidades que os homens valorizam. Elas nunca serão homens, e muitas que buscam ser "tão boas quanto os homens" estão ferindo sua natureza feminina. Passam a se definir em termos de déficits, em termos do que não têm ou do que ainda não conquistaram, e começam a obscurecer e desvalorizar a si mesmas como mulheres.[2] A desvalorização das mulheres começa com a mãe.

De acordo com Joseph Campbell, a tarefa do verdadeiro herói é romper a ordem estabelecida e criar a nova comunidade. Ao fazer isso, o herói ou a heroína mata o monstro do *status quo*, o dragão da antiga ordem – Gancho, aquele que mantém o passado.[3] Do ponto de vista da cultura, os valores patriarcais de dominação e controle exercidos pela população masculina mais forte, mais ruidosa e mais poderosa estão profundamente arraigados na ordem estabelecida. Hoje, tanto mulheres como homens estão desafiando a linguagem e o pensamento patriarcais, bem como as estruturas patriarcais econômicas, políticas, sociais, religiosas e educacionais, criando novos modelos. Mas no nível pessoal, a antiga ordem é incorporada pela mãe, e a primeira tarefa da heroína em direção à individuação é separar-se dela.

Uma filha pode ter dificuldades nesse processo de separação ao longo da vida inteira, mas algumas fazem rupturas mais radicais que outras. Para se distanciar de sua mãe e do *poder da mãe* sobre ela, a mulher pode passar por um período de rejeição a todas as qualidades femininas que são distorcidas pela lente cultural como inferiores, passivas, dependentes, sedutoras, manipuladoras e impotentes.[4]

Quanto mais a mãe representa o *status quo*, o contexto restritivo dos papéis sexuais e a profunda noção de inferioridade feminina dentro de uma sociedade patriarcal, mais a mulher buscará se separar dela. E, conforme avança nas etapas de seu desenvolvimento e começa a compreender as raízes da desvalorização do feminino nesta cultura patriarcal, a mulher percebe que sua mãe não é a causa de seus sentimentos de inadequação. A mãe é apenas um alvo conveniente para culpar pela confusão e a baixa autoestima experimentada por muitas filhas em uma cultura que glorifica o masculino.

A verdade é que nossas mães, bem como as mães de nossas mães, foram aprisionadas, do mesmo modo que a esposa de Ló, numa imagem nelas projetada pelos homens. As mulheres que foram mães nas décadas de 1940 e 1950 não tiveram muitas oportunidades de ir atrás dos próprios objetivos. Foram manipuladas, contidas e reprimidas com o auxílio da publicidade, das cintas emagrecedoras e do Valium. Agora, tornou-se tarefa de suas filhas desatar e curar suas feridas do feminino.

Rejeição do feminino

Há 25 anos, Mary Lynne ingressou numa faculdade feminina, determinada a estudar matemática avançada. Ela se inspirou no projeto Sputnik, dos anos 1950, e no desafio proposto aos alunos americanos para se aprofundarem nas áreas de matemática e ciências. No entanto, a verdadeira razão para sua escolha foi não haver muitas mulheres interessadas em matemática naquela época: "As meninas que eu conhecia não foram estudar matemática e eu queria ser diferente. A maioria das garotas escolhia letras, mas eu não suportava analisar enredos e personagens. Também estava cansada dos meus pais me falando para ser enfermeira ou professora, pois assim eu teria um plano B caso meu futuro marido ficasse incapacitado. Eu nem estava pensando em marido e muito menos queria um plano B! Eu queria fazer algo importante na área de ciências da computação. Estava cheia de idealismo adolescente. Também queria mostrar ao meu pai que era tão boa quanto o filho que ele sempre quis e nunca teve."

Mary Lynne nunca considerou a possibilidade de não ter aptidão para matemática avançada, apesar de sua baixa pontuação no SAT (a prova mais utilizada no processo de seleção de universidades nos Estados Unidos) e do conselho de seu orientador para que seguisse a carreira de letras. Ela mal acreditou quando o diretor do Departamento de Matemática lhe disse para escolher outro curso no final de seu segundo ano na faculdade, explicando que seu baixo desempenho era inadequado para o nível de matemática avançada. "Fiquei arrasada", recorda ela. "Me lembro de sair atordoada de nossa breve conversa de dois minutos, pensando: 'É isso aí, agora vou acabar como uma mulher.' Simples assim. Eu pensava que a matemática me salvaria de ser mulher."

Outros questionamentos revelaram que Mary Lynne havia rejeitado tudo que era associado ao feminino porque não queria ser como sua mãe, uma dona de casa tradicional que enxergava como frustrada, controladora, zangada e rígida. "Nunca me dei bem com minha mãe. Acho que ela tinha inveja porque eu me saía bem na escola e tive a oportunidade que ela nunca teve de fazer uma faculdade. Eu não queria acabar como ela de jeito nenhum. Queria ser como meu pai, que eu via como flexível, bem-sucedido e satisfeito com seu trabalho. Minha mãe nunca estava feliz. Nunca me ocorreu, naquela época, que o sucesso do meu pai fosse às custas da minha mãe ou que a raiva que ela sentia de si mesma e as ideias contraditórias que transmitia às filhas tivessem sua gênese na forma como a sociedade tratava as mulheres."

Hoje, Mary Lynne entende que sua total identificação com os valores masculinos afetou sua visão de si mesma como mulher e que ela desvalorizava outras mulheres. "Eu tinha uma postura de superioridade em relação às outras mulheres. Queria pensar como um homem. E é claro que me odiava como mulher. Bloqueei grandes áreas de mim mesma na busca por me identificar com os homens. Estabeleci para mim um padrão que exigia que, para alguma coisa valer a pena, deveria ser difícil, concreta e quantificável. Hoje percebo que, ao rejeitar o feminino no final da adolescência, também inibi meu crescimento como mulher, negando minhas habilidades inerentes e ignorando o que me dava prazer."

Pouco antes de completar 42 anos, Mary Lynne teve um sonho. "Eu estava num dos últimos bancos de um ônibus na Escócia. Adormecia e acordava quando o ônibus estava fazendo o retorno para pegar o caminho de volta. Estávamos na Diehard Street. Eram 20h45, mas ainda estava claro. O céu estava iluminado pelas luzes do norte."

Ao refletir sobre esse sonho, Mary afirmou: "Eu percebo que a linha de ônibus da Diehard Street se refere à minha postura na vida. *Diehard* em inglês significa 'inflexível', exatamente o que eu fui por muitos anos. Fui implacável em resistir a tudo o que é considerado feminino. Quando não consegui ser bem-sucedida na matemática, entrei para a área de captação de recursos. Aprendi a competir, a jogar pelo poder e a seguir as regras do mundo masculino. Porém não aprendi a relaxar, me acolher ou aproveitar a vida. Meus amigos me consideram uma *workaholic*, e digo a eles que é mais forte que eu, que é assim que o sistema funciona. Bem, eu me sinto como se tivesse quitado minhas dívidas. Não quero mais andar na linha de ônibus da Diehard Street. Sacrifiquei meu relacionamento com minha mãe, com minhas irmãs e comigo mesma para ser heroica no mundo dos homens. Mas já é hora de voltar ao que realmente importa."

A jornada começa: a separação da mãe

A jornada começa com a luta da heroína para se separar física e psicologicamente tanto de sua mãe quanto do arquétipo da mãe, que tem um peso ainda maior. O arquétipo da mãe costuma ser referido como o inconsciente, sobretudo em seu aspecto maternal, que envolve o corpo e a alma. A imagem da mãe não representa apenas um aspecto do inconsciente, ela é um símbolo para todo o inconsciente coletivo, que contém a união de todos os opostos.[5]

A separação da mãe é um processo particularmente intenso para uma filha, pois tem que se separar daquela que é como ela. Ela vivencia um medo da perda caracterizado pela ansiedade de estar sozinha, separada e de se sentir diferente da progenitora do mesmo sexo que, na maioria dos casos, constituiu seu principal relacionamento. A separação da mãe é mais complexa para uma filha do que para um filho, porque ela "precisa se diferenciar de uma figura materna com a qual deve se identificar, enquanto um filho se diferencia de uma figura materna que tem as qualidades e os comportamentos que ele aprendeu a repudiar dentro de si mesmo em seus esforços para se tornar masculino."[6]

Muitas filhas vivem um conflito entre querer levar uma vida mais livre do que sua mãe e, ao mesmo tempo, desejar o amor e a aprovação maternas. Querem ir além de sua mãe, mas temem perder o amor dela. Muitas vezes, a separação geográfica pode ser a única maneira de resolver a tensão entre a necessidade da filha de crescer e seu desejo de agradar a mãe. Em

Górgona

nossa cultura, as meninas internalizaram o mito da inferioridade feminina e, portanto, têm uma necessidade maior do que os meninos de aprovação e validação. Elas sentem dificuldade de arriscar desagradar os pais: a "independência das meninas – por ser inesperada – tem mais chances de ser interpretada como uma rejeição dos pais do que a rebeldia já esperada por parte de um menino".[7] Essa primeira separação da menina "muitas vezes parece mais um desmembramento do que propriamente uma libertação".[8]

Para realizar essa ruptura com a mãe, muitas jovens mulheres associam a figura materna ao arquétipo da mulher vingativa, possessiva e devoradora que elas precisam rejeitar para sobreviver. A mãe verdadeira pode ou não incorporar essas características, mas a filha as internaliza como um construto de sua mãe interior. De acordo com Jung, essa mãe interior começa a funcionar como uma figura da sombra, um padrão involuntário inaceitável para nosso ego. Como não podemos aceitá-lo em nós mesmas, nós o projetamos no outro.[9]

A imagem do ogro que negligencia a própria filha ou a mantém prisioneira é projetada sobre a mãe, que deve ser morta. A madrasta, como no conto de João e Maria, transforma-se na Bruxa Má e encontra a morte sendo lançada ao forno. A relação mãe/filha e a separação da mãe é tão complexa que, na maior parte da literatura feminina e nos contos de fadas, a mãe está ausente, morta ou é a vilã.[10]

A mãe terrível e o feminino negativo

Há dois polos de expressão do arquétipo da Mãe: a Grande Mãe, que incorpora acolhimento, nutrição e proteção sem limites, e a Mãe Terrível, que representa incapacidade de agir, sufocamento e morte. Esses modelos arquetípicos são elementos da psique humana que se formam em resposta à típica dependência humana durante a infância.[11] Na maioria dos casos, a mãe é o principal objeto da dependência do bebê e a tarefa da criança é passar dessa fusão simbiótica para a separação, a individuação e a autonomia. Se a mãe for percebida pela criança como a fonte de acolhimento e apoio, a criança vai experimentá-la como uma força positiva; se ela for percebida como negligente ou sufocante, a criança vai experimentá-la como destrutiva.

Na idade adulta, muitas pessoas respondem ao poder feminino e muitas vezes à própria mãe nos termos do arquétipo da Mãe Terrível.[12] Não conseguem entender que a vida de sua mãe está inserida num contexto histórico e familiar nem compreendem quais eram as oportunidades para as mulheres em sua época. Assim, acabam por internalizar as falhas dela como parte da mãe negativa interior.

Houve um tempo em que a mulher assertiva, exigente e determinada era vista como uma megera devoradora (Bette Davis, por exemplo) e a mulher que se queixava da falta de oportunidades era vista como uma chorona passiva. Algumas filhas aprenderam com a mãe uma forma sutil de odiar a si mesmas e de fazer concessões. Hoje elas lutam para se libertar dessa imagem tão nociva. Uma menina espera que a mãe lhe dê pistas sobre o que significa ser mulher, e se sua mãe for impotente, a filha se sentirá humilhada por ser mulher. Em seu desejo de não ser como a mãe, ela pode batalhar pelo poder às custas de outras necessidades. "Muitas filhas vivem enfurecidas com a mãe por terem aceitado de forma passiva e rápido demais a ideia de que 'o que tiver de ser, será'.[13] Assim, a menos que a filha torne consciente essa reação inconsciente, continuará a agir *em reação* à mãe."

A filha foge da mãe devoradora que, através do ciúme e da inveja que sente dos talentos e da potencial liberdade de sua filha, tenta aprisioná-la. Ela se distancia da mãe, que é excessivamente julgadora e rígida e não lhe oferece apoio. Afasta-se do arquétipo de mártir da mãe que sacrificou a própria vida pelo bem-estar do marido e dos filhos. A amargura da mãe em razão de seus sonhos despedaçados pode irromper em fúria ou num comportamento passivo-agressivo em relação à filha, que teve mais oportunidades. Uma mãe que se encaixa no estereótipo da mulher raivosa e histérica, que lança pratos na parede enquanto vê a própria vida se esvair, encarna a deusa Kali, que está repleta de raiva destruidora.

Kali Ma, a Deusa Tríplice Hindu da criação, preservação e destruição, é conhecida como a Mãe Sombria. Ela é a imagem arquetípica básica da Mãe do nascimento e da morte, ao mesmo tempo útero e túmulo, dando a vida a seus filhos e tirando-a. Ela é o antigo símbolo do feminino retratado de milhares de formas diferentes.[14] Segundo Marija Gimbutas e Merlin Stone, as religiões matriarcais foram reprimidas e desvalorizadas pelas religiões patriarcais nos últimos 6.500 anos.[15] O poder de Kali foi forçado à clandestinidade do mesmo modo que os talentos, as habilidades e a energia das mulheres foram reprimidos quando elas se submeteram a papéis de gênero que as deixam deprimidas e suicidas. Quando a fúria de Kali não é expressa ou canalizada de maneiras criativas, ela se transforma na sombria e devoradora estagnação de uma vida não vivida.

A maioria das mulheres mal consegue esperar para se distanciar da mãe raivosa e negativa. Todas ouvimos mulheres que dizem: "Eu não quero ser como a minha mãe de jeito nenhum. Não quero ser nem *parecida* com ela." Algumas mulheres têm medo não apenas de ser como sua mãe. Na verdade, elas têm medo de *se tornarem sua mãe*.[16] Esse medo, a *matrifobia*, é tão profundo em nossa cultura que muitas vezes a mãe é deixada sentindo-se abandonada, desvalorizada e totalmente rejeitada quando os filhos saem de casa.

O abandono da mãe

Abandonar a mãe pode dar a sensação de traição não apenas da mulher que é a mãe, mas da filha também. "A primeira vez que qualquer mulher toma conhecimento do que é calor, nutrição, ternura, segurança, sensualidade e reciprocidade é com sua mãe. Esse primeiro acolhimento de um corpo feminino por outro pode, em algum momento, ser negado ou rejeitado, sentido como possessivo, sufocante, como uma armadilha ou um tabu, mas é, no início, o mundo inteiro."[17]

Muitas mulheres têm um forte desejo de se descolar da mãe, mas, ao mesmo tempo, sentem uma intensa culpa por superá-la. Susan, uma jovem de 20 e poucos anos, iniciou uma carreira de sucesso no mundo dos negócios e tem um relacionamento amoroso e gratificante com um homem com quem se casará em breve. Sua mãe está divorciada há 17 anos e nunca teve a satisfação de seguir uma carreira de sua própria escolha. Trabalhou muito para sustentar os filhos sozinha, buscando empregos que fossem financeiramente recompensadores em vez de uma carreira que lhe trouxesse realização pessoal.

Agora, já com 50 e poucos anos, ela se vê sem direção e está deprimida, o que acaba afetando as escolhas de Susan em relação a expandir seu negócio e ter um filho. Susan sente que nunca poderá ser feliz ou bem-sucedida até que a mãe esteja feliz e segura e se ressente da recusa da mãe em criar uma vida melhor para si mesma.

"Sempre senti que não vou conseguir ser feliz enquanto minha mãe não reorganizar a vida dela", diz Susan. "Ela mora com a minha irmã, é incapaz de se sustentar financeira e emocionalmente, e duvido que algum dia ela venha a ser feliz. Me sinto culpada por ter um ótimo relacionamento e sei que não permito que meus negócios cresçam porque não quero ser bem-sucedida demais. Por um lado, quero mostrar à minha mãe que posso fazer o que ela não conseguiu, mas, por outro, tenho certeza de que meu sucesso a destruiria."

Toda vez que Susan lhe telefona e lhe conta sobre um novo cliente, sua mãe muda de assunto e começa a falar sobre a irmã ou os sobrinhos de Susan. Susan se sente desvalorizada e menosprezada pela mãe. Lamenta o fato de que nunca poderá compartilhar com ela suas conquistas e sua felicidade. Ao mesmo tempo, acha que traiu a mãe por ter ido muito além dela, sente-se culpada pelo próprio sucesso e tem raiva do fracasso dela. Sente ansiedade por ser diferente da mãe. Essa culpa e essa fúria já a levaram à depressão, mas hoje ela está motivada a ver a mãe como uma pessoa distinta e a aceitar as escolhas dela no contexto das circunstâncias de sua vida.

Muitas filhas se distanciam da mãe devido à incapacidade da mãe de apoiar sua individuação e seu sucesso. Harriet Goldhor Lerner relata o caso de uma cliente, J., cuja mãe não pôde comparecer à sua formatura por conta de uma crise de enxaqueca. Sua filha havia se graduado com louvor. Quando J. revelou que estava pensando em fazer um mestrado, a mãe mudou de assunto e começou a falar sobre a filha de uma amiga que tinha acabado de entrar para Medicina.[18] A mãe não queria reconhecer a competência da filha nem ouvir sobre seus objetivos para o futuro, porque apenas ressaltavam sua própria inadequação.

Infelizmente, esse é um tema universal. "Uma mãe que tenha tido seu desenvolvimento e seu crescimento pessoal interditados pode ignorar ou desvalorizar a competência da filha, ou talvez faça o contrário, encorajando a filha a se julgar 'especial' ou 'superdotada' e desfrutando de suas conquistas como se fossem dela também."[19] Muitas mães transmitem mensagens contraditórias e ambivalentes às filhas, algo como "Não seja como eu, mas seja como eu" ou "Seja bem-sucedida, mas não muito". Não é de admirar que a mulher rejeite o feminino em favor do masculino, que parece valorizar sua independência e suas conquistas.

A separação da boa mãe

Talvez a mãe mais difícil de se deixar seja a divertida, acolhedora e solidária que é um exemplo positivo. Separar-se desse tipo de mãe é como partir do Jardim do Éden, deixar para trás um estado de inocência, vínculo e conforto para ingressar num mundo de incerteza. Mas mesmo a boa mãe que é um exemplo positivo pode aprisionar a filha sem querer. Se encará-la como uma divindade suprema com a qual deve se comparar, a filha talvez precise repudiar a mãe para conseguir encontrar a própria identidade.[20]

Alison, de quase 30 anos, vem de uma família estabelecida na Nova Inglaterra. Sua mãe é uma executiva bem-sucedida de um banco, ativa em sua comunidade e muito amorosa. Ela encorajou a filha ao longo de sua carreira numa das melhores universidades do país, apoiando-a em sua mudança para a Costa Oeste dos Estados Unidos a fim de estudar teatro. Alison sente muita saudade da mãe, mas não quer morar na mesma cidade que ela, viver sob sua sombra. Não quer mais ouvir as comparações entre ela e a mãe ou se sentir culpada por ser diferente dela. Após cada conversa telefônica, sente a profunda perda da intimidade que antes compartilhavam e fica deprimida por ter escolhido uma carreira que é a antítese da vida estável da mãe. As duas não são mais a mesma coisa. Em sua luta para se separar da mãe, Alison começou a encontrar a profundidade e a textura emocional necessárias para seu trabalho como atriz. Essa separação e a dor que a acompanha foram um primeiro passo essencial na descoberta de seus talentos artísticos.

Muitas mulheres têm medo do termo *feminino*, como se tivesse se tornado uma palavra maculada. Algumas sentem que a obrigação de cuidar dos outros é inerente à sua definição. A sociedade sempre encorajou as mulheres a viver através dos outros em vez de encontrar realização própria. Catherine, uma mulher de quase 50 anos, afirma: "As imagens do feminino que nos eram apresentadas na minha infância ou eram do objeto sexual Marilyn Monroe ou da grande e abnegada provedora. De uma forma ou de outra, você acabava sendo a Grande Teta. Tenho medo de perder minha independência ou que tirem vantagem de mim se eu for vista como feminina."

O perigo surge quando a filha que rejeita o feminino negativo incorporado pela mãe também nega os aspectos positivos de sua própria natureza feminina, como o lúdico, a sensualidade, a paixão, a intuição e a capacidade de acolher e criar. Muitas mulheres que tiveram uma mãe raivosa ou emotiva procuram controlar a própria raiva e as próprias emoções para não serem vistas como destrutivas e castradoras. Essa repressão da raiva muitas vezes as impede de ver as injustiças presentes num sistema definido pelos homens. As mulheres que consideravam a mãe supersticiosa, religiosa ou antiquada descartam os aspectos obscuros, misteriosos e mágicos do feminino em favor da análise fria e da lógica. Um abismo é criado entre a heroína e as qualidades maternas dentro dela. Esse abismo terá que ser curado mais tarde, na jornada, para que ela possa alcançar a plenitude.

A rejeição do corpo feminino

Mãe
Escrevo ao lar
Estou sozinha e
me dê meu corpo de volta.
— Susan Griffin, "Mother and Child"

A rejeição do feminino ocorre nas duas direções: de filha para mãe e de mãe para filha. Quando a menina entra na puberdade e descobre a própria sexualidade, a mãe pode rejeitar ou menosprezar o corpo físico da filha ou pode invejar sua juventude e beleza, ativando na jovem mulher sentimentos de vergonha ou de competição. Muitas meninas percebem o medo que a mãe tem delas como sinais de rivalidade em busca da atenção do pai.

O pai de uma menina também pode se sentir desconfortável com a sexualidade incipiente da filha, reduzindo cada vez mais o tempo que passa com ela. A jovem experimenta a tradicional dicotomia santa/prostituta. É vista como tabu pelo pai e como rival pela mãe. E, para não desagradar os pais, a jovem mulher pode reprimir sua sexualidade emergente até sair de casa. Ou pode ficar com tanto medo de sua sexualidade que acaba se casando com o primeiro homem pelo qual se apaixona. Tanto a mãe quanto o pai têm um controle sobre o corpo dela.

Suspeito que esse seja o início da rejeição da mulher à sua sabedoria corporal instintiva. A maioria dos corpos femininos oferece às mulheres pistas para que saibam que "tem algo de errado" na vida delas, mas, quando começam a ignorar o próprio corpo, elas desmerecem a intuição em favor da mente.

Quando uma adolescente percebe que os pais estão desconfortáveis com os sinais exteriores de sua sexualidade emergente, ela pode rejeitar seu corpo em transformação. Talvez use a comida para entorpecer os sentimentos de inadequação, ou álcool, sexo ou drogas para aliviar a confusão e a dor de ser inaceitável. Ela pode perder a capacidade de reconhecer as limitações do próprio corpo, sofrendo com dores e doenças à medida que cresce essa ruptura entre corpo e mente. As mulheres acessam sua espiritualidade através do movimento e da consciência corporal, por isso a negação do corpo inibe o desenvolvimento espiritual da heroína. Ela então ignora sua intuição e seus sonhos e se volta às atividades mentais, que são mais seguras.

Sara, de quase 40 anos, é candidata a um doutorado em Antropologia. Quando começou a fazer terapia, passou a sentir uma dor lancinante e recorrente na lateral do corpo. O médico disse que não havia nada de errado fisicamente com ela, mas Sara passava dias sem conseguir se mexer. Trabalhamos juntas com exercícios de relaxamento para liberar o estresse associado à produção de sua tese, quando sugeri um exercício de imaginação ativa para perguntar a sua criança interior o que estava acontecendo dentro do corpo dela.

Sara teve então uma forte experiência de sua "garotinha", aos 9 anos. Essa parte dela queria sair para brincar de cabeça para baixo num trepa-trepa. Ela passou 20 minutos brincando alegremente com seu eu mais jovem, depois voltou para o consultório e caiu no choro.

Ela se deu conta de que, em seu esforço acadêmico, perdera esse seu aspecto lúdico. Falou de ser capaz de fazer tudo sozinha. Explicou que tivera um relacionamento maravilhoso com uma mulher, mas que ela se mudou para o Alasca, a milhares de quilômetros de distância de onde Sara morava. E Sara, a mais forte, estava realizando seus objetivos por conta própria. Não queria ser como a mãe, dependente de um cônjuge. Mas o lado esquerdo de seu corpo ainda doía. Então eu lhe perguntei o que seu corpo estava lhe dizendo.

Nas palavras de Sara: "Neguei uma parte muito grande de mim mesma – não apenas minha criança interior, a que gostava de brincar, mas a parte do meu eu adulto que é acolhida ao ar livre pela natureza. Adoro fazer caminhadas, mas não tenho tido tempo para isso. Também adoro crianças, mas não há nenhuma em minha vida. Meus estudos não têm me permitido fazer as coisas de que gosto. Me tornei uma mulher forte, mas não tenho ninguém para acolher e não sei ou não lembro como acolher a mim mesma. Tenho medo de que, se eu pedir apoio a familiares ou amigos, eles pensem que sou fraca." Como são vistas como manipuladoras ou fracas quando reconhecem as limitações de seu corpo físico, as mulheres aprenderam a ignorar a dor para acompanhar os homens. Assim, o corpo feminino é tanto um objeto de desejo quanto de desdém.

A rejeição ao corpo feminino – que, em nossa cultura, tem origem no Antigo Testamento, na representação de Eva como uma sedutora – é reforçada nas religiões dominadas pelo masculino através de tabus sobre a sexualidade feminina há mais de 5 mil anos. O gênero da mulher é usado como desculpa para excluí-la do poder tanto nas instituições políticas quanto nas religiosas.

A artista performática Cheri Gaulke cresceu num ambiente religioso dominado por homens e deidades masculinas. Aos 4 anos, deu-se conta de que seu corpo definiria seu destino. "Meu pai, meu avô, meu bisavô e meu irmão são todos ministros luteranos. Meu irmão é a quarta geração de ministros. Aos 4 anos, tive meu primeiro pensamento feminista ao perceber que não poderia seguir os passos de meu pai porque era menina. Naquele momento, eu soube que o cristianismo havia me traído por causa da minha carne. No cristianismo, o espírito e a carne foram separados. As mulheres são a carne e o deus masculino é o espírito. A única maneira de alcançar o espírito é negar a carne, transcendê-la e morrer. Bem, eu não acredito nisso."[21]

A mãe de Cheri foi uma força invisível em sua vida. "Todo o meu trabalho foi sobre meu pai, tentando recuperar o poder que me foi roubado pelos homens. Encontro inspiração no movimento da espiritualidade feminina porque a Deusa é uma deidade com a qual consigo me identificar. O corpo dela e o meu são um único corpo; o poder dela e o meu são um só. E os homens não podem tirar isso de mim."[22]

Rejeitada pela mãe

Uma mulher que se sentiu rejeitada pela mãe, seja por ter sido dada para adoção ou porque a mãe sofria de uma doença, de depressão ou de alcoolismo como fuga, se sentirá profundamente desamparada e continuará a procurar o que nunca teve. Ela pode se comportar para sempre como uma "filha" buscando aprovação, amor, atenção e aceitação de uma mãe incapaz de lhe proporcionar essas coisas. Se a experiência foi de uma mãe ausente ou ocupada demais para lhe dar atenção, pode ser que ela saia em busca de um exemplo feminino positivo, talvez uma mulher mais velha com a qual possa criar laços.

Lila, uma mulher negra de quase 40 anos, lembra-se da própria mãe como uma mulher que estava sempre ocupada demais tendo filhos para lhe dar qualquer atenção. "Ela vivia exausta. Para ela, eu era apenas um borrão. Mas minha tia Essie me enxergava. Ela sabia quem eu era e me disse que eu era alguém. Ela me deu esperança e me ensinou a acreditar em mim mesma. Toda vez que ela me olhava nos olhos, eu me sentia linda. Tia Essie me dizia: 'Garota, você vai longe. Você é especial.' Eu mal podia esperar para sair de casa e provar que ela estava certa."

Se a mulher se sente alienada ou rejeitada pela mãe, pode inicialmente rejeitar o feminino e buscar o reconhecimento do pai e da cultura patriarcal. Os homens estão em uma posição de força, então as mulheres procuram nos homens o apoio para se fortalecerem. Nossa heroína decide então se identificar com o poderoso e onisciente masculino. Primeiro, ela aprende os jogos vertiginosos do pai, as estratégias de competição, vitória e conquista. Tenta provar que é capaz de estar à altura de um padrão criado pelo homem branco à sua imagem e semelhança. No entanto, por mais bem-sucedida que seja, mais cedo ou mais tarde ela descobrirá que ainda é subestimada e sobrecarregada de trabalho.[23] Ela começa a se questionar sobre o que aconteceu com os valores femininos.

De acordo com a terapeuta junguiana Janet Dallett, "o consciente coletivo de nossa cultura, composto pelas inúmeras suposições que dominam nossos valores, percepções e escolhas, é fundamentalmente masculino. O *in*consciente coletivo de uma sociedade patriarcal, a fonte de seus grandes sonhos, carrega os valores excluídos da consciência e, portanto, tem um viés feminino (matriarcal). Hoje, os indivíduos criativos são levados a abandonar a ganância patriarcal e descer ao obscuro reino materno para trazer à tona o que pressiona para nascer à luz da consciência de uma nova era".[24]

Neste ponto da jornada, a mulher pode tentar curar a ruptura original com sua mãe e recuperar a relação mãe/filha num contexto mais amplo. Ela tentará encontrar deusas, heroínas e mulheres criativas contemporâneas com as quais possa se identificar e que lhe ensinem sobre o poder e a beleza femininos, enriquecendo a experiência de sua própria autoridade em desenvolvimento.[25] Por fim, ela encontrará a cura na Grande Mãe. A esse respeito, Kathie Carlson escreve:

> Não importa se pensarmos na Deusa como um Ser personificado ou como uma energia que nasce e flui dentro das mulheres e entre elas. A imagem da Deusa é um reconhecimento do poder feminino, que independe dos homens e não é proveniente da visão patriarcal das mulheres [...] A Deusa reflete para nós o que tanto falta à nossa cultura: imagens positivas de nosso poder, de nossos corpos, de nossas vontades, de nossas mães. Olhar para a Deusa é nos lembrarmos de nós mesmas, é nos imaginarmos plenas.[26]

2
Identificação com o masculino

Filhas do pai

Apesar dos êxitos alcançados pelos movimentos feministas, o mito predominante em nossa cultura é de que certos acontecimentos, pessoas e posições têm mais valor inerente do que outros. Esses acontecimentos, pessoas e posições são geralmente masculinos ou definidos por homens. Nesta cultura, as normas masculinas se tornaram o padrão social de liderança, autonomia pessoal e sucesso, e, em comparação, as mulheres acabam sendo percebidas como carentes de competência, inteligência e poder.

A menina percebe isso quando está crescendo e, portanto, quer se identificar com o glamour, o prestígio, a autoridade, a independência e o dinheiro controlados pelos homens. Muitas mulheres que apresentam alto desempenho são consideradas *filhas do pai,* porque buscam a aprovação e o poder daquele primeiro exemplo masculino. De alguma forma, a aprovação da mãe não importa tanto; o pai define o feminino, e isso afeta sua sexualidade, sua capacidade de se relacionar com os homens e sua capacidade de buscar o sucesso no mundo. Se a mulher acha que tudo bem ser ambiciosa, ter poder, ganhar dinheiro ou ter um relacionamento bem-sucedido com um homem, isso tudo deriva do relacionamento com seu pai.

Lynda Schmidt define a *filha do pai* como: "A filha que tem com o pai uma relação intensa e positiva que provavelmente não inclui sua mãe. Essa jovem vai crescer se orientando pelos homens e terá uma atitude um tanto depreciativa em relação às mulheres. As filhas do pai organizam a vida de acordo com o princípio masculino, seja permanecendo vinculadas a algum homem, seja agindo a partir de uma motivação interior masculina. Pode ser que elas encontrem um mentor ou guia masculino mas, ao mesmo tempo, tenham dificuldades em receber ordens de um homem ou aceitar que ele lhes ensine alguma coisa."[1]

Psicólogos que estudam a motivação descobriram que muitas mulheres bem-sucedidas tiveram pais que acolheram seu talento, fazendo-as se sentirem atraentes e amadas desde muito cedo. Marjorie Lozoff, uma cientista social de São Francisco, realizou um estudo de quatro anos sobre o sucesso profissional de mulheres e concluiu que elas tinham maior probabilidade de serem autodeterminadas "quando os pais tratavam as filhas como pessoas interessantes, dignas e merecedoras de respeito e incentivo".[2] Mulheres tratadas dessa maneira "não sentiam que sua feminilidade era ameaçada pelo desenvolvimento de seus talentos".[3] Esses pais se interessavam ativamente pela vida das filhas e também as encorajavam a se interessar ativamente por carreira ou por outros assuntos como política, esportes ou artes.

A ex-deputada americana Yvonne Brathwaite Burke, cujo pai dedicou a vida ao Sindicato Internacional dos Funcionários de Serviços, participou pela primeira vez de um piquete quando tinha 14 anos. Seu pai foi faxineiro nos Estúdios MGM durante 28 anos, e sua casa estava sempre cheia de ativistas sindicais. Foi o sindicato que concedeu a Burke uma bolsa de estudos na UCLA (Universidade da Califórnia em Los Angeles) e na Faculdade de Direito da USC (Universidade do Sul da Califórnia).

Observando os esforços do pai para se organizar, Burke se tornou consciente "do que significa realmente batalhar por alguma coisa. Ele acreditava na luta contínua e era muito dedicado, apesar de ter ficado meses sem trabalhar. Ele sentia que era o que precisava ser feito".[4]

Essa dedicação teve um enorme impacto sobre ela. "Eu era muito interessada na ideia de luta e no que meu pai estava passando. Eu sabia que era muito difícil e que era certamente um sacrifício, mas ele acreditava naquilo. Ele discutia seu trabalho sindical comigo e eu estava ciente de todos os detalhes. Mais tarde, ele me apoiou muito para que eu me tornasse advogada e entrasse para a política. Ele me influenciou para que eu me engajasse."[5] A mãe de Burke, uma corretora de imóveis, não estava tão entusiasmada com a ideia de a filha entrar para a política porque não queria que ela se envolvesse em polêmicas. Ela incentivava a filha a ser professora, mas Burke queria ser mais ativa e comprometida na solução de conflitos.

A senadora americana Dianne Feinstein também aprendeu com o exemplo do pai sobre os meandros da burocracia e como ser diplomática, defender seus direitos e ser forte e persistente. Seu pai trabalhou com entusiasmo nas campanhas de Feinstein, fazendo de tudo, desde levantar fundos até levar donuts para a equipe. Como era médico, ele tinha um forte compromisso com o serviço público e, mesmo lutando contra um câncer, trabalhou até a morte. Ele ensinou a filha a não desanimar e a manter a motivação. Feinstein sentia-se fortalecida pela fé inabalável do pai em suas capacidades. "Ele sempre teve grandes expectativas para mim. No fundo, acreditava que tudo o que eu buscasse poderia ser conquistado, embora eu nem sempre acreditasse nisso."[6]

A relação de uma jovem com seu pai a ajuda a ver o mundo através dos olhos dele e a se ver refletida nele. Ao procurar a aprovação e a aceitação do pai, ela mede a própria competência, inteligência e seu valor próprio em relação a ele e a outros homens. A aprovação e o incentivo do pai à menina levam a um desenvolvimento positivo do ego. Tanto Feinstein quanto Burke se lembram de ter um relacionamento próximo e fácil com seus pais. "Nenhuma dessas mulheres sentia que estava sacrificando sua feminilidade ao competir em um campo dominado pelos homens."[7]

As mulheres que se sentem aceitas pelo pai têm a confiança de que serão aceitas pelo mundo. Elas também desenvolvem uma relação positiva com sua própria natureza masculina e têm uma figura masculina interior que gosta delas como são. Essa figura masculina interior positiva, ou *animus*, apoiará seus esforços criativos de uma forma tolerante e sem julgamentos.

Linda Leonard descreve sua fantasia sobre a figura masculina interior positiva chamando-a de Homem com Coração. Ele é "carinhoso, caloroso e forte", não teme a raiva, a intimidade e o amor. "Ele fica do meu lado e é paciente. Porém ele confronta e também segue em frente. Ele é estável e persistente. No entanto, sua estabilidade provém do fluir com o curso da vida, de estar presente no momento. Ele brinca e trabalha e se diverte com essas duas formas de ser. Ele se sente em casa onde quer que esteja – seja nos espaços interiores ou no mundo exterior. É um homem da terra – instintivo e sensual. É um homem do espírito – elevado e criativo".[8] Essa figura interior é gerada pelo relacionamento positivo da mulher com seu pai ou a figura paterna. O homem interior será um guia que apoiará a heroína ao longo de toda a sua jornada.

O pai como aliado

A Dra. Alexandra Symonds, da Faculdade de Medicina da Universidade de Nova York, fez um estudo com mulheres que tinham um forte compromisso com o trabalho e descobriu que elas tinham um pai que enfatizava a importância da educação e lhes ensinara o jogo do mundo dos negócios. Esses pais treinaram suas filhas para seguir adiante apesar dos fracassos e dos sentimentos normais de ansiedade. Eles as inspiraram a ser responsáveis pela própria vida. Essas mulheres foram incentivadas desde cedo a alcançar as próprias conquistas e não serem dependentes.

Symonds concluiu que é o pai quem melhor pode cultivar competências saudáveis em suas filhas. Embora eu não concorde com suas descobertas e sinta que as mães têm o mesmo peso na construção das competências das filhas, estou de acordo com a afirmação de Symonds de que "se os pais dessem às filhas o mesmo tipo de incentivo que dão aos filhos nos esportes, em atividades que exigem esforço prolongado e para serem autossuficientes, mesmo que as meninas não realizem algo notável, elas desenvolveriam qualidades que seriam importantes para o resto da vida. Os pais ajudariam muito, em vez de simplesmente dar palmadinhas na cabeça e dizer: 'Como você é linda!' Isso não é suficiente."[9]

Mulheres que receberam apoio do pai confiam em si mesmas para avançar *em direção a* algum objetivo. Elas escolhem carreiras que têm objetivos definidos e passos específicos a serem dados: direito, medicina, negócios, educação ou administração, para citar apenas algumas. Mulheres cujos pais não apoiaram suas ideias e seus sonhos para o futuro ou que lhes deram a impressão de que lhes faltava capacidade para realizá-los vagueiam pela vida e podem alcançar o sucesso *por sorte*.

Algumas mulheres que são bem-sucedidas tentam não apenas imitar o pai, como conscientemente se dispõem a *não* ser como a mãe, percebida como dependente, indefesa ou demasiado crítica. Nos casos em que a mãe é croni-

O nascimento de Atena

camente deprimida, doente ou alcoólatra, a filha se alia ao pai, ignorando a mãe – que se torna uma sombra no quarto. Desse modo, o pai detém o poder não só no mundo exterior, mas também em seu mundo interior.

A garota do papai: a absorção do feminino

A eliminação da mãe e a identificação com o pai é bem ilustrada na história de Atena, filha de Métis e Zeus. A absorção de Métis por parte de Zeus também pode ser vista como a representação do período de transição na história cultural grega, com a passagem de uma sociedade matriarcal para um mundo masculino e dominado pelo ego.

Atena saiu da cabeça de Zeus já uma mulher crescida, usando uma armadura de ouro brilhante, segurando uma lança afiada em uma das mãos e emitindo um poderoso grito de guerra. Depois desse nascimento dramático, Atena se associou a Zeus, reconhecendo-o como seu único genitor. A deusa nunca reconheceu sua mãe, Métis. Na verdade, Atena parece ignorar que teve uma mãe.

Como conta Hesíodo, Métis foi a primeira consorte real de Zeus, uma deidade oceânide conhecida por sua sabedoria. Quando Métis estava grávida de Atena, Zeus a enganou para que ela ficasse pequena e a engoliu. Métis estava predestinada a ter dois filhos muito especiais: uma filha idêntica a Zeus em coragem e sabedoria e um filho, um menino de coração conquistador que se tornaria rei dos deuses e dos homens. Ao engolir Métis, Zeus frustrou as determinações do destino, tomando para si os atributos que eram dela.[10]

Atena foi a bela deusa guerreira que protegeu seus heróis gregos durante a batalha. Ela era a deusa da sabedoria e das artes, mestre estrategista, diplomata, tecelã e patrona das cidades e da civilização. Auxiliou Jasão e os Argonautas a construir seu navio antes de partirem em busca do Velo de Ouro e ajudou os gregos na derrubada de Troia. Ela tomou o lado do patriarcado ao dar o voto decisivo para libertar Orestes, que havia matado a própria mãe, Clitemnestra, para vingar o assassinato de seu pai, Agamêmnon, após a Guerra de Troia. Ao fazer isso, Atena colocou os valores patriarcais acima dos laços maternos.

Uma "mulher Atena" é uma filha do pai. Ela menospreza a mãe e se identifica com o pai. É brilhante, ambiciosa e resolve as coisas. Tem pouco apreço por relacionamentos afetivos; falta-lhe empatia e compaixão pela vulnerabilidade. Ela precisa de tempo para descobrir os pontos fortes da mãe e recuperar sua profunda conexão com o vínculo materno, pois, se não o fizer, pode ser que nunca consiga curar sua separação do feminino. Métis não foi a última mãe a ser engolida pelo ego masculino e Atena não foi a última filha que descartou a mãe em favor do pai. Eu mesma estou escrevendo este livro em parte para entender e curar a ruptura que ocorreu entre mim e minha mãe.

Quando criança, eu via meu pai como um deus. Mal podia esperar para que ele chegasse do trabalho. Ele era engraçado, inteligente, criativo e, como executivo do meio publicitário, tinha poder no mundo. Ele era um dos pais que voltaram da Segunda Guerra Mundial com a ambição de aproveitar as oportunidades econômicas abertas aos jovens inteligentes. Trabalhava longas horas num arranha-céu de Manhattan, ganhou prêmios nacionais e era mentor dos talentos masculinos de sua agência.

Para mim, meu pai era incapaz de fazer algo errado; era o amor da minha vida. Eu sentia saudade dele à noite porque ele raramente voltava para o jantar. No entanto, às vezes eu o via de manhã cedo, antes de ir para a escola. Suas misteriosas idas e vindas, logo de manhã cedo e tarde da noite, lhe davam proporções míticas aos meus olhos juvenis. Ele devia estar fazendo algum "trabalho importante", eu pensava – provavelmente o trabalho dos deuses!

Quando ele estava em casa, eu queria sua atenção, sua aprovação, queria que conversasse comigo. Eu aparentava inteligência e ouvia. Adorava ir com ele à loja de ferragens e ao depósito de madeiras. Ele era do tipo que não conseguia parar quieto; em casa, sempre estava trabalhando em algum projeto de marcenaria. Até hoje, ainda associo o cheiro de madeira recém-cortada a meu pai.

Quando fiz 13 anos, comecei a trabalhar no escritório dele durante as férias escolares. Ele sempre sentia muito orgulho de mim, porque eu era uma das melhores alunas da classe e me exibia para todo o escritório. Ele me contava sobre sua empresa e sobre o valor de vencer na vida por conta própria. Também me falava sobre o valor da formação intelectual, porque, como era autodidata, lamentava não ter tido educação formal.

Meu pai desencorajava meu interesse em atuar no campo da publicidade, dizendo que "não era lugar para garotas". Para ele, as mulheres tinham muitas mudanças de humor para trabalhar na mídia. A única atividade que me lembro de ele considerar apropriada para mulheres era a de redatora, pois, segundo ele, podiam fazer isso em casa enquanto cuidavam da família. Eu planejava secretamente mostrar que era diferente.

Ao contrário dos pais de muitas das minhas amigas adolescentes, o meu estava disposto a ouvir meus sentimentos, o que era extremamente importante para mim porque eu não podia falar com minha mãe. Através dele, eu podia escutar a mim mesma. Eu me sentia afortunada de poder contar qualquer coisa para ele – ou pelo menos eu *pensava* que podia. Ele não gostava de ouvir sobre minha confusão com as explosões violentas da minha mãe; me dizia para ser mais compreensiva e paciente com ela.

Certa vez, sonhei que ia a uma reunião do Al-Anon, e Peg, uma amiga minha que é psiquiatra, estava lá. Ela se sentava bem na minha frente e segurava minhas mãos enquanto eu falava com o grupo. Peg me dava tanto tempo para falar que as outras mulheres começavam a reclamar. Ela dizia:

"Deve haver uma enorme tristeza por seu pai não estar presente, por estar sempre tão ocupado trabalhando que não podia ajudá-la."

No sonho, eu ficava surpresa com as palavras dela, surpresa por ela ter abordado minha tristeza em relação a meu pai, porque eu sempre tinha identificado minha mãe como o problema. Eu a via como a vilã e queria que meu pai me salvasse, um tema recorrente para a tradicional heroína comum. Eu idolatrava meu pai, via-o como meu salvador e desempenhava bem o papel da filha bonita e inteligente à espera do príncipe encantado. Mas ele nunca conseguiu me salvar. Percebi, muitos anos depois, que ele havia abandonado a mim e a minha mãe para poder fazer coisas importantes no mundo.

A busca pelo pai: reunindo aliados

Durante a segunda etapa da jornada da heroína, a mulher deseja se identificar com o masculino ou ser salva por ele. Quando decide romper com as imagens estabelecidas do feminino, ela inevitavelmente inicia a tradicional jornada do herói: veste sua armadura, monta seu corcel moderno, deixa os entes queridos para trás e segue em busca do tesouro reluzente. Ela refina as habilidades do *logos*. Procura caminhos bem definidos para o sucesso. Vê o mundo masculino como saudável, divertido e proativo. Os homens realizam coisas. Isso alimenta sua ambição.

Este é um período importante no desenvolvimento do ego de uma mulher. Nossa heroína busca pessoas que lhe sirvam de exemplo e possam lhe mostrar os passos do caminho. Esses aliados masculinos podem assumir a forma de um pai, um namorado, um professor, um chefe ou um treinador; da instituição que lhe garanta o título ou salário que ela almeja; de um pastor, um rabino, um padre ou Deus. O aliado também pode ser uma mulher com identificação ao mundo masculino, talvez uma mulher mais velha e sem filhos que tenha aprendido bem as regras do jogo e conquistado seu lugar no topo.

Jill Barad, ex-CEO da Mattel, atribui seu sucesso não apenas ao trabalho em equipe e a sua capacidade de motivar os funcionários mas também aos diversos mentores aos quais teve a oportunidade de recorrer ao longo dos anos. Ela destaca que seu estilo de gestão único se deve a sua sensibilidade, sua forte intuição e ao feedback construtivo, valores fundamentais que ela aprendeu com os pais. Ela cresceu em uma casa com bastante criatividade e estímulo mental e teve a sorte de ter um pai que sempre lhe disse: "Você pode ser tudo que quiser – basta ser boa. Tenha determinação, aprenda o que for preciso e vá para cima!"[11]

No livro *Female Authority* (Autoridade feminina), Polly Young-Eisendrath e Florence Wiedemann afirmam: "A maioria das mulheres busca poder e autoridade ou tornando-se como os homens ou tornando-se queridas por eles."[12] A princípio isso não é tão negativo, porque buscar a validação masculina é uma transição saudável da fusão com a mãe para uma maior independência em uma sociedade patriarcal. A jovem mulher que se identifica com supostas qualidades paternas positivas, como disciplina, tomada de decisões, determinação, coragem, poder e autovalorização, alcança o sucesso no mundo.

No entanto, isso pode ser muito prejudicial caso a mulher acredite que não existe senão no espelho da atenção masculina ou na definição masculina. Em *Alice através do espelho,* Lewis Carroll parodia a crença de que aqueles com poder político podem definir a identidade dos mais fracos.[13] Tweedledum e Tweedledee dizem a Alice que ela existe apenas na imaginação do Rei Vermelho:

– Ele está sonhando agora – disse Tweedledee –, e com o que acha que ele está sonhando?

Alice disse:

– Ninguém consegue adivinhar isso.

– Ora, com *você*! – exclamou Tweedledee, batendo palmas, triunfante. – E se ele parasse de sonhar com você, onde acha que você estaria?

– Onde estou agora, é claro – respondeu Alice.

– Não estaria em lugar nenhum. Ora, você é só uma espécie de coisa no sonho dele!

– Se o rei acordasse – acrescentou Tweedledum –, você sumiria... puf!... como uma vela que se apaga![14]

A falta de um aliado masculino positivo

A aprovação e o incentivo do pai ou de outra figura paterna geralmente levam ao desenvolvimento positivo do ego da mulher, porém a falta de um envolvimento genuíno ou o envolvimento negativo por parte do pai, do padrasto, de um tio ou um avô acabam ferindo profundamente sua noção de identidade. Isso pode levar a supercompensação e perfeccionismo ou praticamente paralisar seu desenvolvimento. Quando um pai é ausente ou indiferente a sua filha, ele demonstra seu desinteresse, sua decepção e sua desaprovação, o que pode ser tão prejudicial para a heroína quanto julgamentos negativos explícitos ou superproteção.

No livro *The Female Hero in American and British Literature* (O herói feminino nas literaturas americana e britânica), Carol Pearson e Katherine Pope citam o diário da artista canadense Emily Carr, cujo pai era fisicamente presente mas emocionalmente indiferente tanto a ela quanto à mãe dela. Mesmo depois dos 60 anos, ela continuava lutando com esse deus indiferente.

> Esta noite, 66 anos atrás, eu mal existia [...] Fico pensando o que será que o Pai sentiu. Não consigo imaginá-lo nem com metade do interesse da Mãe. Era mais ao gosto do Pai um bom e suculento bife servido bem quente num grande prato de estanho aquecido. Isso fazia seus olhos brilharem. Eu me pergunto se ele alguma vez deu apoio à minha mãe com uma ou duas palavras doces depois de ela ter dado à luz ou se teria permanecido rígido como sempre, esperando que ela se animasse e o servisse. Ele ignorava os bebês pequenos até que tivessem idade suficiente para admirá-lo, idade suficiente para terem seu ânimo destruído.[15]

A atenção insatisfatória de um pai no nível pessoal ou de um mentor no nível cultural resulta no que Linda Leonard chama de "amazona blindada".

> Ao reagir contra o pai negligente, tais mulheres com frequência se identificam no nível do ego com as funções masculinas ou com as próprias funções paternas. Como o pai não lhes deu aquilo de que precisavam, elas consideram que elas mesmas devem fazer isso [...] A armadura

as protege positivamente na medida em que as ajuda a se desenvolver profissionalmente e lhes permite ter voz no mundo dos acontecimentos. Contudo, ao protegê-las de seus próprios sentimentos femininos e de seu lado sensível, a armadura faz com que essas mulheres tendam a se distanciar da própria criatividade, das relações saudáveis com os homens e da espontaneidade e vitalidade de viver o momento.[16]

Essa mulher será vista como bem-sucedida profissionalmente, porém alguém em que é difícil confiar no âmbito emocional ou relacional. Sua figura masculina interior não é um homem com coração, mas um tirano ganancioso que nunca lhe dá folga. Nada do que ela faz é suficiente; ele a empurra para a frente, "mais, melhor, mais rápido", sem reconhecer seus anseios por ser amada, por se sentir satisfeita ou mesmo por descansar.

Danielle é uma mulher de 30 e poucos anos que dirige uma imobiliária altamente competitiva. Ela é alta, inteligente, bonita e sensual e usa todos esses atributos para obter vantagens nos negócios. Também é osso duro de roer. Ela é apaixonada pela imagem do pai, um empresário europeu de sucesso falecido há três anos. Ele era um homem forte e poderoso, com uma presença imponente, e controlava a família com mão de ferro.

Ele enchia Danielle de elogios por sua aparência e inteligência, dizia a ela para ficar longe do sexo porque era sujo e contava a ela sobre seu trabalho e seu sucesso no mundo dos negócios. Ela era sua confidente. Quando Danielle estava na adolescência, ele se divorciou da mãe dela, que fora física e emocionalmente abusiva com ela na infância, tornando-se cada vez mais disfuncional devido ao alcoolismo. O pai tornou a se casar com uma jovem mulher – apenas um pouco mais velha que Danielle –, a quem tratava praticamente como uma serva sexual. Além disso, ele também mantinha uma série de casos extraconjugais que eram conhecidos por todos.

Danielle queria trabalhar na firma do pai, mas ele não permitiu, dando-lhe a impressão de que o mundo dos negócios não era para meninas. Após a morte dele, ela abriu sua própria empresa. Queria provar para si mesma que era capaz. Ela sofreu profundamente por tudo que ele nunca lhe ensinou, descontando seu ressentimento em todos os homens com os quais se relacionava, fosse profissional ou pessoalmente. Numa ocasião em que perdeu uma conta de negócios devido a sua grosseria e sua agressividade, ela culpou o cliente, acusando-o de não conseguir aceitar uma mulher assertiva.

Quando passava por fracassos em sua empresa, Danielle se enfurecia, dizendo que "isso nunca teria acontecido se meu pai estivesse vivo, pois ele teria me ajudado". Mas não reconhecia que ele nunca apoiara seus esforços ao longo de toda a sua vida. Ela não confiava em ninguém e começou a desenvolver uma série de infecções cervicais e vaginais. Estava desconectada de seu lado suave e feminino e nutria um grande desprezo pela maioria das mulheres, que categorizava como ignorantes, coniventes e destrutivas.

Seu maior medo se relacionava com suas recorrentes infecções genitais, e ela culpava os homens com quem se envolvia, considerando-os incapazes de ter um relacionamento sério e duradouro. Usando um exercício de imaginação ativa, eu a estimulei a se comunicar com as feridas abertas em torno de sua vagina. Ao fazê-lo, ela tocou o âmago de sua raiva: "Estou indignada porque tive que me tornar uma heroína ainda muito jovem para combater minha mãe. Eu era pequena demais para lidar com a loucura dela. A mensagem que meu pai me transmitia era para que eu a ignorasse enquanto ele saía para fazer coisas poderosas no mundo. Ele não me protegeu.

"Tentar atingir o sucesso no mundo exterior está além do meu alcance. Tentar competir está além de minha compreensão. Acabo me sentindo superior e impaciente com as pessoas porque sempre ocupei uma posição de grande poder em minha família, menosprezando minha mãe desajustada e louca e sendo a confidente de meu pai. Estou paralisada. Não conto mais com os ouvidos do rei; ele está morto. E o que ele me deu? Uma falsa sensação de importância por ser sua confidente. Eu não passava de uma criada com algum prestígio.

"Agora não sei como demonstrar carinho verdadeiro e tenho muito medo de competir no mundo do trabalho. Quero começar no topo. Não sei administrar direito esta empresa e não quero crescer na de outra pessoa. Tenho dificuldade em negociar, especialmente com homens, porque simplesmente não confio neles."

O pai de Danielle não apenas sabotou seus objetivos de se tornar uma mulher de negócios bem-sucedida como também lhe roubou a possibilidade de um relacionamento feliz. Ele demonstrou seu desdém pelas mulheres através do tratamento que dispensava às esposas e às meias-irmãs de Danielle, das quais a mais velha cometeu suicídio na adolescência. Ele usou todas as mulheres de sua vida para seus próprios propósitos, inclusive Danielle, embora ela pensasse que era uma exceção. Somente agora ela percebe, à medida que avança em seu processo de cura, que ele ainda mantém controle sobre a sexualidade dela.

Muitas mulheres que se esforçam para ser bem-sucedidas nos negócios e provar seu valor para o pai têm dificuldade em manter o próprio sucesso, mesmo que tenham recebido a formação educacional necessária. Se o pai lhes transmitiu direta ou indiretamente a mensagem de que o lugar das mulheres não é no mundo dos negócios, elas internalizam a ideia de que suas conquistas não se encaixam no estereótipo do papel sexual feminino.[17]

O vício da perfeição

Uma jovem mulher pode parecer bem-sucedida enquanto sangra por dentro. E, por causa de um medo inato da inferioridade feminina, muitas jovens se tornam viciadas na perfeição, mergulhando no excesso de trabalho e exagerando para tentar compensar o fato de serem diferentes dos homens. Carol Pearson escreve:

> Vivemos em uma cultura que não confia no processo e é intolerante com a diversidade. Portanto, espera-se que todas sejamos perfeitas e, além disso, que sejamos perfeitas de um jeito semelhante – se não do mesmo jeito – umas em relação às outras. Espera-se que "estejamos à altura" de padrões de virtude, realização, inteligência e aparência física. Se não estivermos, espera-se que sintamos arrependimento e passemos a trabalhar mais, a estudar mais, a fazer dieta, exercícios e usar roupas melhores até que consigamos nos encaixar na imagem predominante de uma pessoa ideal. Assim, é provável que nossas qualidades únicas [nesse caso, ser mulher] sejam definidas como "o problema" que precisamos resolver para sermos aceitáveis.[18]

Algumas mulheres têm grande orgulho de aprender a pensar como os homens, a competir com eles e vencê-los em seu próprio jogo. Essas mulheres se tornam heroicas, mas muitas permanecem com aquela sensação corrosiva de que nunca serão *boas o bastante*. Continuam fazendo cada vez mais coisas, pela necessidade de serem iguais aos homens. Tendo crescido em uma casa católica, muitas vezes me pergunto se a sensação por parte da mulher de que algo está faltando deriva do fato de ela não ter sido criada à imagem de Deus. A experiência que muitas meninas têm com o pai é a mesma que têm com Deus Pai: amadas, porém mantidas à parte, até mesmo um pouco temidas, por terem uma genitália diferente.

Nancy tem 40 e poucos anos e voltou à faculdade de Direito depois de 20 anos atuando como atriz e ativista política. Quando faz suas tarefas para o curso, ela percebe que desperdiça uma quantidade enorme de tempo e energia tentando fazer com perfeição. Dedica muito mais esforço do que o necessário a cada problema. Por causa disso, nunca tem tempo suficiente para terminar todos os trabalhos, e suas notas refletem isso. Não lhe falta inteligência ou habilidade para fazer o trabalho, mas ela exagera.

Quando lhe pergunto para quem ela escreve essas respostas perfeitas, Nancy responde: "Papai." Ela me conta que se lembra de um diálogo recorrente com seu falecido pai, quando ainda era uma menina. Ele era um caminhoneiro com um grande senso de humor que a tratava, a primeira filha, como um filho: "Bem, eu gostaria que você fosse um menino", dizia ele, "mas, como você não é, quanto é 9 vezes 9?"

"Eu sempre tinha a resposta na ponta da língua para qualquer pergunta que ele fizesse", lembra Nancy. "Memorizei estatísticas esportivas, as maiores palavras do dicionário e a capital de todos os estados americanos para nunca ser pega desprevenida. Foi ótimo para a minha memória, mas eu não tinha ideia do que significava ser menina. Tudo que eu sabia era que algo estava errado comigo por eu não ser menino, e tive que arrumar uma forma de compensar isso."

Nancy foi definida pelo ideal de seu pai sobre o que era ser uma mulher. Considerando que lhe faltava o equipamento físico para ser um homem, o melhor que lhe restava era ser inteligente e fazer tudo com perfeição. Meu próprio pai colocou as coisas da seguinte maneira: "Se não puder fazer perfeito, não faça." E interiorizei essa frase como a máxima de que eu não deveria tentar nada que não pudesse realizar com perfeição.

Aprendendo as regras do jogo com o papai

As meninas aprendem cedo o que fazer para obter a aprovação e a atenção do pai. Pode ser que precisem ser inteligentes, bonitinhas, tímidas ou sedutoras. Poder e autoridade são questões paternas dentro e fora do quarto. O primeiro homem com quem uma menina flerta é seu pai e a maneira como ele responde a ela é fundamental para o desenvolvimento sexual da menina. O calor, o senso de humor e o amor do pai são muito importantes para que ela tenha uma sexualidade saudável; caso contrário, seu principal objeto de amor continuará sendo seu primeiro apego, a mãe. Por outro lado, a dominância, a possessividade e a crítica de um pai podem minar ou destruir o desenvolvimento heterossexual da menina.

Mais abusivo é o pai que ignora seu papel natural de protetor da sexualidade de sua jovem filha e, por uma necessidade de dominação masculina, acaba violando seu desenvolvimento sexual normal através do incesto. Ela passará o resto da vida tentando recuperar sua sexualidade e reconhecer que, como mulher, *tem direitos.*

Outras meninas aprendem que é melhor não parecerem muito inteligentes na frente do pai. Elas podem se tornar alvo de ridicularização, crítica, desaprovação ou violência física. Aprendem a não ser "espertinhas" perto de homens que não conseguem preencher os papéis masculinos na família. Elas logo entendem que devem deixar o pai ganhar nas cartas, nas damas, no tênis ou nos lances livres no basquete. Esquecem as próprias ambições e se tornam as mulheres que fazem o chefe parecer inteligente. Acabam amarguradas, passivas e desgostosas a respeito do que aconteceu na vida delas.

As meninas a quem a atenção positiva do pai foi negada durante a infância o procuram em todos os relacionamentos. Loretta, uma mulher de quase 40 anos, idolatrava o pai, que era um jornalista esportivo bonitão, mas nunca conseguiu captar sua atenção. Ela cresceu com três irmãos atléticos que monopolizaram todo o interesse dele. Quando menina, era quieta, sonhadora e adorava ficar em meio à natureza, mas tinha pouco interesse em esportes e nenhuma habilidade atlética. O pai de Loretta ria das histórias que ela escrevia e ridicularizava as brincadeiras que ela fazia com seus animais. Sua mãe era calada e deprimida. Loretta não sabia como ingressar naquele mundo totalmente masculino que a rodeava, então se casou para entrar nele.

"Meu primeiro marido era jogador de beisebol nas ligas inferiores, então eu ia aos jogos e convidava meu pai para ficar no camarote comigo. Meu pai acompanhou de perto a carreira do meu marido, mas não tinha nenhum interesse na minha. Quanto mais tempo eu passava com Jon quando ele estava fora da temporada, mais eu percebia que não tínhamos nada em comum. Então me casei com Mike, um homem mais velho e fisicamente parecido com meu pai. Ele também era atleta, mas não jogava profissionalmente. Achei que assim as coisas seriam diferentes. Ele também era escritor, como eu, porém vivia me dizendo que eu não tinha talento para a escrita. Depois de três anos ouvindo isso, percebi que estava começando a desaparecer como minha mãe.

"Deixei Mike e levei um bom tempo para me curar. No entanto, depois de um ano de separação, acordei para o fato de que eu havia me casado com esses sujeitos num esforço para preencher o vazio gigantesco deixado pela rejeição do meu pai. Parei de sair com homens e me concentrei na minha escrita. No momento, estou namorando um professor do ensino médio que não se parece em nada com meu pai, não acompanha esportes e está interessado no que eu tenho a dizer. Nós realmente gostamos um do outro. É a primeira vez que me sinto bem por ser mulher. Não sei se vou me casar novamente, mas sei que não preciso mais procurar meu pai."

Colocando o patriarcado em aviso prévio

Parte da busca da heroína é encontrar seu trabalho no mundo, o qual lhe permitirá encontrar a própria identidade. É importante para a mulher saber que pode sobreviver sem depender dos pais ou de terceiros para poder expressar seu coração, sua mente e sua alma. As habilidades aprendidas durante esta primeira parte da busca heroica estabelecem sua competência no mundo.

Não afirmo, com isso, que as qualidades necessárias para o sucesso e a realização sejam moldadas apenas pelo masculino ou que o pai seja o modelo básico dessas qualidades no mundo. Entretanto, o fato é que o sistema em que vivemos e trabalhamos é fundamentalmente patriarcal e valoriza mais os homens. Isso sem dúvida está mudando, mas a mudança é lenta.

A contínua desvalorização das mulheres num nível exterior afeta como elas se sentem por dentro e como percebem o feminino. As mulheres não estão mais dispostas a ser vistas como inferiores e estão passando por uma profunda mudança interior em resposta ao patriarcado. Esse movimento interior está se refletindo gradualmente nas mudanças nas políticas sociais.

Embora eu saiba que temos um longo caminho a percorrer para alcançar a igualdade de gênero e de raça, as jovens que hoje crescem em famílias nas quais os valores femininos são respeitados terão um foco em relações familiares e sociais mais saudáveis amanhã. E tomara que a figura masculina interior delas seja um Homem com Coração.

3
O caminho de provas

Confrontando ogros e dragões

A heroína atravessa o limiar, deixa a segurança da casa dos pais e sai em busca de si mesma. Sobe colinas e desce vales, percorre rios e riachos, atravessa desertos áridos e florestas escuras até entrar no labirinto, indo ao encontro do que está no centro de seu eu. Pelo caminho, ela encontra ogros que a enganam para levá-la a becos sem saída, adversários que desafiam sua astúcia e determinação e obstáculos que ela deve evitar, contornar ou superar. Ela precisa de uma lamparina, de muitas costuras e de toda a calma possível para fazer esta jornada.

Mas estou me adiantando. Por que afinal ela caminha por aí, vagando à noite pelo labirinto? Qual é o tesouro que ela procura e quem é o dragão que o protege?

Metaforicamente, ela está sozinha, à noite, vagando pelo caminho repleto de provas para descobrir seus pontos fortes e suas habilidades, para revelar e superar seus pontos fracos. É disso que se trata sair de casa e fazer a jornada. O *lar* constitui a segurança e a proteção do que é conhecido. Faculdade, um novo emprego, viagens e relacionamentos, tudo isso lhe oferece oportunidades para olhar e experimentar suas qualidades positivas e os aspectos negativos de si mesma que ela projeta para os outros. Ela não pode mais culpar pais, irmãos, amigos, namorados ou o chefe pelo resultado de sua vida; agora, é hora de olhar para si mesma. A tarefa é pegar a espada da verdade *dela*, encontrar o som da voz *dela* e escolher o caminho do destino *dela*. É assim que ela encontrará o tesouro de sua busca.

Desafiando o mito III
Pintura de Nancy Ann Jones

Ela enfrentará obstruções pelo caminho tanto em seu mundo racional exterior quanto no mundo interior da psique. O caminho exterior de provas a conduzirá através da esperada trajetória repleta de obstáculos que leva à graduação acadêmica, a promoções, a títulos de prestígio, ao casamento e ao sucesso financeiro. Os dragões estarão lá guardando a dádiva, dizendo-lhe que ela não vai conseguir, que ela na verdade nem quer fazer isso, que há muitas outras pessoas mais qualificadas na sua frente. Às vezes, esses dragões serão assustadores e terão alguma semelhança com pais, professores e chefes.

O dragão mais desafiador de todos, porém, é o réptil da sociedade, que lhe diz, sorrindo, "Sim, querida, você pode fazer tudo o que quiser" enquanto continua sabotando seu progresso, oferecendo menos oportunidades, salários baixos, poucas opções de cuidado para os filhos e promoções demoradas. Na verdade, o que esse dragão está dizendo é: "Sim, querida, você pode fazer tudo o que quiser, desde que faça o que *nós* queremos."

Ogros aparecerão no caminho da heroína para testar sua resistência, sua determinação e sua capacidade de estabelecer limites. Colegas de trabalho vão irritá-la, conselhos profissionais vão mudar suas exigências e namorados vão declarar que nunca a amaram de verdade. Ela será tentada por jogos de sexo e manipulação disfarçados de condições para a obtenção de poder, realização e amor. Ficará lisonjeada ao pensar que chegou à terra do poder e da independência, embora tudo o que tenha recebido tenham sido os talismãs do sucesso.

Ao longo da jornada interior, ela encontrará as forças das próprias dúvidas, de sua autoaversão, sua indecisão, da paralisia e do medo. Embora o mundo exterior talvez lhe diga que ela é capaz, a heroína trava uma luta contra demônios que lhe dizem o contrário: "Eu não sou capaz, eu sou uma fraude"... "Se eles soubessem como eu realmente era, nunca teriam confiado em mim"... "Eu não quero me destacar; se eu tiver sucesso, eles vão me odiar"... "Era muito melhor quando alguém tomava conta de mim"... "Eu não mereço"... "Se eu fosse uma mulher de verdade, iria querer me casar e ter filhos".

A ladainha continua e serve para minar sua clareza, sua autoconfiança, sua ambição e seu valor próprio. Os dragões que ciosamente guardam o mito da dependência, o mito da inferioridade feminina e o mito do amor romântico são adversários temíveis. Esta não é uma jornada para covardes. É preciso uma coragem gigantesca para esquadrinhar as próprias profundezas.

O mito da dependência

Dependência e *necessidades:* essas são palavras sujas para as mulheres. Embora a dependência seja um estágio normal de desenvolvimento tanto para meninas quanto para meninos, a palavra *dependente* costuma ser mais associada às mulheres. As meninas não são incentivadas à independência, não recebem o mesmo apoio que os meninos para serem autônomas. "Pelo contrário, as meninas são encorajadas a manter uma relação de dependência com os pais e a família e, depois do casamento, com o marido e os filhos."[1]

Espera-se das mulheres que elas cuidem das necessidades de dependência dos outros. Elas são treinadas desde a infância para antecipar essas necessidades. Ouviram a mãe dizer: "Você deve estar com sede, quer alguma coisa para beber?", "Você teve um longo dia, deve estar cansado. Quer descansar um pouco antes do jantar?", "Você deve estar muito decepcionado por não ter conseguido a vaga no time".

Ao aprender a antecipar as necessidades dos outros, elas esperam, consciente ou inconscientemente, que suas necessidades também sejam antecipadas e atendidas. Quando descobre que suas necessidades *não* estão sendo levadas em consideração, a mulher sente que há algo de errado com *ela* e pode até se envergonhar de ter necessidades também.

Se a mulher tem que pedir que atendam uma necessidade sua, ela é percebida tanto pelos outros quanto por si mesma como exigente, carente e dependente. A verdade, no entanto, é que ela apenas tem necessidades normais que podem não ter sido atendidas pelo marido, pelo namorado, pelos amigos e amigas ou pelos filhos.[2] Estas podem incluir ter um tempo para si mesma, um quarto próprio, alguém para ouvi-la, um abraço amoroso ou a oportunidade de se dedicar aos próprios talentos. Quando as necessidades normais são negadas, ela começa a sentir que não tem *o direito* de se dedicar às atividades que atendem aos seus desejos. E, de alguma forma, começa a supor que não tem direito nenhum.

Algumas mulheres agem de forma dependente para afagar o ego do parceiro ou para protegê-lo. Há uma regra não dita nos relacionamentos que propõe que, para o marido ser forte, a esposa tem que ser fraca. Esse mito afirma que, se um dos parceiros se diminui, o outro pode ser bem-sucedido – o poder dele cresce à custa da fraqueza dela. E isso não se limita às relações heterossexuais. Nossa heroína entrega seu eu ao outro – ao marido, ao colega de trabalho, ao namorado ou aos filhos – para que este(s) possa(m) ganhar sua individualidade. Esse "presente" ou sacrifício inconsciente de si mesma para o outro lhe proporciona uma sensação de valor próprio e a ajuda a manter o equilíbrio do sistema. Em *Mulheres em terapia*, a autora Harriet Lerner diz:

> Por trás da postura passivo-dependente de muitas mulheres está a motivação inconsciente de favorecer e proteger alguém, assim como a convicção inconsciente de que se deve permanecer em uma posição de relativa fraqueza para que as relações pessoais mais importantes possam sobreviver. Mesmo mulheres intelectualmente liberadas sentem, de modo inconsciente, medo e culpa por "ferir" os outros, em especial os homens, quando exercem plenamente sua capacidade de pensar e agir de forma independente. Na verdade, as mulheres que começam a definir com mais clareza os termos da própria vida com frequência são acusadas de diminuir os homens, prejudicar as crianças ou de algum modo serem destrutivas em relação aos outros.[3]

Essa postura de colocar o "outro" em primeiro lugar é, muitas vezes, internalizada como um voto não professado pela mulher, mesmo que seu parceiro não espere isso dela ou não deseje algo assim. Essa mentalidade se infiltra no inconsciente da menina quando ela observa a dinâmica familiar: ela vê a mãe colocar as próprias necessidades em segundo plano e aprende a fazer o mesmo. E esse fato ganha ainda mais interesse quando o "outro" que disputa sua atenção é parte de si mesma. É então que ela precisa encontrar uma solução para um conflito interior persistente e muito difícil.

Essa é a experiência de Lynne, uma escritora de 40 e poucos anos cujo marido está se recuperando do vício em cocaína. Durante um período marcado pelo uso excessivo de drogas, o casal se separou e Lynne se dedicou a sua carreira de roteirista com grande sucesso. Agora que os dois fizeram as pazes e ele está em recuperação, ela tenta constantemente conciliar a própria necessidade de escrever, de ser independente e contribuir para a renda familiar com a voz que lhe diz que a dedicação à carreira coloca sua família em risco.

Lynne está presa nas garras do Dragão de Duas Cabeças, uma criatura nojenta que se queixa e briga o tempo todo para decidir quem vai receber a maior parte de seu tempo e sua energia. A Escritora nunca fica satisfeita e a Mãe acaba se sentindo desvalorizada e mal amada. A luta contínua esgota sua criatividade e a deixa em um estado de exaustão mental e emocional.

Pedi a Lynne que escrevesse um diálogo travado entre as duas cabeças do dragão. Nessa conversa, ela observa que a Mãe fala com uma voz suave e apologética e a Escritora tem uma voz forte e zangada. Às vezes elas se confundem e não sabem direito quem são.

O Dragão de Duas Cabeças

ESCRITORA: Comece a trabalhar. Você está atrasada. Já não terá tempo suficiente. Além disso, você demora demais no aquecimento. Ande logo. Mexa-se. Deixe essa outra pessoa pra lá.

MÃE: Mas eu sou essa outra pessoa. Eu. Eu sou a verdadeira você.

ESCRITORA: Eu é que deixo você pensar assim.

MÃE: Eu sou a pessoa que se levanta pela manhã. E arruma as camas. Dá comida às crianças. Lava a louça. Põe a casa em ordem. Eu tenho que fazer isso.

ESCRITORA: Por quê? Isso me atrasa. Me atrapalha.

MÃE: Se não fosse por mim...

ESCRITORA: Se não fosse por você, eu teria mais tempo.

MÃE: Se não fosse por mim, você teria desistido. Eu lhe dei uma razão para continuar, uma razão de ser. Eu sou sua âncora.

ESCRITORA: Você está me puxando para baixo. Você me afoga com as suas necessidades. Você me esgota. Você me faz acordar já cansada. Não consigo parar de pensar em você. E nas suas necessidades. Nas necessidades deles. Você não consegue ver a diferença. Você me esgota. Você me dá seus restos.

MÃE: Eu é que estou esgotada. Nunca sobra o suficiente de mim. Eu nunca faço o suficiente. Eles gritam pedindo mais. Mais de mim. Eles. As crianças, o marido, os outros. Mais, mais e

	mais. Eu quero fazê-los felizes. É muito difícil. Eles sempre querem mais. Você quer mais.
ESCRITORA:	Eu mereço mais.
MÃE:	Eu mereço mais. Eu mereço estar viva. Poder fazer xixi quando eu quiser. Quando eu precisar. Fazer xixi sozinha. Poder sair para tomar ar fresco. Dançar, se quiser.
ESCRITORA:	Você não pode fazer isso. Isso diminui o meu tempo. Eu mantenho você viva. Eu sou seu ar fresco. Se não fosse por mim, você já teria se entregado há muito tempo.
MÃE:	Se não fosse por mim, você teria desistido...
ESCRITORA:	Não me interrompa...
MÃE:	*Você* é que me interrompeu...
ESCRITORA:	*Eu* deveria... Eu mereço...
MÃE:	E eu mereço mais. Eu quero mais...
ESCRITORA:	O quê? O que você quer?
MÃE:	Tempo!
ESCRITORA:	Eu quero mais tempo! Você não pode ter mais!
MÃE:	Eu quero me sentir bem – quer dizer, esqueça o "bem". Melhor! Me sentir melhor já estaria bom!
ESCRITORA:	Eu quero isso mais do que você. Quando você se sente bem, eu me sinto bem. E eu posso continuar com as coisas...
MÃE:	Então me deixe me sentir bem. Comigo mesma.
ESCRITORA:	Isso é problema seu. Boa sorte, otária.
MÃE:	Eu preciso disso... Eu preciso de mais...
ESCRITORA:	Mais tempo? Então durma menos.
MÃE:	Mas eu estou tão cansada...
ESCRITORA:	Então não mexa comigo. Fique fora do meu caminho. Fique quieta.
MÃE:	Não consigo.
ESCRITORA:	Eu sei. Eu também não consigo.

Esse diálogo exaustivo se repete sem parar, com ligeiras variações, dentro de cada mulher que precisa lutar para manter seu *eu*, sua individualidade. E é reforçado por imposições culturais e familiares que dizem que todas as outras pessoas vêm em primeiro lugar. A consideração por sua autonomia, seu crescimento e seu desenvolvimento vêm em segundo, terceiro ou quarto lugares.

Para enfrentar esse mito da dependência, nossa heroína precisa descobrir as atitudes tácitas de sua família em relação à dependência feminina e como ela internalizou ou não essa situação para conseguir manter o sistema em equilíbrio. Mulheres que superaram a própria mãe experimentam uma considerável dose de culpa e ansiedade. Elas sentem que seu sucesso é uma traição à relação mãe/filha e se culpam por terem deixado a mãe para trás.

Também é importante para a heroína compreender e apreciar a função desempenhada por sua dependência tanto no passado quanto nas relações atuais. Ela pode não ter consciência de sua necessidade de proteger os outros de sua autonomia e de seu sucesso. Ao perceber isso, precisará ter paciência consigo mesma para afirmar seu próprio crescimento. Ela também precisa reconhecer que tem necessidades saudáveis e que merecem ser atendidas. Se ela estiver num relacionamento, numa faculdade ou num trabalho que não satisfaça suas necessidades, então ela tem o direito de sair.

Nos últimos 20 anos, foram realizadas muitas pesquisas sobre as mudanças familiares na nossa cultura e houve um reexame dos papéis desempenhados pelas mulheres e pelos homens. Os resultados desses estudos mostram que "hoje, praticamente todas as mulheres compartilham um compromisso básico com o núcleo familiar e com a própria igualdade dentro e fora dele, desde que família e igualdade não se apresentem em conflito".[4]

Na minha geração, pela primeira vez as mulheres tiveram que enfrentar escolhas envolvendo maternidade e carreira. Aquelas que optaram por adiar a maternidade pensando na carreira se encontravam numa posição desconfortável quando passavam dos 35 anos – ou porque não haviam encontrado um marido com quem pudessem formar família ou porque estavam relutantes em abrir mão do prestígio, do poder e da gratificação financeira que haviam conquistado com o trabalho.

Para enfrentar essas questões – a necessidade de autonomia e a necessidade de procriar –, as mulheres precisam de uma mudança de atitude por parte da sociedade e da assistência dos homens. Papéis flexíveis na família e políticas empresariais e legislativas que reflitam essas mudanças acabarão por mudar a forma como a dependência é vista e vivenciada pelas mulheres. Nossa heroína não terá mais que abrir mão de si mesma em nome do crescimento e do desenvolvimento dos outros. Autonomia, realização *e* acolhimento serão qualidades aceitas para as mulheres.

O mito da inferioridade feminina

*A melhor escrava
não precisa ser espancada.
Ela golpeia a si mesma.*

*Não com um chicote de couro,
ou com paus ou galhos,
não com um porrete
ou um cassetete
mas com o fino chicote
da própria língua
e com o sutil espancamento
da sua mente contra a própria mente.*

*Pois quem poderia odiá-la tão bem
quanto ela se odeia?
E quem poderia igualar a delicadeza
de seu autoabuso?*

*Anos de treinamento
são necessários para isso.*
– Erica Jong, "Alcestis on the Poetry Circuit"

Como a sociedade rebaixa as qualidades femininas, é improvável que a mulher se valorize como mulher. Ela é vista e se vê como carente e age a partir do mito da inferioridade. Ela olha ao redor e vê as conquistas de homens – homens que não são tão inteligentes, criativos ou ambiciosos quanto ela. Isso a confunde, mas confirma o que ela observa nas atitudes culturais: "O homem é melhor"... "A mulher não tem valor intrínseco próprio – seu valor está ligado à sua relação com os homens e as crianças."

Ela acredita nesse mito e avalia os próprios conhecimentos e habilidades pelas lentes do pensamento de déficit: "Se eu pelo menos fizer mais... se eu tentar mais... se eu for uma boa garota... se eu conseguir aquele diploma... se eu usar aquela roupa... se eu dirigir aquele carro... Se... se... se... então eu serei aceitável."

Ela internaliza um sentimento de autoaversão, e a voz de seu ódio por si mesma começa a ser muito semelhante à de sua mãe e à de seu pai. Esse crítico interior pode ser personificado como um Ogro Tirano ou como uma Bruxa Malvada, e os dois deverão ser mortos. Como as mulheres foram socializadas para expressar raiva contra si mesmas, o primeiro alvo de seu desdém será a mãe.[5] Como afirmamos antes, observamos um reflexo disso no tratamento da mãe na maioria dos contos de fadas: todas elas parecem encontrar uma morte prematura ou horrível. Em geral, costumo sugerir às minhas clientes que, em vez disso, mandem suas incômodas críticas femininas para relaxar e descansar numas férias no Havaí.

Matando o Ogro Tirano

Sonho que estou fugindo de uma multidão furiosa. Estou com o papa nas câmaras fúnebres do papado. A sala está cheia de sarcófagos, cada um com a efígie de seu respectivo dono. Ele pega sua espada e a enfia na face de um de seus predecessores esculpida na pedra. Ouvimos detratores vindo em nossa direção por todos os corredores. Não há nenhuma rota de fuga segura.

Esse sonho me lembra as catacumbas onde assinei um acordo pré-nupcial 21 anos atrás, contra minha vontade. Na época, eu estava grávida e minha mãe estava tão envergonhada por eu ter caído em desgraça que exigiu que eu me casasse não só fora de minha paróquia, mas numa igreja fora do estado. Ela não queria que minha desgraça fosse testemunhada por amigos próximos da família.

Meu noivo e eu concordamos e nos encontramos com um padre que nos pediu para assinar um documento confirmando que não havia "impedimento" para a realização do matrimônio. Naquela época, um dos impedimentos para o casamento era a gravidez. Eu me recusei a assinar por razões óbvias.

O padre me levou até o subsolo, até as entranhas da igreja, para me encontrar com seu superior. Esse monge corpulento estava do outro lado da mesa, com um hábito marrom esticado e quase abrindo nas costuras, e me disse que não poderíamos nos casar a menos que eu assinasse o papel. Perguntei como poderia assiná-lo sabendo que estava grávida. Ele me respondeu que isso não era importante. Estava assustada, me sentindo humilhada, mas também incrédula de que a Igreja queria que eu mentisse por uma questão de conveniência. Eu me recusei a assinar.

Frustrado, o monge deixou a cela de pedra que era seu escritório e me pediu que reconsiderasse minha decisão. Dali a poucos minutos, meu noivo entrou e me pediu que cedesse para que pudéssemos sair da casa de Deus com suas regras e sua hipocrisia. Fiquei chocada com sua sugestão, porque eu pensava que ele me resgataria e os mandaria embora. Em vez disso, ele uniu forças com os padres. Eu cedi por vergonha e cansaço.

Sou uma mulher diferente hoje. Essas antigas imagens de poder e autoridade masculinos não têm mais a força que tinham sobre mim. Pego a espada do papa e a finco profundamente na face dessa antiga figura de pedra. Não preciso mais agradar, dizer sim ou ir contra minha vontade. Agora tenho outras escolhas e a coragem de exercê-las.

Para destruir o mito da inferioridade, a mulher precisa carregar a própria espada da verdade, afiando a lâmina sobre a pedra do discernimento. Como grande parte da verdade das mulheres foi obscurecida por mitos patriarcais, elas devem desenvolver novas formas, novos estilos e uma nova linguagem para expressar o próprio conhecimento.[6] Toda mulher precisa encontrar a própria voz.

Aprimorar suas habilidades de comunicação ajuda a heroína a se dar bem com diferentes tipos de pessoas. E ter a coragem de apresentar sua visão inspira outras mulheres a confiar nas próprias imagens e palavras. Quanto mais vemos arte feminina, poesia e peças de teatro femininas, trabalhos de dança coreografados por mulheres e ambientes de trabalho projetados por mulheres, mais valorizamos a voz da mulher. Toda mulher que dissipa o mito da inferioridade feminina se torna um exemplo para as outras.

Uma mulher deve afirmar o valor de sua feminilidade. Ela precisa reconhecer sua contribuição à cultura e à sociedade como algo intrinsecamente valioso em qualquer forma feminina: mais empatia nos relacionamentos, uma orientação estética forte e confiável e um desejo altruísta de oferecer cuidados. Através desse tipo de autoestima, ela é capaz de formar uma parceria igualitária com os homens e com seu *animus*. Para que as mulheres deixem de emular os homens, de precisar da aprovação das instituições masculinas e de menosprezar outras mulheres pelas adaptações que fazem, elas têm que reconhecer que eles são "pessoas masculinas" sem poderes mágicos ou uma autoridade intrínseca por causa de seu gênero.[7]

O mito do amor romântico

No mito do amor romântico, diz-se que a mulher procura um pai/amante/salvador que ela pensa que vai resolver todos os seus problemas. Ela é vítima de falsas noções de realização. "Se eu encontrar o marido certo, serei feliz."... "Se eu encontrar o chefe certo, avançarei rápido na carreira."... "Se eu estiver com um homem poderoso, serei poderosa também."... "Posso ajudá-lo com sua carreira, seus negócios, sua escrita". A mensagem implícita é: "Não precisarei descobrir o que *eu* quero fazer. Posso viver a vida *dele*."

Os homens atendem à expectativa da sociedade de cuidar de uma mulher e protegê-la de fazer sua própria jornada. "Ao prometerem completá-la e protegê-la, eles perpetuam a crença de que ela não precisa empreender uma jornada heroica. Eles matarão os dragões para elas."[8] O senso de individualidade de um homem é reforçado quando ele resgata uma mulher. O título de uma recente palestra sobre o princípio masculino, oferecida pelo Clube de Psicologia Analítica de Los Angeles, ilustra bem isso: "Cavaleiro em armadura brilhante procura donzela em perigo: objetivo casamento."

As mulheres esperam. A Garotinha do Papai espera na janela, com o nariz amassado contra o vidro, buscando na escuridão os faróis do carro dele. Na adolescência, ela espera ao lado do telefone, na expectativa da hora em que *ele* ou *ela* vai ligar. Ela espera seu primeiro beijo... seu primeiro encontro... seu primeiro orgasmo.

As mulheres são treinadas para estar sempre num estado de expectativa. Da próxima vez que virmos nossa jovem, ela será uma mãe amamentando seu bebê recém-nascido enquanto espera o marido chegar do trabalho. Ele é sua ligação com o mundo exterior. Ele cuida de tudo. Ela está esperando a vida começar. Ela já ouviu os sussurros: "Você não é suficiente sozinha"... "Você precisa de alguém que a complete"... "Você precisa do outro"... "Você precisa esperar".

Na maioria dos contos de fadas, a heroína é retirada de seu estado de espera, de seu estado de inconsciência, e radical e instantaneamente se transforma para melhor. O catalisador dessa mudança mágica é, geralmente, um homem. Branca de Neve, Cinderela, Rapunzel, Bela Adormecida, Eliza Doolittle e Perséfone: todas compartilham variações do mesmo príncipe! E, no entanto, quando a transformação da heroína realmente ocorre, costuma ser o resultado não de um resgate de alguém de fora, mas de um crescimento e desenvolvimento interior extenuante, que se desenrola ao longo de muito tempo.

Psiquê e Eros

No mito de Psiquê e Eros, Psiquê começa a história sob o feitiço de um amor ilusório e termina com a conquista do verdadeiro amor romântico. Eros começa o relacionamento resgatando Psiquê de seu destino anunciado, a morte, conduzindo-a em seguida ao seu reino, onde todas as necessidades dela seriam atendidas.[9] Eros lhe diz para não se preocupar com o lugar onde eles vão morar ou com o que vão comer, pois ele cuidará de tudo. Em troca, pede que Psiquê não olhe para ele à noite nem lhe pergunte onde ele passa seus dias.

Incitada por suas irmãs, que a convencem de que ele é um monstro, Psiquê desafia o mito da supremacia masculina, desobedece às ordens de Eros e acende sua lamparina para observá-lo durante a noite, enquanto dorme a seu lado. Ela derrama sobre ele um pouco de óleo da lamparina e ele desperta. Ao mesmo tempo, ela é espetada por uma de suas flechas e se apaixona. Quando reconhece a divindade de Eros, Psiquê tenta se agarrar a ele, mas ele foge para sua mãe, Afrodite. Psiquê desobedeceu à ordem de Eros e ele simplesmente não consegue suportar uma esposa insolente!

No livro *She: A chave do entendimento da psicologia feminina*,[10] Robert Johnson assemelha o desejo de Psiquê de olhar Eros ao desafio de uma mulher à autoridade de seu homem interior.

A mulher geralmente vive por algum tempo sob o domínio do seu homem interior, ou deus interior, o *animus*. Seu próprio Eros interior a mantém, sem que ela tome consciência disso, no paraíso. Ela pode não questionar; ela pode não ter um relacionamento real com ele; ela está completamente sujeita ao seu domínio oculto. É um dos grandes dramas da vida interior de uma mulher quando ela desafia a supremacia do *animus* e diz: "Eu *vou* olhar para você."[11]

Quando Eros a abandona, Psiquê, tomada pela dor, tenta se afogar, mas Pã sugere a ela que peça à deusa do amor que a ajude em sua busca por Eros. Ela vai até Afrodite, que, com grande desdém, impõe a Psiquê uma série de provações cada vez mais difíceis.

Psiquê aprende primeiro a tarefa de discernir, organizando uma enorme pilha de diferentes tipos de sementes. Depois, ela aprende a não tentar tomar o poder elementar diretamente nas próprias mãos, ao tentar colher lã de ouro dos galhos baixos das árvores de um bosque repleto de carneiros perigosos. Em sua terceira tarefa, ela aprende a ordenar e a estabelecer limites. Ao encher uma taça de cristal com água do centro do rio Estige, ela aprende a se concentrar em um aspecto da vida de cada vez. Em sua quarta tarefa, Psiquê aprende a conter a própria generosidade, recusando-se a se envolver com as distrações que surgem durante seu caminho para o mundo inferior. Lá, ela deverá obter o unguento da beleza de Perséfone e entregá-lo a Afrodite. Ela estabelece limites, diz "não", mas também experimenta o fracasso, que a faz lembrar-se de que é humana. Ela deve morrer para sua antiga forma de ser antes de alcançar a plenitude.

Ao longo de suas provações, Psiquê tem assistência: formigas a ajudam a separar as sementes, juncos lhe dizem como colher a lã de ouro, uma águia a ajuda a encher a taça de cristal e uma torre lhe dá instruções para sua viagem ao mundo inferior. Por fim, Eros livra Psiquê de um sono mortal e a leva ao Olimpo para se tornar uma deusa. Eros, capaz de se metamorfosear, é cada um de seus aliados; ele é seu guia masculino interior positivo.

Robert Johnson escreve sobre a importância do homem interior da mulher em busca de autonomia: "Eros é o *animus* da mulher que está sendo fortalecido, curado, despido das características de garoto embusteiro, transformando-se assim em um homem maduro, digno de ser seu companheiro.

Tudo isso é fruto dos esforços dela e da cooperação dele. Ele, por sua vez, a redime."[12]

Eros e Psiquê se casam e ela dá à luz uma menina a quem chamam de Prazer. Psiquê foi transformada pela resistência a suas provações. Não vive mais sob o feitiço do amor romântico. Graças a seu esforço, tornou-se uma deusa. Ela se casa com Eros numa posição de igualdade e conquista o amor verdadeiro.

Muitas mulheres que vivem sob o feitiço do amor ilusório querem que seu cônjuge seja um semideus que cuida de todas as suas preocupações mundanas: hipotecas, seguros, prestações do carro, decisões sobre mudanças e por aí vai. Dessa forma, elas não serão culpadas se ele tomar a decisão errada. A heroína deve ter a coragem de desmitificar seu parceiro e retomar a responsabilidade pela própria vida. Precisa tomar decisões difíceis e ganhar autonomia. Só quando é liberada ou se libera da crença de que sua realização está nas mãos de um amante é que a mulher poderá encontrar um parceiro em posição de igualdade e desfrutar o verdadeiro amor.

4
A dádiva ilusória do sucesso

A mística da supermulher

Durante o caminho de provas, a mulher transcende os limites de seu condicionamento. É um momento particularmente angustiante, uma aventura repleta de medos, lágrimas e traumas. Na infância e na adolescência, ela é moldada para se encaixar num papel determinado pelas expectativas dos pais, dos professores e dos amigos. Para conseguir ir além disso, ela precisa fugir das garras do condicionamento, deve deixar para trás o Jardim da Proteção e matar o dragão das próprias dependências e dúvidas pessoais. É uma jornada perigosa.

Se escolher primeiro o caminho acadêmico, ela terá que tomar uma decisão desde cedo sobre o foco de seus estudos. Ela recebe seu título, mas logo descobre que o canudo não é garantia de sucesso. Todo mundo compete pela mesma posição. Ela então se candidata a uma pós-graduação ou consegue um emprego. Assume a responsabilidade por si mesma e constrói um novo mundo ao seu redor com base em suas decisões e conquistas.

Se optar pelo mundo do trabalho, ela começará a seguir os passos para garantir seu progresso. Ela sobe na hierarquia corporativa, torna-se uma gestora de médio escalão ou funda uma empresa. Vai a conferências, viaja a lugares exóticos e se torna ativa em sua comunidade. Ela se apaixona e se casa, mas seu marido não define seu valor próprio. Eles alugam uma casa com opção de compra e fazem planos para constituir família. Ela tem filhos, continua a trabalhar e faz malabarismos para conseguir cuidar das crianças, fazer compras e cuidar da agenda de todo mundo. É uma mulher assertiva, independente e pensante. Desfruta das recompensas de seus esforços: dinheiro, um carro novo, roupas e um título. Ela está no topo do mundo; está se divertindo e é poderosa.

Nossa heroína se sente forte dentro de si mesma, conhece as próprias capacidades e encontrou o tesouro de sua busca. Se escolheu o caminho da independência, publica seu romance, monta sua exposição ou supera os homens na corrida de 200 metros. Consegue patrocínio para sua peça, monta um escritório para trabalhar ou escala sua primeira montanha. Ela conquistou o poder, o reconhecimento e o sucesso no mundo exterior com os quais sua mãe apenas sonhava. Ela chegou lá.

Jill Barad, a ex-CEO da Mattel Toys, é uma entre apenas 2% de mulheres que conseguiram romper o "teto de vidro" e se tornar uma alta executiva. Essa conquista atesta tanto seu próprio empenho quanto a disposição de sua empresa em ter mulheres em cargos-chave. Ela dirigia uma equipe de 500 funcionários e supervisionava as linhas de produtos da Mattel, desde o projeto até o marketing.

Em 1987, Barad foi citada pela *Business Week* como uma das 50 executivas a serem observadas como CEOs em potencial. Enquanto isso, ela equilibra as jornadas de 12 horas de trabalho com uma rica vida familiar. Ela valoriza muito o apoio que recebe da família, que inclui um marido disposto a ajudar com as exigências da criação dos filhos e uma funcionária doméstica em tempo integral. No entanto, Barad teve que fazer sacrifícios.

Uma vez, ao entrar na sala de aula do terceiro ano de seu filho para uma reunião de pais e professores, Barad foi recebida pela professora, que exclamou: "Ah, então Alexander tem mãe!" "Você se sente horrível", admite ela, "mas, se quiser crescer em ambos os aspectos de sua vida, há momentos em que precisa fazer concessões a ambos, tentando escolher como prioridades apenas as coisas que realmente importam. Não acho que seja diferente do que os pais sempre enfrentaram. As coisas que você perde são momentos seus ou para si mesma, no entanto, você tenta viver com essas prioridades."[1]

Barad precisou estabelecer prioridades que ainda não são totalmente aceitas para e pelas mulheres em nossa cultura. Colocar a carreira à frente daquilo que os outros julgam ser uma "boa mãe" leva a comentários como esse feito pela professora. Algumas mulheres ainda invejam e depreciam o sucesso de outra mulher. Não importa quão bem-sucedida seja: ela ainda precisa lidar com o fato de que o mundo exterior é hostil às suas escolhas.

Reação à mística feminina

O culto à supermulher dos anos 1980 prometia às jovens que elas podiam "ter tudo" – uma carreira lucrativa e gratificante; um casamento amoroso, igualitário e estável; e uma maternidade jubilosa. Muitas das heroínas de hoje se tornaram supermulheres como reação à mística feminina que suas mães suportaram ou desfrutaram na década de 1950. Como suas mães não tinham a escolha de competir no mundo dos homens nem a escolha de ter ou não filhos, tornaram-se dependentes tanto dos homens que as sustentavam quanto dos filhos que criavam. O poder que não podiam alcançar no mundo "masculino" exterior era compensado pelo poder que exerciam na família.

As mulheres que não podiam testar as próprias competências e habilidades no mundo da remuneração definido pelos homens passaram a ter expectativas pouco razoáveis com relação ao marido e aos filhos. O que não conseguiam conquistar por si próprias, esperavam que viesse de sua família. Assim, elas controlavam, convenciam e manipulavam sem levar em consideração os sentimentos dos outros. Em *A segunda etapa*, Betty Friedan escreve sobre a tirania desse machismo materno:

> Esse controle, essa perfeição exigida do lar e das crianças, essa insistência em que ela sempre tivesse razão, era sua versão do machismo – seu equivalente supervirtuoso da força e do poder masculinos, que ela usava para combater ou mascarar sua vulnerabilidade, sua dependência econômica, sua depreciação pela sociedade e por si mesma. Na falta desse poder masculino na sociedade, que era o único poder reconhecido na época, ela obteve seu poder na família, manipulando e negando os sentimentos de homens e crianças, inclusive escondendo seus próprios sentimentos reais por trás daquela máscara de retidão superficial, dura e doce.[2]

Esta mãe não podia expressar abertamente sua solidão, seu abandono e sua sensação de perda. Tudo que podia fazer era expressar sua fúria. Isso tomava a forma de explosões violentas contra o marido e os filhos ou de um entorpecimento induzido pelo consumo de álcool, pela comida ou por gastos excessivos. Sua filha observava e ouvia: "Não faça o que eu fiz"... "Tenha uma carreira"... "Viva a sua própria vida"... "As mulheres não têm poder"... "Espere para se casar e ter filhos, saiba primeiro quem você é".

Essas mensagens confundiam a filha. Então sua mãe não gostava de ser mulher, de ter um marido e de cuidar dos filhos? Será que as crianças arruinaram a vida dela? Será que ser mulher era horrível? Sua vida estaria arruinada por ela ser mulher? A autodepreciação e a autoaversão da mãe convenceram a filha a não se parecer em nada com ela. Em vez disso, ela seria perfeita. Friedan prossegue:

> Notei que as mulheres que se sentem menos seguras de si mesmas como mulheres – à sombra da autodepreciação da mãe, aquela mãe que não se sentia bem o suficiente consigo mesma para amar fortemente uma filha – têm uma probabilidade maior de cair na armadilha da supermulher, tentando ser as Mães Perfeitas que as suas próprias não foram e também ser perfeitas no trabalho, de um modo que os homens, conhecedores desde a infância desses jogos, não tentam ser. Esse machismo feminino, transmitido de mãe para filha, esconde o mesmo auto-ódio inadmissível, a mesma fraqueza e a mesma sensação de impotência que o machismo esconde nos homens.[3]

Infelizmente, num esforço para não serem em nada parecidas com suas mães, muitas mulheres jovens se tornaram como os homens. Elas condicionaram sua autoestima, sua identidade e seu valor próprio aos padrões masculinos de produção. No início, seus êxitos eram inebriantes. Entretanto, quanto mais bem-sucedidas se tornavam, mais exigências de tempo e energia lhes eram feitas. Os valores femininos em relação aos relacionamentos e ao cuidado com o outro foram deixados em segundo plano, atrás da conquista de objetivos. E muitas mulheres começaram a sentir que nunca poderiam ser "boas o suficiente".

Peg tem 40 e poucos anos e é uma arquiteta de sucesso. Ela projeta complexos industriais há 12 anos. Tem filhos adolescentes e seu marido apoia seu trabalho. É financeiramente bem-sucedida e gosta de arquitetura, mas sente que nunca é suficiente. "Por mais que eu trabalhe e por mais competente que eu seja, sempre deixo a desejar em algum aspecto. Trabalho muitas horas, trago novos clientes, meu trabalho é criativo. Mas, da forma como o sistema está organizado, eu não tenho como vencer. Quando meu pai trabalhava longas horas, voltava para casa para uma esposa que preparava suas refeições e cuidava de suas roupas, de seus filhos e de seu lar. Eu não tenho esposa. Meus filhos não recebem a devida atenção, meu marido e eu não temos tempo para transar e eu nem imagino como seria ter tempo para mim mesma. Tenho a sensação de que o único modo de manter minha carreira e ter uma família é ser duas pessoas. Eu amo meu trabalho e amo minha família, mas quero que alguém cuide de mim."

O que muitas heroínas querem é exatamente o que seu pai queria e não valorizava: alguém que cuidasse dele. Alguém amoroso e carinhoso que ouvisse suas angústias, massageasse seu corpo cansado da batalha, apreciasse seus sucessos e levasse embora a dor de suas perdas. Elas querem uma relação com o *feminino*. Querem descansar, ser cuidadas e aceitas pelo que são, não pelo que fizeram. Há um enorme anseio pelo que parece "perdido", mas elas não sabem o que está faltando e, por isso, preenchem a dor com mais atividades.

A grande fingidora

Nossa heroína aprendeu a ter um bom desempenho, por isso, quando sente algum desconforto, se ocupa em vencer o próximo obstáculo: um novo diploma, uma posição mais prestigiosa, uma mudança geográfica, um caso sexual, mais um filho. Ela acalma a sensação de vazio massageando o próprio ego com mais atos de heroísmo e realizações. Ela se encanta com os elogios que as vitórias lhe trazem. Existe uma descarga de adrenalina associada à conquista de um objetivo, e esse "barato" mascara a profunda dor de não ser suficiente. Ela mal percebe a decepção depois que seu objetivo foi alcançado, pois já está focada no próximo.

Essa necessidade obsessiva de se manter ocupada e produtiva evita que ela precise enfrentar a crescente sensação de perda. Mas o que é essa perda? Certamente ela conseguiu tudo o que se propôs a fazer, mas à custa de um grande sacrifício de sua alma. Sua relação com seu mundo interior é distante.

A reação da heroína à total dependência de sua mãe ao marido e aos filhos para se sentir realizada fez com que ela sentisse que precisa ser mais independente e mais autossuficiente do que qualquer homem para conseguir qualquer coisa. Ela não vai depender de ninguém. Ela se conduz incansavelmente até a beira da exaustão. Ela esquece como dizer não, tem que ser tudo para todas as pessoas e ignora sua própria necessidade de ser cuidada e amada. Ela está fora de controle. Sua relação com seu masculino interior se tornou distorcida e tirânica; ele nunca a deixa descansar. Ela se sente oprimida, mas não compreende a fonte de sua vitimização.

Joyce é professora de literatura inglesa e tem 30 e poucos anos. Teve uma carreira acadêmica muito bem-sucedida, lecionando em uma prestigiosa universidade da Costa Leste dos Estados Unidos. É casada com um professor universitário, um homem calmo e sensível com quem compartilha um profundo interesse pelas artes. Embora as férias de verão lhes deem tempo para explorar outros interesses, Joyce se sente sempre exausta. Ela quer ter um filho, mas acha que não conseguiria arcar com mais uma responsabilidade. Após uma série de sonhos com uma figura, a quem ela chama de Grande Fingidora, Joyce começou a compreender a fonte de sua exaustão.

"Tenho me perguntado por que fico exausta antes dos outros. Fico muito empolgada com a ideia de dar uma conferência, de dar um curso ou um seminário, mas sinto que me falta energia. Há uma resistência quase imediata em fazer o que eu digo que quero fazer. Acho que tem algo a ver com o fato de ser a Grande Fingidora.

"Sempre pareci ter muito mais idade do que de fato tenho. Quando criança, eu era a melhor ouvinte do meu pai, a que melhor entendia minha mãe e a grande cuidadora dos meus irmãos. Eu sabia dizer a coisa certa. Era sábia para a minha idade. Eu ia bem na escola, meus professores me adoravam.

"Não me lembro de brincar muito durante a infância. Eu era muito séria. Lia muito. Minha mãe estava sempre zangada com meu pai por alguma coisa, então eu tentava apagar os incêndios. Ele trabalhava muito e seguia uma carreira como jornalista. Eu tentava agradá-lo tomando conta da minha mãe e das crianças. Meu pai queria que eu fosse forte, então eu fingia que era. Na verdade eu era dependente, carente e desejava atenção, mas fazia o que ele queria que eu fizesse.

"Eu estava carregando nas costas algo que era pesado demais para mim. Aprendi não os passos de como ser um herói, mas apenas a fingir ser heroica. Agora fico exausta quando alguém me pede para fazer algo que eu não quero fazer. Comitês, conferências, artigos, tudo se torna um suplício. Eu não tinha escolha quando era só uma menina, então agora me ressinto quando me encontro em situações em que não tenho escolha. E quando um colega homem começa a falar sobre as escolhas que *ele* teve na juventude, fico furiosa."

Joyce pode não morar mais com os pais, mas sua vida interior ainda é controlada por seu pai. Ele continua a ter domínio sobre sua energia vital. Ainda a trai. Ele se tornou o homem interior que continua a negar seus desejos e sua necessidade e que a usa para seus próprios fins. Ela se sente exausta por não ter suas necessidades atendidas. Terá de se libertar dessa imagem destrutiva do pai antes de poder abrir mão do papel da Grande Fingidora.

A mulher não se conforma com a traição do pai enquanto não reconhece que tudo o que ela conquistou foi tentando agradar seu pai internalizado. Em seu desejo de ser receptiva a esse pai-imagem, ela desenvolveu uma relação com um homem interior que nem sempre tem em mente o que é melhor para ela. Ele pode ser um motivador crítico e insistente, que ignora completamente os desejos e necessidades dela.

> Jung diz que o processo criativo em uma mulher nunca poderá se concretizar se ela permanecer capturada em uma imitação inconsciente dos homens ou se identificar com o masculino inferior em seu inconsciente. Ele definiu o masculino como a habilidade de saber qual é seu objetivo e fazer o necessário para alcançá-lo. Se permanecer *inconsciente* em uma mulher, esse masculino interior vai persuadi-la de que ela não tem necessidade de explorar suas motivações ocultas e incitá-la a uma busca cega por seus objetivos conscientes, o que naturalmente a libertará da árdua e nada surpreendente tarefa de descobrir seu verdadeiro ponto de vista individual.[4]

O mito de nunca ser suficiente

Quando o masculino inconsciente assume o controle, a mulher pode sentir que não importa o que faça ou como faça, porque nunca será suficiente. Ela nunca se sente satisfeita ao completar uma tarefa, porque ele sempre a incita a passar logo para a próxima. Seja no que for que ela esteja engajada no momento presente, não terá valor; ele sempre a obriga a pensar adiante. Ela se sente agredida e responde a partir de uma falta interna: "Você tem razão, eu deveria estar fazendo mais. Isto não é suficiente." Se estou escrevendo, meu motivador me diz que eu deveria estar visitando mais clientes; se estou visitando clientes, ele me diz que eu deveria me ocupar com o livro.

Há um exercício simples para silenciar esse tirano interior e para treinar a heroína na arte da satisfação. Pegue um papel e o divida em três colunas. Na primeira, escreva algo que você fez hoje – digamos, "Removi a erva daninha do jardim". Na coluna seguinte, escreva "Estou satisfeita". Na terceira, escreva "E isso é suficiente!". Pode parecer simplista, mas, depois de fazer esse exercício por cerca de um mês, você vai esquecer que alguma vez "não foi suficiente".

Uma das razões para essa sensação de eterna insuficiência é que há coisas demais exigindo tempo e energia das mulheres, principalmente se elas têm filhos pequenos. O tempo é uma mercadoria escassa e há limites para a energia de uma pessoa, porém a maioria das mulheres não gosta de admitir que tem limites e tem dificuldade em dizer não. Encorajo minhas clientes a levar no bolso cartões para lembrá-las de diversos modos de recusar pedidos. Também é útil mantê-los na gaveta da escrivaninha. "Obrigada por me oferecer esse cargo... Terei que pensar um pouco"... "Agradeço o convite, mas no momento não posso aceitar"... "Obrigada por se lembrar de mim, mas precisarei recusar". As mulheres não gostam de desapontar os outros, por isso muitas vezes dizem sim sem considerar como isso afetará sua vida.

A maioria das histórias de heroína se passa na primeira metade da vida, quando a mulher constrói uma identidade e se estabelece como alguém no mundo. Essa tarefa envolve sair para o mundo, adquirir habilidades e alcançar a excelência. Isso se torna parte de sua identidade. Esse trabalho, seja ele qual for, quando escolhido conscientemente, é parte do processo de "construção da alma que resulta numa personalidade que não só tem mais a oferecer como também precisa menos compulsivamente de outra pessoa".[5]

Isso lhe dá confiança em seu poder de escolha e de ação, além de uma noção da própria autonomia.

As mulheres devem alcançar a autonomia antes de conquistar a plenitude. Examinar o significado de autonomia muitas vezes envolve descartar velhas ideias de sucesso. Muitas mulheres sacrificaram grande parte da alma em nome da realização. As recompensas da jornada exterior podem ser sedutoras, mas em algum momento a heroína desperta e diz não ao heroísmo do ego. Essas recompensas têm cobrado um preço muito alto.

A heroína pode dizer não aos padrões da supermulher no trabalho ou em casa quando se sente bem consigo mesma como mulher e, assim, reconhece suas limitações naturais. Isso pode inclusive envolver sair de um emprego e abrir mão do poder e do prestígio para voltar a *sentir*. Ou ela pode decidir que não precisa ter a casa mais limpa do mundo e que seus filhos e seu marido podem começar a fazer a parte deles nessas tarefas.

Encontrar a dádiva interior do sucesso exige sacrificar falsas noções de heroísmo. Quando consegue encontrar a coragem para ser limitada e para perceber que é suficiente exatamente como é, a mulher descobre um dos verdadeiros tesouros da jornada da heroína. Ela pode se desapegar dos caprichos do ego e entrar em contato com as forças mais profundas que são a origem de sua vida. Ela pode dizer: "Eu não sou tudo... e sou suficiente." Ela se torna real, aberta, vulnerável e receptiva a um verdadeiro despertar espiritual.

5
Mulheres fortes podem dizer não

Uma mulher forte é uma mulher que está se esforçando.
Uma mulher forte é uma mulher que está
na ponta dos pés levantando um haltere
enquanto tenta cantar Boris Godunov.
Uma mulher forte é uma mulher trabalhando,
limpando a latrina das eras,
e enquanto ela cava, ela fala
que não se importa em chorar, pois isso abre
os canais lacrimais, e que vomitar
desenvolve os músculos do abdômen, e
continua cavando com lágrimas
no nariz.

Uma mulher forte é uma mulher em cuja cabeça
uma voz fica repetindo: eu te disse,
feia, garota má, megera, chata, estridente, bruxa,
castradora, ninguém vai te amar de volta,
por que você não é feminina, por que você
não é delicada, por que você não é quieta, por que não está morta?

Uma mulher forte é uma mulher determinada
a fazer algo que os outros estão determinados
a que não se faça. Do fundo, ela está empurrando para cima

*a tampa de um caixão de chumbo. Está tentando erguer
uma tampa de bueiro com a cabeça, está tentando
abrir caminho através de uma parede de aço.
Sua cabeça dói. As pessoas, esperando que o buraco
se abra, dizem: Depressa, você é muito forte.*

*Uma mulher forte é uma mulher que sangra
por dentro. Uma mulher forte é uma mulher que
se faz forte a cada manhã, enquanto seus dentes
se soltam e suas costas latejam. A cada bebê,
um dente, diziam as parteiras, e agora
a cada batalha, uma cicatriz. Uma mulher forte
é uma massa de tecido cicatricial que dói
quando chove e feridas que sangram
quando você esbarra nelas e lembranças que se levantam
à noite e andam com botas de um lado para outro.*

*Uma mulher forte é uma mulher que anseia por amor
como oxigênio ou fica roxa, asfixiada.
Uma mulher forte é uma mulher que ama
fortemente e chora fortemente e está fortemente
aterrorizada e tem necessidades fortes. Uma mulher forte é forte
em palavras, em ação, em conexão, em sentimento;
ela não é forte como pedra, mas como uma loba
amamentando suas crias. A força não está nela, mas ela
a encena como o vento infla uma vela.*

O que a conforta é que outros a amem
igualmente pela força e pela fraqueza
de onde ela emana, relâmpagos de uma nuvem.
O relâmpago atordoa. Na chuva, as nuvens se dispersam.
Apenas água da conexão permanece,
fluindo através de nós. Forte é o que fazemos
umas pelas outras. Até que sejamos todas fortes juntas,
uma mulher forte é uma mulher fortemente amedrontada.

– Marge Piercy, "For Strong Women"

A sensação de ter sido traída

Ao longo da última década, ouvi histórias de mulheres entre 25 e 58 anos que sentiam que o sucesso conquistado no mercado de trabalho havia cobrado um preço alto de sua saúde e de seu bem-estar emocional, um preço que ia muito além da remuneração recebida. Embora satisfeitas com as habilidades que dominaram, com a independência alcançada e com a influência que passaram a exercer no campo de atuação escolhido, existe um sentimento de cansaço e incerteza sobre como prosseguir. Qual é o próximo passo?

Não há um desejo de voltar à segurança do aconchego do lar, como anunciado pela tradicional revista feminina *Good Housekeeping*, porque, para a maioria das mulheres, isso só pode ser uma fantasia. Elas se habituaram à satisfação proporcionada pelo trabalho e, para a maioria das trabalhadoras nos Estados Unidos, o salário se tornou uma necessidade econômica tanto para elas quanto para suas famílias.

Não se trata de recuar; é uma questão de criar novas escolhas. Hoje, muitas mulheres fazem um balanço de sua situação expressando a sensação de terem sido traídas: "De que me serve tudo isso? Por que me sinto tão vazia? Alcancei todos os objetivos que estabeleci para mim mesma, mas ainda falta alguma coisa. Eu me sinto vendida, sinto que me traí, que abri mão de alguma parte de mim mesma que nem sei qual é."

Essa sensação de estar "fora de sincronia" consigo mesma pode ser o primeiro sinal de alerta antes de o corpo da mulher lhe transmitir uma mensagem mais concreta. Ela pode passar por momentos difíceis se recuperando de uma gripe, desenvolver insônia, ter problemas no estômago, encontrar um caroço no seio ou começar a ter um sangramento de escape. Pode ser necessária uma transição familiar, como um divórcio, filhos deixando o ninho ou a morte de uma pessoa querida para que a mulher desperte completamente para a sensação de perda espiritual, embora ela possa não defini-la como tal. Ela dirá a amigos e familiares que se sente "esquisita".

A mulher investiu tanto tempo e tanta dedicação a seu percurso heroico que ela mesma se surpreende por não conseguir afastar a sensação de ter perdido algo importante da vida. Ela não compreende os sentimentos de desolação e de desespero, emoções certamente novas. "Claro, houve momentos em que me senti 'pra baixo', mas consegui superar. Bastava um novo projeto, e eu estava de pé novamente. Desta vez é diferente", relatou uma mulher de 46 anos que era gerente de desenvolvimento. "Meu médico disse que não há nenhuma razão fisiológica para o sangramento, mas eu não consigo deixar de sentir que estou chorando por dentro." Quando as mulheres usam a metáfora de sangrar até secar, fica claro que não se sentem mais férteis em sua vida.

Uma enfermeira de 43 anos que trabalha com bebês gerados por viciadas em drogas afirma: "Sinto falta dos dias em que todas tínhamos filhos pequenos e nos ajudávamos no cuidado das crianças, planejávamos juntas as festas de aniversário e ouvíamos as frustrações umas das outras. Agora, estamos todas tão ocupadas com nossa carreira que não temos tempo nem para uma xícara de chá. Perdemos o senso de comunidade. Agora, não tenho nenhuma rede feminina ao meu redor além das colegas de trabalho, e só falamos sobre a falta de pessoal e sobre como ser mais eficiente. Realmente sinto falta das minhas amigas."

A sensação de perda que essas mulheres expressam é um desejo pelo feminino, um anseio por se sentirem *em casa* dentro do próprio corpo e da comunidade. A maioria das mulheres de hoje passou a maior parte da vida adulta desenvolvendo e aperfeiçoando qualidades que sempre foram consideradas masculinas, inclusive habilidades de pensamento lógico, linear e direto, de analisar e estabelecer metas de curto prazo. As mulheres que levaram as próprias emoções para o ambiente de trabalho foram rapidamente informadas de que ali não era lugar para isso. Hoje, embora muitas empresas estejam oferecendo treinamento para o alto escalão administrativo voltado para um modo de liderança mais feminino, valorizando os sentimentos, a intuição e os relacionamentos, muitas mulheres ainda reclamam de subestimar sua parte feminina.

"Sinto falta de usar as mãos para criar; não costuro há 20 anos"... "Eu adorava cozinhar, mas não tenho mais tempo para isso"... "Meu corpo anseia por tirar os sapatos, afundar os dedos na lama e correr!"... "Meus ossos na verdade doem, e não é porque eu esteja cansada, eu sei quando isso acontece. Isto é novo, eles doem porque querem uma conexão com a Mãe Terra". Essas são as palavras das mulheres que começam a ter uma sensação de secura, uma sensação de esterilidade, uma sensação de aridez espiritual.

Felizmente, essas mulheres conseguem expressar seus sentimentos de perda. Mais grave é ver que muitas enfrentam o que definimos clinicamente como colapsos nervosos, culpando a si mesmas por não terem resistência, por não conseguirem "suportar o estresse" do mundo masculino. Muitas se refugiam no álcool ou nas drogas para entorpecer a dor da perda. Outras permanecem em silêncio até que o caroço no seio ou o câncer de colo do útero as leve a aceitar que a jornada heroica não levou em consideração as limitações de seu corpo físico e os anseios de seu espírito.

Aridez espiritual

As mulheres que se esgotam tentando preencher papéis masculinos ficam como que queimadas até seu âmago interior. Marti Glenn, uma psicóloga de Santa Bárbara, descreve o que acontece quando a chama interior de uma mulher se apaga: "A mulher perde seu 'fogo interior' quando não está sendo alimentada, quando não há mais combustível para a chama de sua alma, quando morre a promessa do sonho por tanto tempo mantido. Os velhos padrões não servem mais, o novo caminho ainda não está claro. Há escuridão por toda parte, e ela não consegue ver, sentir, provar nem tocar. Nada mais tem significado e ela já não sabe quem *realmente* é."

Ela relata a própria experiência quando passou por um período de esgotamento na carreira: "No último outono, comecei a ter uma série de sonhos com mulheres idosas sendo colocadas em sacos para cadáveres, carregadas e roladas colina abaixo. Sonhava comigo trabalhando e fazendo o que faço de melhor, liderando workshops com centenas de pessoas. Mas do outro lado havia uma garotinha chorando e se escondendo atrás de uma pedra. Sonhei que meu chefe me pedia para estacionar automóveis, e esse passava a ser meu trabalho. Eu me tornava ótima em estacionar carros. Um sonho atrás do outro, todos se relacionavam com a morte do feminino. Outra noite, sonhei com crânios de mulheres sendo esmagados."[1]

Sua criança interior chora e lamenta pela mulher reduzida a estacionar carros. A mulher que cede sua vida ao controle do masculino interior desconectado passa a ser impulsionada pela necessidade de estar à altura e de alcançar conquistas definidas por padrões masculinos. A certa altura, ela perceberá que, para sobreviver e levar uma vida saudável e satisfatória, terá que fazer algumas mudanças. Suas suposições sobre as recompensas da jornada heroica estavam erradas. Sim, ela obteve sucesso, independência e autonomia, mas, no processo, pode ter perdido um pedaço de seu coração e de sua alma.

Essa mulher se sentirá traída tanto pela própria mentalidade quanto pela mentalidade cultural, pois ambas lhe disseram que, ao confiar no pensamento masculino orientado aos objetivos, ela seria recompensada: seja uma "boa" garota e "papai" cuidará de você. Ela agora se sente totalmente sozinha, privada de conforto. Para ela, tudo desandou de repente. Há uma fenda em seu mundo ordenado, uma rachadura no ovo cósmico. Uma cliente descreve assim essa sensação: "Há uma fina casca ao meu redor que está rachando. Ela é tão fina que mal a vejo, mas foi ela que manteve tudo no lugar até agora. Eu a sinto e ouço se quebrar. É aterrorizante."

O mundo não é o que ela pensava que seria; ela foi traída. Ela se enfurece contra a perda de sua querida visão de mundo e, relutante, percebe que terá que seguir em frente sozinha. Assim a heroína opta por não ser uma vítima de forças que estão além de seu controle e por tomar a vida nas próprias mãos. Ifigênia era essa mulher.

A traição do pai: Ifigênia

Em algum momento, quando eu tinha 30 e poucos anos, assisti a um filme que retratava como Agamêmnon traiu sua filha Ifigênia. Fiquei arrasada pela confiança cega dela no amor dele e a disposição do pai de sacrificar a vida da própria filha em troca de ventos para levar sua frota rumo a Troia. A missão de Agamêmnon era resgatar Helena, esposa de seu irmão Menelau. No final, Ifigênia triunfou ao escolher a morte e ser redimida pela deusa Ártemis, mas isso não fazia parte do enredo do filme, o que me fez sair do cinema atordoada.

Agamêmnon e seu irmão Menelau reuniram suas frotas em Áulis a fim de se preparar para a invasão de Troia. Uma calmaria mortal pairava sobre o mar, impedindo-os de navegar. Seus homens já estavam impacientes quando o vidente Calcas, um traidor troiano, disse a Agamêmnon que só conseguiria navegar até Troia se sacrificasse sua jovem filha Ifigênia para apaziguar a deusa Ártemis após tê-la ofendido afirmando que era melhor atirador do que ela. Agamêmnon ficou desolado, dividido entre o amor de sua filha e a lealdade ao irmão, cuja esposa fora sequestrada por Páris, de Troia, e aos homens que estavam sob seu comando, ansiosos pela batalha e pelo sangue de Troia. O orgulho masculino havia sido violado, e uma mulher teria que sacrificar sua vida.

Agamêmnon enganou Ifigênia, convocando-a a Áulis com a promessa de casamento com o nobre guerreiro Aquiles. Ifigênia estava alegre ao chegar a Áulis acompanhada pela mãe, Clitemnestra, para se preparar para a cerimônia de casamento. Mas Clitemnestra logo descobriu a vergonhosa mentira do marido e lhe implorou por misericórdia para sua jovem filha. Como Agamêmnon recusou, Clitemnestra pediu ajuda a Aquiles. Por sua vez, Aquiles, que já era casado com Deidâmia, concordou em ajudá-la, afinal, ele também havia sido traído por Agamêmnon. Infelizmente, porém, Calcas tinha espalhado a notícia da profecia e agora todo o exército clamava pelo sacrifício de Ifigênia.

Agamêmnon defendeu-se à enfurecida Clitemnestra e à chorosa Ifigênia dizendo: "Não sou louco nem deixei de amar meus filhos. Isto é muito assustador, mas devo fazê-lo. A menos que este sacrifício seja feito, Calcas jura que nunca chegaremos a Troia, e todos os gregos estão ardendo para destruir o inimigo. Se Páris ficar impune pelo rapto de Helena, eles acreditam que os troianos virão à Grécia para roubar mais mulheres – roubar suas esposas –, roubar você e nossas filhas. Eu não me curvo à vontade de Menelau: não vamos até lá apenas para trazer Helena de volta. Porém me curvo à vontade de toda a Grécia, e devo curvar-me querendo ou não, pois a Grécia é maior do que qualquer tristeza pessoal. Vivemos por ela, para guardar sua liberdade."[2]

Clitemnestra não se deixou persuadir por esse argumento e Aquiles ofereceu-se para lutar sozinho em defesa de Ifigênia, mas a jovem donzela tomou sua decisão sobre a própria vida. "Eu escolhi a morte", disse ela. "Escolhi a honra. Comigo repousa a liberdade de nossa amada terra, a honra de nossas mulheres pelos muitos anos que virão."[3]

Segundo o mito, no momento em que a faca foi cravada no peito de Ifigênia e o fogo foi aceso, Ártemis apiedou-se da jovem e a arrebatou, substituindo-a por uma corça. Depois disso, o vento começou a soprar forte do oeste e a frota partiu para Troia. Dezenas de milhares de jovens gregos e troianos lutaram até a morte.

Ifigênia olhou para a aridez espiritual da busca masculina em sua forma mais temível e perdeu a fé no pai. Ao se aproximar da morte, ela foi redimida pelo princípio feminino (Ártemis).

A traição do feminino pelo masculino foi narrada em inúmeros mitos e histórias, mas nenhum é tão comovente quanto a traição do amor dessa filha pelo pai com a promessa de amor e casamento com um jovem celestial. Ifigênia desejava dar ao pai, Agamêmnon, o que ele pedira. Ela buscava seu amor, sua validação e sua aprovação, mas ele traiu sua confiança e a enviou para a morte. Seu ato aparentemente heroico levou à queda de uma grande cultura e afirmou tragicamente o poder, o orgulho e a arrogância da empreitada guerreira dos gregos.

A maioria das mulheres fará tudo para agradar o pai; elas querem desesperadamente a atenção dos deuses masculinos. Mesmo que seja indiferente e julgador, o homem ainda detém o poder de determinar como sua filha agirá em relação a ele e a outros homens no mundo. A mulher que se torna consciente da influência contínua dessa primeira força masculina em sua vida tem uma chance maior de lidar com sua própria lealdade cega ao masculino. Ela pode dizer que não.

Uma amiga minha que é pastora presbiteriana descreveu uma visão que teve ao trabalhar com um chefe muito semelhante a seu pai: "Há cerca de dois anos, comecei a perceber que estava em um ambiente tóxico. Todos os programas que eu havia instituído na igreja estavam indo bem, mas quanto mais sucesso eu tinha, mais trabalhos administrativos e burocráticos recebia. Comecei a pensar: 'Será que cheguei até aqui para isto?' Cada vez que me prometiam um trabalho específico, essa promessa era quebrada, e comecei a sentir que meus dons estavam sendo desvalorizados. Claro que eu podia fazer o trabalho que me foi dado, mas não era essa minha vocação quando entrei para o ministério. Eu me senti enganada e traída por Deus. Comecei a perder minha autoconfiança, minha energia e minha criatividade e descobri que havia cada vez menos de mim que eu podia levar para o trabalho. Estava muito ocupada no trabalho para ser acolhida pelo meu marido, pelos amigos e pela família, e ninguém tinha tempo para o grupo de apoio com o qual todos nós havíamos nos comprometido quando terminamos o seminário.

Também percebi que as coisas que antes me estimulavam não funcionavam mais, porque eu tinha crescido. Eu era uma pessoa diferente.

"Tive que examinar não apenas quais eram minhas questões pessoais, mas quais são as questões que acompanham o papel de uma pastora mulher em uma igreja dominada pelos homens. Eu sabia que precisava trabalhar meus próprios questionamentos para não levá-los à congregação seguinte. Passei um ano revisando de modo consciente quais questões 'paternas' foram ativadas ao trabalhar para um chefe inacessível e percebi que tinha feito tudo o que podia dentro daquele sistema. Fiz tudo o que me fora pedido e não me sentia nutrida naquele trabalho. Eu não precisava desencadear uma crise. Saí antes de ficar doente, ainda com minha integridade intacta e com os programas que havia instituído funcionando sem problemas, mas demorei bastante tempo para lidar com esse sentimento de ter sido traída por Deus." Ela escolheu deixar o sistema antes que ele a deixasse doente, sabendo que tinha concluído tanto seus negócios pessoais quanto seu serviço a sua congregação.

Traída por Deus

No livro *Laughter of Aphrodite* (A risada de Afrodite), Carol Christ descreve as origens da traição de Deus à mulher que estudou as "religiões do Pai" ou cresceu nelas. Nos anos em que estudou a Bíblia hebraica, Christ procurou a aprovação dos professores homens: "Eu supus que poderia ser a filha preferida do Pai se descobrisse como agradá-lo. Nunca me ocorreu questionar se as filhas sequer poderiam encontrar um lugar igualitário na casa do Pai. Apesar dos elementos patológicos em minhas relações com as figuras paternas, adquiri confiança em minha própria inteligência e nas minhas habilidades através do apoio deles. Conquistei um grau de liberdade dos papéis femininos tradicionais ao imaginar um núcleo em que meu eu transcendia a feminilidade. Presumi que o Deus cujas palavras eu estudava transcendesse a linguagem tão marcada pelo gênero presente na Bíblia. Pensei que poderia me tornar como meus professores porque tínhamos uma humanidade comum, definida por nosso amor pela vida intelectual e nosso interesse pelas questões religiosas."[4] Christ sentia-se lisonjeada quando ouvia que ela pensava como um homem e alimentava um desprezo pelas mulheres que estavam satisfeitas em viver os papéis tradicionais da mulher. Ela se sentia especial, pois era uma filha favorita.

Ela percebeu que isso a levou a trair a si mesma como mulher. Considerar o Pai e os mentores masculinos como exemplos não lhe dava a menor ideia de como pensar como uma mulher com um corpo feminino ou como se identificar com outras mulheres, em reconhecimento de sua posição em uma sociedade patriarcal.

Seu relacionamento com as figuras paternas mudou durante a pós-graduação, em parte porque ela se mudou de uma universidade mista do Oeste americano para uma instituição masculina do Leste, mas também porque não era mais uma promissora estudante da graduação, e sim uma colega de trabalho em potencial, e porque ela começou a tentar visualizar seu futuro de maneira mais realista. "Na pós-graduação, descobri que eu era vista antes de tudo como mulher pelos homens com os quais estudava. O fato de não me aceitarem como colega foi o que me fez começar a questionar se as filhas poderiam ou não ser aceitas na casa do pai."[5] Nesse ponto, Christ percebeu que "precisava aprender que ela não dependia de nenhum pai ou padre para compreender o próprio valor como pessoa, como mulher, como acadêmica, como professora".[6]

Uma mulher de 40 anos, criada em uma família católica americana de origem polonesa, se agarra à influência da imagem do Pai em sua vida. Ela sente que nunca será boa o bastante porque, não importa o que ela faça ou quanto ela alcance, ela nunca será o "Filho amado, criado à imagem de Deus".

"Sou uma artista figurativa", afirma ela, "e Deus sempre foi retratado como um homem. Pode parecer simplista, mas, para mim, Deus *é* um homem. Como eu poderia estar em pé de igualdade com os homens se Deus é um homem? Sinto que fico tão estressada porque estou sempre preenchendo meu tempo com trabalho, porque minha autoimagem como mulher é muito negativa. Estou sempre me comparando com o 'Filho amado.'"

Filhas espirituais do patriarcado

Nos últimos 5 mil anos, a cultura tem sido definida em grande parte por homens que têm uma abordagem da vida orientada para a produção, o poder e a dominação. O respeito pela vida, pelos limites, pelos ciclos e pelos filhos da natureza não é uma prioridade. "Os homens eram grandes no Egito Antigo, grandes na Grécia e em Roma, grandes na Idade Média e grandes no Renascimento. Basta observar a história da arte para constatar que os homens já foram a medida de todas as coisas. Suas proporções físicas eram as ideais. Nossas noções de sabedoria, justiça, regularidade e resistência eram baseadas nos homens, orientadas para os homens e regulamentadas pelos homens."[7]

Nos últimos 30 anos, as mulheres vêm trabalhando em ambientes definidos e regidos por homens, em sua maioria. Embora tenham feito enormes avanços e certamente nem todos os homens sejam dominadores, a verdade é que as mulheres têm seguido um modelo masculino na maioria dos contextos profissionais, inclusive aquelas em cargos de gestão. Trabalhar longas horas e concentrar-se nos lucros, excluindo as relações pessoais, é a regra, não a exceção. Quando uma mulher começa a se perguntar "De que me serve tudo isso?", é melhor não mencionar isso ao chefe nem aos colegas de trabalho. Até muito recentemente, havia poucos modelos para aquelas que escolhessem dizer: "Pare, está na hora de eu fazer algumas novas escolhas." As mulheres que estão fazendo isso hoje estão navegando por águas inexploradas.

Pam tem 30 e poucos anos e é jornalista há oito. Ela acabou de deixar um emprego de prestígio e com alto nível de estresse numa revista de entretenimento para trabalhar como freelancer e escrever uma coluna. Quando lhe perguntei como se sentia sobre sua decisão, Pam respondeu: "Ninguém no trabalho percebeu como eu estava infeliz, então meu chefe ficou atônito quando eu disse que queria sair. As pessoas com quem eu trabalhava não sabiam quem eu era e eu não me sentia segura. Uma repórter não pode revelar seus sentimentos ou opiniões, então eu usava uma máscara o tempo todo. Não queria mostrar meus sentimentos nem mostrar quem eu era, porque eu era alguém que não queria estar lá. Nunca gostei de *hard news*, de conteúdos pesados com foco em notícias, dessa pressão de forçar as pessoas a dizer coisas que não queriam divulgar. Eu não gostava das manobras e manipulações constantes."

Ela prosseguiu: "Em seis anos, nunca dei ouvidos aos meus sentimentos. Em vez disso, eu era inconsequente com o meu dinheiro. Era motivada pelo medo do fracasso, não queria cometer nenhum erro. A aprovação dos outros era muito importante para mim e, ainda por cima, escolhi uma carreira na mídia, onde os julgamentos dos outros são tudo.

"Descobri, no entanto, que era boa como escritora e como comentarista. Eu me sentia nutrida pela minha escrita. No ano passado, tive a oportunidade de trabalhar como freelancer, em casa, em meio período, e foi quando uma vozinha dentro de mim disse: 'É aqui que eu quero estar, é aqui que eu realmente quero estar.' Mas não dei ouvidos a essa voz. Eu dizia: 'Azar, vamos seguir em frente.'

"Este ano, comecei a perceber que tinha conquistado tudo a que me propus. Eu era uma boa gestora, uma boa escritora, uma crítica que todos liam e citavam toda semana. Recebia muita atenção. Mas eu não estava feliz. Nunca ouvi meus sentimentos sobre não querer estar lá. Eu não queria ser a pessoa sobre quem meus colegas de profissão pudessem dizer: 'Ela não aguentou.'

"Então comecei a pensar na validação externa. Será que eu realmente queria ser Howard Rosenberg, o crítico do *Los Angeles Times*? Sim, eu poderia ser, mas será isso o que eu realmente *quero*? Não gosto de escrever com um prazo determinado. Prefiro fazer textos como freelancer, sobre temas em que estou de fato interessada. Tenho que aceitar minhas limitações, e é isso que eu sou. Se eu crio o tempo necessário para abrir espaço para a minha criatividade, posso escrever minhas ideias de uma forma engraçada e agradável de ler.

"Por isso, avisei que deixaria o trabalho. Pensei: 'Eu gosto de escrever, e mesmo que eu não ganhe tanto dinheiro quanto estou acostumada e não tenha tanto prestígio, eu teria a alegria e a satisfação de escrever uma coluna que amo.' Meu chefe me disse: 'Não é assim que se faz. Você está sacrificando sua carreira.' Essa é uma voz contra a qual tive que lutar durante toda a minha vida, a voz dominadora, que diz: 'Você deve fazer desta maneira, esta é a verdade.' Esse tipo de autoridade absoluta sempre me irritou. Mas eu lhe dei ouvidos por muito tempo.

"Deixei meu emprego e agora estou amando o meu trabalho. Ontem à noite, escrevi uma coluna tão divertida e que me deu tanta satisfação que liguei para meu editor e a li para ele. Eu estava sempre esperando para ser arrancada da obscuridade e virar uma estrela, mas agora percebo que não preciso disso. Posso me reconhecer em meus próprios termos."

Pam teve seus altos e baixos a partir de sua decisão de começar a trabalhar como freelancer. Entretanto, seis meses depois, ela havia atingido seu objetivo financeiro e estava aproveitando a liberdade de poder escrever sobre uma diversidade de assuntos. Tomar uma decisão como essa exige muita coragem.

O que acontece quando as mulheres dizem não?

Quando dizem não à voz interior dominadora que diz "Ele tem razão, você está sacrificando sua carreira", as mulheres experimentam uma série de emoções complexas ao mesmo tempo. Há uma sensação de vazio, de não estar à altura de seguir o caminho óbvio de uma carreira de sucesso. Há um medo de decepcionar os outros, de entristecê-los, de destruir a imagem que criaram sobre quem você é. Mas há também uma força em dizer não, em se autoproteger, em ouvir sua voz *autêntica*, em silenciar o tirano interior.

Eu tive essa experiência na última primavera. Sentada na Boulangerie, uma padaria do bairro, fiquei ouvindo dois homens falando sobre o desafio que me esperava se eu aceitasse um trabalho administrativo que me daria a oportunidade de ser Joana D'Arc, liderando as tropas a avançar por elevadas planícies acadêmicas, cortando com minha espada a cabeça dos membros ineficientes do corpo docente e tendo um assento garantido nas câmaras sagradas do rei e de seus conselheiros. Cheguei em casa me sentindo como se tivesse acabado de ser convidada para o clube do Bolinha, embora apenas como observadora. Eu nunca seria um deles, e eles deixaram isso claro. Queriam que eu assumisse a função de administrar a instituição, mas eu sabia que as rédeas do poder ainda estariam nas mãos deles.

Havia algo familiar naquilo. Era a mesma sensação que eu tinha ao ouvir meu pai falar comigo sobre negócios: a sensação de estar a par de algum

Senhora das feras

reino secreto de poder, mas de não ter um papel naquela peça; a sensação de ser um apêndice, de estar ali para agradar, para dizer sim, para ouvir; uma sensação esquisita de que, se eu aceitasse o trabalho, trairia a mim mesma. Pensei: "Eu não gosto desta sensação. Sim, posso fazer um bom trabalho com os alunos e o corpo docente e seria um grande desafio, mas não estou disposta a pagar esse preço. Finalmente consegui ter tempo para me dedicar a escrever, e quero seguir esse caminho para ver aonde isso me levará." E recusei a oferta.

O que me restou? Uma sensação de luto profundo, mas também de libertação. Lamentei não me encaixar, não produzir de acordo com o esperado, não conseguir fazer parte de uma comunidade que amava. Por outro lado, comemorei minha recém-conquistada liberdade quanto a atender as expectativas dos outros e a compreensão de que tinha sido fiel a minha busca interior. Será que eu estava sendo egoísta e enganando a mim mesma? Acho que não.

Quando diz não a sua próxima tarefa heroica, a heroína sente um desconforto extremo. Para ela, a alternativa ao heroísmo é o comodismo, a passividade e a desimportância. Em nossa cultura, isso significa morte e desespero, pois o caminho valorizado é o da conquista de posições: mais, melhor e mais rápido. A maioria das pessoas teme que o oposto dessa arrogância seja a invisibilidade, e não sabe o que fazer.

Quando deixa de *fazer*, a mulher precisa aprender a simplesmente *ser*. Ser não é luxo; é disciplina. A heroína deve ouvir atentamente sua verdadeira voz interior. Isso implica silenciar as outras vozes ansiosas que lhe dizem o que fazer. Ela precisa estar disposta a conter essa tensão até que novas formas surjam. Qualquer coisa diferente disso aborta o crescimento, nega a mudança e reverte a transformação. Ser exige coragem e sacrifício.

Para que o sacrifício seja consumado, é preciso extirpar as velhas formas. As mulheres têm que começar a dizer não às posições que de fato não querem ocupar, mesmo que isso lhes custe perder a aclamação do mundo exterior – e isso é o que normalmente acontece. Além disso, esse "não" deixa um buraco vazio que precisa ser preenchido antes que o novo caminho se abra.

Dias depois de tomar minha decisão, eu estava caminhando pela praia quando me veio a imagem de uma bebê de 4 ou 5 meses deitada de costas, chutando. Ela estava nua, deitada ao sol, fazendo barulhinhos e desfrutando de uma liberdade sem restrições. Foi uma imagem muito curativa.

Dizendo não: o rei tem que morrer

As mulheres têm dificuldade em dizer não porque é muito bom ser a escolhida, especialmente se for pelo rei. Gostamos de agradar o pai, o chefe, o colega de trabalho, o namorado. Não queremos decepcionar os outros. Boa parte da nossa autoimagem se deve a fazer outras pessoas felizes. Nossa menina interior não quer ficar de fora nem ser deixada para trás. É doloroso demais escolher não participar da diversão. Além disso, nós precisamos da renda.

Ao sair do estado de filha espiritual, no qual servimos a modelos masculinos, raramente há um Grande Pai dizendo: "Você se saiu bem. Era isso mesmo o que eu queria. Agora vá em frente e faça seu próprio caminho." Em vez disso, a resposta mais comum é: "Você estará jogando fora sua carreira se não assumir esse cargo. Como pôde nos decepcionar assim? Você simplesmente não sabe cumprir seus compromissos. Não está à altura desse desafio." Críticas assim são difíceis para qualquer um, mas são ainda mais penosas para mulheres que não gostam de desapontar ninguém e para aquelas que dependem demais dos homens para receber aprovação e validação.

No entanto, é justamente nesses momentos de verdadeira vulnerabilidade que podemos crescer de verdade. Jean Shinoda Bolen afirma: "Quando estamos fazendo alguma coisa porque é o que se espera de nós, porque queremos agradar alguém ou porque temos medo de alguém, ficamos mais alienadas da sensação de viver autenticamente. Se apenas continuarmos a viver o papel que conhecemos bem, o custo disso será permanecermos cada vez mais isoladas daquilo que está no inconsciente coletivo; aquilo que não só nos alimenta como nos fornece a matéria-prima que nos permite cometer erros. Em períodos de transição, costuma ser necessário passar exatamente por isso: uma mudança ao atravessar o caos, sair do rumo, perder-se na floresta por algum tempo antes de cruzá-la e encontrar novamente nosso caminho."[8]

O que acontece quando dizemos não ao patriarcado? Temos tempo para criar dentro de nós mesmas o espaço para desenvolver uma *nova* relação com o masculino – não a voz masculina que, assim como muitos homens na nossa cultura, esteve separada do feminino por muitos séculos, mas a figura masculina criativa que nos conduz à Grande Mãe, na qual podemos curar a separação de nossa natureza feminina. Quando dizemos não ao patriarcado, iniciamos "nossa descida ao espírito da deusa, onde o poder e a paixão do feminino permaneceram adormecidos no submundo – num exílio de 5 mil anos".[9]

Quando comecei a escrever este capítulo, passei a sonhar com uma figura masculina interior positiva a quem chamei de "homem da cozinha", porque o encontrei pela primeira vez varrendo o chão de uma cozinha. Ele é grande como um urso, mas ao mesmo tempo gentil e firme. Solicitei sua orientação várias vezes durante a escrita, quando sentia a expectativa por entrar num novo território. Ele é protetor e se move no meu ritmo, um passo de cada vez. Eu me senti surpresa e energizada a cada vez que o chamei e ele veio. Não esperava que essa figura tão acolhedora fosse masculina. Também me admirei de essa figura masculina interior ser meu guia para a Grande Mãe. Na passagem a seguir, ele me transporta a um mergulho nas profundezas de águas desconhecidas. Eu escrevo:

"Hoje, sinto como se me encontrasse num estado intermediário. Sinto a pressão das águas batendo nos meus ouvidos, bloqueando o som. Ainda não fomos fundo o suficiente, ou talvez seja assim que vai ser. Preciso lembrar que devo permanecer no presente. Estou entrando num novo território que ainda não consigo decifrar. Preciso ficar com esse desconforto. Vejo minhas palavras encapsuladas nas de outros. Estas são as minhas palavras. Quero libertá-las. O que elas são?

"Estamos agora no fundo do oceano e vejo muitas mulheres boiando nas águas quentes. Todas nós estamos sendo embaladas pelo ritmo do mar. Há uma amplitude, uma sensação de amor. Olho através da catedral de algas e quero ficar aqui para sempre. Ouço as baleias-mãe respirando com seus filhotes nas águas em que nasceram.

"O homem da cozinha e eu nadamos juntos até a figura de um grande mamífero fêmea. Ela está no fundo do oceano. Parece uma lagarta com muitos seios enormes (como Diana de Éfeso). Sugo uma de suas mamas, mas ela dá água, não leite. Estou surpresa: é acolhedora. Ela sorri, mas é desapegada; não sinto amor por ela nem dela por mim. Ela está muito presente, entretanto, e muito disponível. Ela é impessoal, mas está *aqui*. Pergunto a respeito para o homem da cozinha, que me diz:

"'Esta não é uma relação com sua mãe pessoal, minha querida, esta é a Grande Mãe.'"

6
Iniciação e descida para a Deusa

dizem que vocês ainda rondam por aqui, talvez
nas profundezas da terra ou
em alguma montanha sagrada; dizem que vocês
caminham (ainda) entre os homens, escrevendo sinais
no ar, na areia, alertando alertando tecendo
a forma distorcida de nossa libertação, ansiosas
sem pressa. Cuidado. Vocês caminham entre copas, evitando
o cristal; curam com o brilho sagrado de seus
olhos escuros; dizem que vocês desvelam
uma face verde na selva, usam azul
na neve, assistem aos
nascimentos, dançam sobre nossos mortos, cantam, transam, abraçam
nossa fadiga, vocês ainda rondam por aqui, sussurram
nas cavernas, alerta, alerta e tecem
a urdidura da nossa esperança, unem as mãos contra
o mal nas estrelas, ó chuva
veneno sobre nós, ácido que corrói e purifica
desperta-nos como crianças de um pesadelo, fogem dos
devoradores que não posso nomear
os homens de metal que caminham
sobre toda a nossa substância, esmagando carne
para o pântano

– Diane Di Prima, "Prayer to the Mothers"

A iniciação da mulher

A descida se caracteriza como uma jornada para o submundo, uma noite escura da alma, o ventre da baleia, o encontro com a deusa das trevas ou, simplesmente, como uma depressão. Geralmente, é precipitada por uma perda transformadora. A morte de um filho, da mãe, do pai ou do cônjuge, da pessoa com a qual a vida e a identidade da mulher estiveram estreitamente entrelaçadas, pode marcar o início da jornada ao submundo. As mulheres frequentemente fazem sua descida quando um determinado papel, como o de filha, de mãe, namorada ou cônjuge chega ao fim. Uma doença ou um acidente grave, a perda da autoconfiança ou do sustento, uma mudança geográfica, a impossibilidade de concluir uma faculdade ou uma pós-graduação, o confronto com as garras de um vício ou com a dor de um coração partido podem abrir caminho para a dissociação e a descida.

Essa jornada ao submundo é repleta de confusão e tristeza, alienação e desilusão, raiva e desespero. A mulher pode se sentir nua e exposta, seca e frágil ou em carne viva e virada pelo avesso. Foi assim que me senti enquanto lutava contra minha displasia cervical avançada, durante a dissolução do meu casamento e quando perdi a confiança em mim mesma como artista. Todas essas vezes, tive que enfrentar verdades sobre mim e sobre meu mundo que desejava não ver. E todas as vezes fui castigada e purificada pelos fogos da transformação.

No submundo não existe a percepção de tempo; o tempo é infinito e você não pode apressar sua estadia. Não há manhã, dia nem noite. É um local densamente escuro e impiedoso. Uma escuridão onipresente, úmida, fria e arrepiante. Não há respostas fáceis no submundo, não há uma saída rápida. O silêncio se instala quando o pranto cessa. A pessoa está nua e caminha sobre os ossos dos mortos.

Aos olhos do mundo exterior, a mulher que começou sua descida está preocupada, triste e inacessível. Suas lágrimas muitas vezes não têm nome, mas estão sempre presentes, quer ela chore ou não. Ela não pode ser consolada; ela se sente abandonada. Ela esquece coisas, escolhe não ver os amigos. Encolhe-se no sofá ou se recusa a sair do quarto. Ela escava a terra ou caminha pela floresta. A lama e as árvores se tornam suas companheiras. Ela entra num período de isolamento voluntário que é percebido pela família e os amigos como perda da razão.

Muitos anos atrás, durante uma palestra sobre a jornada da heroína que eu estava ministrando na Universidade da Califórnia, uma mulher nos fundos do salão de conferências ergueu a mão e, com urgência, me interrompeu quando mencionei a questão do isolamento voluntário: "Isolamento voluntário!", gritou ela. "Você acabou de nomear o que eu venho passando nos últimos nove meses."

Todos se viraram para olhá-la, uma mulher de 40 e poucos anos. Ela se levantou com um semblante de dignidade. "Até aquele momento," continuou ela, "eu era a proprietária e chefe executiva de uma grande empresa de design, ganhava um salário de cerca de 18 mil dólares. Um dia fui trabalhar e não sabia mais quem eu era. Me olhei no espelho e não reconheci a imagem da mulher que me encarava. Estava muito desorientada. Fui para casa e nunca mais voltei.

"Passei o primeiro mês no quarto. Meus filhos adolescentes e meu marido ficaram aterrorizados. Eles nunca tinham me visto assim antes. Eu não tinha energia sequer para me vestir de manhã. Não conseguia ir ao mercado, cozinhar nem lavar roupa. Entrei num período disso que você chamou de isolamento voluntário."

Muitas mulheres assentiram com a cabeça, em reconhecimento ao que ela estava contando. A mulher prosseguiu: "Agora eu cuido do jardim. Nunca havia feito jardinagem antes na minha vida, mas agora é a única coisa que consigo fazer. Eu amo a terra. Minha família está preocupada comigo, eles querem que eu vá a um psiquiatra, que volte a trabalhar, que sorria novamente. Sentem falta da minha renda. Acham que estou louca, mas não dou ouvidos ao que eles dizem. Estou procurando meu caminho de volta a mim mesma na terra toda vez que a remexo."

Ela acabara de contar uma verdade que toda mulher que já tenha realizado a descida sabe. As mulheres encontram seu caminho de volta para si mesmas não se movendo para a luz, para o alto e para fora como os homens, mas descendo para as profundezas do solo de seu ser. Sua metáfora de cavar a terra para encontrar o caminho de volta para si mesma expressa o processo de iniciação da mulher. A experiência espiritual para as mulheres é a de se mover mais profundamente para dentro de si, e não para fora de si mesmas.

Muitas mulheres descrevem a necessidade de sair do "reino masculino" durante esse período de isolamento voluntário. A artista e terapeuta Patricia Reis relata:

> Levei quatro anos para atravessar todo o processo de desestruturação, morte, semeadura interior, fruição e renovação. Um aspecto muito importante desse período é que me retirei completamente de toda e qualquer arena externa do "mundo masculino". No intuito de conquistar meu segundo nascimento, por assim dizer, tive que me separar conscientemente do mundo dos homens. Foi esse processo deliberado de me recolher ou criar minha matriz feminina que me ajudou a encontrar meus poderes interiores, minha base feminina. Duvido que eu tivesse alcançado isso de alguma outra forma.[1]

A mulher desce às profundezas para recuperar as partes de si mesma que se separaram no momento em que rejeitou a mãe e estilhaçou o espelho do feminino. Para fazer essa jornada, ela deixa de lado seu fascínio pelo intelecto e pelos jogos relacionados à mente cultural e se familiariza, talvez pela primeira vez, com *seu* corpo, *suas* emoções, *sua* sexualidade, *sua* intuição, *suas* imagens, *seus* valores e *sua* mente. E é isso que ela encontra nas profundezas.

Sinto certo receio em escrever sobre a descida porque tenho enorme respeito pelo processo e não quero banalizá-lo. Trata-se de uma jornada sagrada. Em nossa cultura, no entanto, ela é geralmente categorizada como uma depressão que deve ser medicada e eliminada o mais rápido possível. Ninguém gosta de estar perto de uma pessoa deprimida. Porém, se escolhêssemos honrar a descida como uma jornada sagrada e como um aspecto necessário na busca pelo autoconhecimento em sua plenitude, menos mulheres se perderiam no caminho da depressão, do álcool, das relações abusivas e das drogas. Elas poderiam experimentar seus sentimentos sem vergonha, revelar sua dor sem apatia.

Quando uma mulher faz a descida, ela pode se sentir desnuda, fragmentada ou devorada pela fúria. Ela sofre uma perda de identidade, um desaparecimento dos limites de um papel conhecido e o medo que acompanha todas essas perdas. Pode se sentir seca, em carne viva, desprovida de sexualidade ou experimentar a dor insuportável de se sentir virada pelo avesso.

E pode permanecer por muito tempo na escuridão, aguardando, enquanto a vida continua lá em cima.

Ela pode encontrar Eresquigal, a antiga deusa suméria que pendurou sua irmã Inana, deusa do céu e da terra, numa estaca para apodrecer e morrer. Toda vez que uma mulher faz a descida, ela teme a deusa das trevas e o que essa parte de seu *self* fará com ela. "Tenho medo de que ela me faça em pedaços, me pulverize, me coma e me cuspa. Sei que toda vez que isso acontece, eu me torno mais eu mesma do que quando comecei, mas é uma experiência lancinante."

A descida é uma compulsão; todas nós tentamos evitá-la, mas em algum momento da vida fazemos uma jornada para nossas profundezas. Não é uma jornada glamourosa, mas, invariavelmente, ela fortalece uma mulher e esclarece sua noção de individualidade. Algumas mulheres falam hoje sobre sua descida como um encontro com a deusa das trevas em seus sonhos. Elas podem experimentar a ira da deusa devoradora hindu Kali, tomada de raiva pela traição original que sofreu nas antigas civilizações, quando seu poder e sua glória foram entregues às deidades masculinas.

O princípio *creatrix* de Kali e de outras deidades femininas foi usurpado pelos deuses pais. O Yahweh bíblico, que se autodenominou Pai, criou seus filhos de barro com as próprias mãos, copiando a antiga magia da Deusa Mãe suméria e babilônica, conhecida como Nana, Ninhursag e Mami.[2] "Os hindus diziam que, no começo do mundo, havia um mar ou oceano de sangue; esse oceano era a essência de Kali-Maya, a Criadora."[3] Os egípcios a chamavam de Ísis, a Mais Antiga dos Antigos, que existia no início dos tempos. "Ela era a Deusa de quem todo devir surgiu."[4] O símbolo da divindade feminina como a criadora fértil da terra foi erradicado durante a bem-sucedida tentativa do cristianismo de eliminar o arquétipo da Mãe, substituindo-o pelo arquétipo do Pai como Criador e do Filho como redentor.[5]

Buscando os fragmentos perdidos de mim mesma

Eu me preparo para conhecê-la
Sem saber o que dizer
Não foram apenas homens

que a traíram
Eu também a traí

Tenho sido a filha do pai
rejeitando minha mãe

Sempre tive medo
de descer para a escuridão
posso perder
a consciência
posso perder
minha voz
minha visão
meu equilíbrio

Quanto disso é realmente meu?
Minhas palavras são encapsuladas na língua de outros
Minhas imagens são derivadas da arte de outros
O que eu sou?

Eu procuro os fragmentos perdidos de mim mesma. De alguma forma, sinto que preciso achá-los antes de conhecê-la. O que perdi sendo filha do pai, tentando sempre agradar e conquistar? O que perdi tomando o lado dele? Perdi um elemento de verdade, de enxergar o todo: o que é feio, louco, o que foi negado, o que desapareceu.

Olho em volta e vejo as cabeças cegas das mães – a minha, a do meu ex--marido, a da melhor amiga da minha mãe. Julia, Kathleen, Betty. O que elas estão tentando me dizer? "Nos tire daqui e nos reúna com nossos corpos. Enterre-nos adequadamente. Fomos deixadas aqui sozinhas na lama. Não temos como nos mover, não conseguimos enxergar."

"Tome de volta a escuridão", sussurram elas.

O que mais está enterrado com elas? A capacidade de sonhar – meus sonhos, minhas fantasias. Minha imaginação está em algum lugar por aqui, espalhada neste chão de terra – contos de fadas, casas na árvore e criaturas fantásticas que reúno. São partes de mim que tomo de volta. Eu as recupero porque são minhas. Retomo a sensação que um dia tive de que poderia fazer tudo que quisesse, transformar em realidade tudo que imaginasse. Houve um tempo em que eu sabia disso e era mágico. Eu me sentava ao lado de casa e via as rosas crescerem. Conseguia ficar muito *quieta*, sentia a vida pulsando, exalando seu perfume e seus sons. Eu conheço o pântano; isto não é novidade. Já estive aqui antes e me senti protegida. O pântano, o bosque: eles são minha mãe. Eu me senti conectada às árvores, à lama, à relva e às folhas. Nunca me senti só. Recupero essa conexão. Ela é muito profunda.

Afundo agora através das camadas. Há ossos na lama – brancos e belos ossos de porcelana. Abraço minhas costelas esqueléticas. Os ossos são a estrutura. Escavo cada vez mais fundo para encontrar as partes perdidas de mim mesma. Estou num luto profundo por elas. Para onde foram?

Enquanto recolho esses ossos, vejo o brilho fugaz da Deusa Mãe sob o chão de terra. Ela abraça uma filha. Ela não é quem eu esperava ver: não é colérica, velha nem feia, mas uma jovem de cabelo castanho-claro. Ela acalma e acolhe. Ela se senta, ouve e protege. Ri e canta, e sua voz soa como sinos.

Mas eu ainda não cheguei lá. Peço a meu guia que me leve até lá embaixo.

Ele me leva mais fundo do que jamais fomos, e fico com muito medo de me afogar. Cuspo e engulo muita água enquanto descemos abaixo do pântano. Ele segura minha mão e me diz para não ter medo. Ele me guia para baixo, até uma caverna. Lá, vejo algo enorme que parece uma baleia cercada por andaimes construídos por pequenos homens liliputianos.

Eles a estão mantendo presa.

Ela ainda consegue mexer sua enorme cauda preta. Ela a balança para a frente e para trás, num ritmo forte e gracioso, porém o resto de seu corpo é mantido imóvel, pressionado contra as barras desse cárcere subaquático. Nada nela é ameaçador; sinto sua profunda tristeza. Ele me aproxima dela e eu estou aterrorizada com seu poder.

– Você pode me ajudar – diz ela.

Eu recuo de um salto.

– Não, não posso.

– É claro que pode – afirma ela, num estrondo. – Por causa da sua presença, eles não podem mais me prender. Quando cada uma das minhas filhas vem a mim por vontade própria, sou libertada.

Assim que ela diz isso, o andaime cai. A força das grades era ilusória. Ela ergue as costas, e sua poderosa cauda produz uma onda que se espalha pelo fundo do mar. Ela nada e nós nadamos com ela. Ela perde seu tamanho: não está mais inchada e grotesca. É graciosa e livre. Ela se move pela água com a graça de uma sereia...

Os homens liliputianos continuam a construir sua jaula; não perceberam que não a prendem mais. Quando saímos da gruta, as águas mudaram. Estão quentes e leitosas. Ela para e se vira para me encarar com seus longos e belos cabelos dourados.

"Quando minhas filhas vêm até mim, não apenas são curadas, mas me libertam do cativeiro", afirma. Ela é Afrodite Mari, com uma cauda de peixe, a Mãe do Mar. Ela é o Grande Peixe que deu à luz os deuses.

Ela já não me assusta. Como a maioria das mulheres, essa mulher das profundezas só é assustadora quando sua energia é acorrentada, contida e proibida de se expressar. Quando ela pode se mover livremente, todas as criaturas da terra e do mar vêm até ela. Nós nos revigoramos e nos renovamos em sua presença. Mulheres – e homens também – precisam se lembrar de como encontrá-la.

Mistérios de mãe/filha

A perda da filha para a mãe e da mãe para a filha é a tragédia feminina essencial.
– Adrienne Rich, *Of Woman Born* (De mulher nascidos)

Sempre fui muito tocada pelo mito de Deméter, Perséfone e Hécate. Ele me comoveu quando eu era uma jovem mulher ansiando por amor, quando me tornei uma mãe ferozmente protetora e me comove hoje, como uma mulher na meia-idade adentrando os anos de sabedoria. Da obra *The Woman's Encyclopedia of Myths and Secrets* (Enciclopédia de mitos e segredos para mulheres), de Barbara Walker, aprendemos sobre Deméter:

Do grego, *meter* significa "mãe". *De* é o delta, ou triângulo, um símbolo do órgão genital feminino conhecido como "a letra da vulva" no alfabeto sagrado grego, assim como na Índia era o Yoni Yantra, ou yantra da vulva. [...] Assim, Deméter era o que a Ásia chamava de "a Porta para o Feminino Misterioso [...] a raiz da qual o Céu e a Terra brotaram". Em Micenas, um dos primeiros centros de culto a Deméter, os túmulos de *tolos* – com suas portas triangulares, pequenas passagens vaginais e cúpulas arredondadas – representavam o ventre da Deusa da qual poderia advir o renascimento.

Como todas as formas mais antigas das deusas indo-europeias, ela aparece como Virgem, como Mãe e como Anciã, ou como Criadora, Preservadora e Destruidora. A forma virginal de Deméter era Koré, a Donzela, às vezes chamada de "filha", como no mito clássico do sequestro de Koré, o qual dividiu os dois aspectos da Deusa em duas individualidades separadas. A forma Maternal de Deméter tinha muitos nomes e epítetos, como Despoina, "a Senhora"; Deira, "a Deusa"; a Mãe da Cevada; a Sábia da Terra e do Mar; ou Pluto, "Abundância".

A fase Anciã de Deméter, Perséfone a Destruidora, foi identificada com a Virgem no mito tardio. Assim, a Donzela raptada e levada ao submundo às vezes era Koré, às vezes Perséfone.[6]

O culto a Deméter foi estabelecido em Micenas no século XIII a.C., estendendo-se por toda a Grécia ao longo de aproximadamente 2 mil anos, para depois ser substituído pelo culto a Mitra e, mais tarde, a Cristo. Seu templo em Elêusis, uma das principais cidades sagradas da Grécia, tornou-se o centro de uma elaborada religião de mistérios. Deméter foi adorada como "a Deusa" em Elêusis pelos camponeses gregos durante toda a Idade Média, inclusive até o século XIX, quando era conhecida como "Senhora da Terra e do Mar".[7] Barbara Walker relata:

> Os primeiros cristãos eram contrários aos ritos de Elêusis por sua sexualidade explícita, muito embora seu objetivo fosse "a regeneração e o perdão dos pecados". Astério disse: "Não é em Elêusis a cena da descida às trevas e dos atos solenes de relações sexuais entre o hierofante e a sacerdotisa, a sós? Não são as tochas apagadas, e a grande e numerosa multidão de pessoas comuns não acredita que sua salvação depende do que está sendo feito pelos dois na escuridão?"[8]

Na escuridão, nós renascemos.

O mito que se tornou a base dos Mistérios de Elêusis foi descrito no longo poema homérico "Hino a Deméter",[9] que detalha a reação de Deméter ao suposto sequestro de Perséfone por Hades, deus do submundo e irmão de Zeus.

Perséfone estava colhendo flores no campo, junto com suas companheiras, as donzelas sem mãe Ártemis e Atena. Lá, Perséfone foi atraída por um narciso de uma beleza excepcional, que continha uma centena de botões. Quando ela estendeu a mão para colhê-lo, o chão se abriu e, do fundo da terra, Hades surgiu em sua carruagem dourada puxada por cavalos negros. Ele a agarrou e a levou para o submundo. Ela lutou contra o rapto e clamou pela ajuda do pai, Zeus, mas ele não lhe prestou auxílio. De sua caverna, Hécate, deusa da lua escura e da encruzilhada, ouviu o grito de Perséfone.

Deméter também ouviu os gritos de Perséfone e foi às pressas ao encontro dela. Levando tochas, procurou durante nove dias e nove noites, em terra e mar, pela filha. Em sua busca frenética, não parou para comer, dormir nem se banhar. Muitas mulheres se sentem como Deméter quando começam a procurar as partes perdidas de si mesmas, quando experimentam a dissociação depois de dar à luz, depois de uma separação ou após a perda da mãe.

Ao amanhecer do décimo dia, Hécate foi até Deméter e lhe contou que Perséfone havia sido sequestrada. Ela só tinha ouvido, mas não tinha *visto* quem a raptara. Sugeriu que fossem juntas até Hélio, deus do Sol, e ele lhes contou que Hades era quem havia sequestrado Perséfone, levando-a para o submundo para torná-la sua esposa contra a vontade dela. Além disso, contou que o sequestro e estupro de Perséfone foram autorizados por Zeus, irmão de Hades. Disse ainda que Deméter deveria parar de chorar e aceitar o que havia acontecido.

Deméter se enfureceu. Sentiu não só tristeza e raiva, mas também a traição de seu consorte, Zeus. Então, disfarçada de velha, deixou o Monte Olimpo e vagou sem ser reconhecida por cidades e campos. Enquanto Deméter sofria, nada crescia sobre a terra: ela permaneceu árida e desolada. Ao chegar a Elêusis, exausta e chorosa, Deméter se sentou perto do poço. As filhas de Celeu, rei de Elêusis, foram ao poço e ficaram atraídas pela beleza e presença de Déméter. Quando ela relatou que estava procurando trabalho como babá, elas a levaram para a casa da mãe, Metanira, para cuidar de seu irmão mais novo, Demofonte.

Secretamente, Deméter alimentou o bebê com ambrosia e o segurou sobre o fogo para torná-lo imortal. Uma noite, Metanira viu o que ela estava fazendo e gritou, temendo pelo filho. Deméter ficou furiosa. Ela se elevou em toda a sua altura, revelando sua identidade e beleza divinas, e repreendeu Metanira por sua estupidez. Os cabelos dourados de Deméter caíram sobre seus ombros e sua presença encheu a casa de luz e fragrância. Deméter lembrou-se de quem era.

Ela então ordenou que fosse construído um templo para si e ali se sentou, solitária, com seu pesar por Perséfone. Deméter era a deusa dos grãos, por isso, enquanto ela chorasse, nada cresceria nem nasceria na terra. A fome se espalhou, e os deuses e deusas do Olimpo pararam de receber ofertas e sacrifícios. Quando finalmente tomou ciência do que estava ocorrendo, Zeus enviou sua mensageira, Íris, para implorar a Deméter que voltasse. Como ela se recusou, todas as deidades olímpicas foram até ela levando presentes e honras. Para cada uma, a furiosa Deméter fez saber que, para que qualquer coisa crescesse novamente, queria Perséfone de volta.

Zeus respondeu. Enviou Hermes, mensageiro dos deuses, com a missão de ordenar a Hades que devolvesse Perséfone para que Deméter deixasse de lado sua raiva e restaurasse o crescimento e a fertilidade na terra. Assim que soube que estava livre para retornar, Perséfone se preparou para partir. Mas, primeiro, Hades lhe deu sementes de romã, e, na pressa de voltar, ela as comeu.

Hermes devolveu Perséfone a Deméter, que ficou muito feliz de ver a filha. Perséfone correu ansiosamente para os braços da mãe; mãe e donzela se tornaram uma só. Foi então que Deméter perguntou a Perséfone se ela tinha ou não comido alguma coisa no submundo. Perséfone contou que, embora não tivesse comido nada no submundo, em sua ansiedade de voltar para a mãe, acabara comendo a semente de Hades.

Deméter lhe explicou que, se ela não tivesse comido nada, poderia ficar sempre com a mãe, mas, como havia comido a semente, teria que retornar ao submundo "durante um terço do ciclo de um ano". Ao longo desse período, o mundo ficaria em pousio. No restante do ano, ela poderia ficar com Deméter, e a terra daria frutos. Depois que mãe e filha se reuniram, Hécate voltou e beijou Perséfone muitas vezes e, a partir daquele dia, tornou-se sua "amiga rainha". A primavera irrompeu e Deméter restaurou a fertilidade e o crescimento na terra.[10]

Nesse mito, vemos os três aspectos do feminino que se separam e se reencontram: a Virgem/Donzela, Perséfone; a Grande Mãe, Deméter; e a Anciã, Hécate. Perséfone é arrancada por Hades da inocência (inconsciência) da vida cotidiana para uma consciência mais profunda de si mesma. Ela é iniciada nos mistérios sexuais e se entrega a ele, tornando-se sua consorte. Ela perde sua pureza, sua virgindade, sua unicidade em si mesma, a qual Esther Harding chama de "a essência da virgindade". Ela se torna a Rainha do Submundo.

Helen Luke observa: "O momento de ruptura para uma mulher é sempre simbolicamente um estupro – uma necessidade –, algo que se apodera com uma força dominadora e não permite resistência."[11]

Perséfone é afastada de si mesma como filha de sua mãe e penetra nas profundezas da própria alma. Essa deve ser uma experiência universal para a mulher: perder uma antiga imagem de si mesma, sentir-se perdida, confusa e nas profundezas da depressão, apenas para descobrir que nessas profundezas reside uma nova imagem de si. O colapso se torna uma revelação. Segundo Christine Downing, "a Perséfone dos ritos eleusinos, a Perséfone que é a consorte de Hades, nos permite confrontar os momentos mais formidáveis de nossas vidas como parte integrante deles, como oportunidades para uma visão profunda".[12]

Encontrando seu novo senso de identidade, Perséfone não tem a intenção de voltar ao *status quo*, voltando à identificação com a mãe. Assim, ela engole a semente de romã e assimila a experiência das profundezas. "Ela comeu o alimento de Hades, levou a semente da escuridão para dentro de si mesma e agora pode dar à luz sua nova personalidade. O mesmo vale para sua mãe."[13] Perséfone se torna ela mesma uma mãe, que, por sua vez, tem uma filha que morre para ela e depois renasce. "Toda mãe contém a filha em si mesma e toda filha, a mãe – toda mulher se estende para trás em direção à mãe e para a frente, em direção à filha."[14]

Quando Perséfone é sequestrada, Deméter é dominada pela dor e se entrega à tristeza; não come, não bebe nem dorme durante nove dias e nove noites (o simbólico 9 da gravidez). A perda da filha é a perda da parte jovem e despreocupada de si mesma. É um momento de mudança de foco: do mundo exterior, com suas projeções exteriores, para a jornada interior e o trabalho da segunda metade da vida.

A deusa dos grãos

Eu senti a tristeza inconsolável de Deméter quando minha filha, Heather, saiu de casa para fazer faculdade em outra cidade. Sem ela, eu me sentia morta. Não só sofri a perda da alegria que sua presença diária me proporcionava como experimentei visceralmente minha morte como mãe. Tal como Hécate, que "é a deusa da lua escura, da intuição mediúnica da mulher, daquilo que ouve na escuridão mas não vê nem entende",[15] eu não conseguia *entender* a razão de minha dor ser tão profunda. Eu tinha sofrido quando Brendan, meu filho, partira para a universidade, dois anos antes, mas dessa vez era diferente. E extremo. Praticamente não dormi durante dois meses após a partida de Heather e, embora continuasse a trabalhar, chorava toda vez que olhava para seu quarto vazio. Eu a queria de volta; queria que as coisas fossem como eram quando cantávamos, brincávamos e dividíamos os acontecimentos do dia. Eu queria que ela estivesse lá inclusive para implicar comigo!

Helen Luke aborda a imensa diferença entre a experiência mãe/filho e a experiência mãe/filha: "No nível arquetípico, o filho carrega para a mãe a imagem de sua busca interior, mas a filha é a extensão de seu próprio eu, levando-a de volta ao passado e à própria juventude, avançando para a promessa de seu próprio renascimento em uma nova personalidade, na consciência do *Self*."[16] Antes de experimentar um renascimento, senti o gélido frio da morte.

Nessa época, tive um sonho no qual tropas com as quais eu viajava me deixavam em uma caverna no topo de uma montanha ao cair da noite. Estava nevando e eles tinham que sair da montanha enquanto ainda estava claro. Eles me deixavam lá porque eu tinha sido ferida. Antes de partir, o capitão do regimento me dava sua luva.

Pela manhã, ao acordar, refleti sobre o sonho para descobrir o que meu inconsciente estava me dizendo. Na minha imaginação, voltei à caverna dos sonhos para ver o que havia lá para descobrir. Escrevi:

"Olho em volta e há objetos rituais na caverna: uma faca, um ninho vazio, três pedras, um coldre vazio, um cantil de água e um pouco de comida. Há também um saco de dormir, sobre o qual eu me sento. Minha coxa direita está ferida e há sangue em minha calça. Faz frio lá fora, mas sinto paz em meu medo. Consigo produzir fogo. Como minha ração de carne-seca.

"Sei que tenho forças para ficar aqui por três dias. Depois disso, eles voltarão para me buscar. O capitão é meu amigo e eu posso contar com ele. Mesmo assim, sinto um medo imenso. Encontro um ninho. É raro encontrar um ninho de passarinho tão novo numa caverna a essa altitude. O ninho é frágil. Eu também me sinto assim por dentro, mas por fora devo parecer um corajoso soldado.

"Os objetos nesta caverna são os brinquedos de um menino: são os objetos que eu tinha como aliados quando era criança e estava na floresta. A solidão que sinto agora é a solidão e a desolação daquela época, antes de ter companheiros, antes de Heather e Brendan. Eles têm sido meus companheiros de vida e agora se foram. Não há ninguém com quem brincar e eu volto ao ninho vazio.

"Não quero ficar sozinha; não quero mais ficar na caverna. Quero meus filhos de volta, quero minha juventude de volta, quero meus companheiros de volta. Mas não pode mais ser assim. Tenho que seguir em frente. Tenho que sair desta caverna e descer a colina, mesmo que isso custe minha vida."

Ser mãe tinha definido uma grande parte do que eu deveria fazer com minha vida. Abrir mão desse papel me deixou uma lacuna. Eu não tinha percebido que tinha feito da maternidade minha busca heroica. Antes disso, eu havia vivido em reação a minha mãe – sua frustração e sua raiva –, em busca da aprovação do meu pai, da igreja, da escola ou do trabalho.

"Agora, me sinto nua", escrevi. "Não tenho mais o papel da 'mãe perfeita' como camuflagem. E não tenho nem a energia nem o entusiasmo para ser a terapeuta, a escritora e a artista 'perfeita'. Só quero ser um ser humano comum: nada de heroísmo, apenas uma tranquila busca interior. Tenho uma faca, água, três pedras, um ninho de pássaro, comida e um saco de dormir. Sei que posso sobreviver; não preciso depender dos meus pais, meus filhos ou meu parceiro. Posso expressar minha alma."

Assim como Deméter, com o tempo consegui ir além de minha perda pessoal, embora isso tenha tomado um tempo que eu julgava absurdo. Não percebi, durante essa etapa de sofrimento e tristeza, que eu estava nas garras do arquétipo de Deméter. Pouco depois de ter sonhado tudo isso, Heather veio passar um fim de semana em casa, durante o Halloween. Ela também estava tendo um primeiro semestre difícil; sentia uma saudade terrível de casa e ainda não tinha encontrado um grupo de amigos com os quais se sentisse confortável. Foi também nessa época que fui convidada a apresentar uma peça de arte numa exposição intitulada "Menor do que uma caixa de pão". Pedi a Heather que me ajudasse a pintar a caixa de pão de papelão que havia sido fornecida a todos os artistas como ponto de partida para o tema. Começamos a pintar vários desenhos juntas e, por alguma razão, comecei a pintar deusas de grãos. Heather me perguntou por que a deusa que eu estava pintando tinha uma lágrima caindo do olho. Sem pensar, respondi que era porque seu coração estava partido – e caí no choro.

Somente depois dessa experiência eu relacionei as deusas dos grãos que ambas pintamos com a deusa Deméter, e a perda da minha filha com Perséfone. Continuei sonhando e escrevendo e seguindo com as atividades comuns do dia a dia sem entusiasmo. Porém comecei a dormir a noite toda. "Quando chega o momento da transformação da personalidade por inteiro, do nascimento de uma atitude totalmente nova, tudo seca interna e externamente, e a vida se torna cada vez mais estéril até a *mente consciente* ser forçada a reconhecer a gravidade da situação, vendo-se obrigada a aceitar a validade do inconsciente."[17] Por fim, consegui superar minha tristeza por me separar de Heather e perceber que agora eu tinha trabalho a fazer para encontrar minha filha dentro de mim.

A descida de Inana

Inana, Rainha das Grandes Alturas, colocou seu coração no solo mais profundo da Terra. Voltando as costas para o Céu, Ela desceu. "Mas, e a sua segurança?", queixavam-se vozes ansiosas atrás dela. "Se eu não voltar, vão até os Pais", respondeu Ela, já posicionada no primeiro portão. "A caminho do funeral", disse ao porteiro, e então as barras de arenito se abriram. Ela foi – através da lama, que arrancou o ouro de suas orelhas. Desceu pelos braços de granito que arrancaram a blusa de seu peito. Desceu pelo fogo, que chamuscou seus cabelos. Desceu, atravessando o ferro, o qual, Ela pensou, era o núcleo que tomara seus membros. Descendo mais e mais, Ela se lançou no vazio, que bebeu seu sangue. Até que, finalmente, ficou cara a cara com Eresquigal, Rainha das Grandes Profundezas. Aquele Olho impiedoso congelou seu coração

e, atordoada, Ela entrou naquela pupila rodeada de crânios que mastigou a carne de seus ossos, enquanto caía mais e mais no Abismo vazio.
– Janine Canan, "Inanna's Descent",
em *Her Magnificent Body* (Seu corpo magnífico)

Quando reconhecemos nosso estatuto espiritual de filhas no patriarcado, há algumas coisas a serem desenterradas. Precisamos recuperar as partes de nós que eram nossas antes de nos camuflarmos com as vestes da cultura. Sylvia Brinton Perera, em seu brilhante livro *Caminho para a iniciação feminina*, usa um antigo poema sumério sobre Inana e Eresquigal para observar a dissociação que ocorre quando uma mulher se liberta de sua identificação com o masculino e de sua defesa contra ele, quando ela morre para uma antiga forma de ser e espera pelo renascimento.[18]

Inana, a antiga deusa suméria do céu e da terra, desce ao mundo inferior para testemunhar os ritos fúnebres de Gugalana, marido de sua irmã Eresquigal, Rainha do Mundo Inferior.

Antes de abandonar o céu e a terra, Inana instrui Ninshubur, sua fiel serva, a pedir aos deuses paternos, Enlil, Nana e Enqui, que a ajudem a garantir sua libertação caso ela não volte dentro de três dias. Ela inicia então sua descida. No primeiro portão para o submundo, Inana é parada e convidada a se apresentar. O porteiro, Neti, informa a Eresquigal, Rainha das Grandes Profundezas, que Inana pede para ingressar na "terra do não retorno" para testemunhar o funeral de Gugalana. Ao ouvir isso, Eresquigal bate na coxa, morde o lábio e então instrui Neti a tratar Inana de acordo com os mesmos ritos e leis que se aplicam a qualquer um que entre em seu reino. Ela se despir das vestes reais e se curvar para entrar no mundo inferior.

O porteiro obedece às ordens e remove uma parte do magnífico traje real de Inana em cada um dos sete portões. Ela é despojada e julgada em cada um deles. Eresquigal a encara com o olho da morte, profere palavras de ódio contra Inana, a mata e pendura seu cadáver numa estaca para apodrecer. Como Inana não retorna após três dias, Ninshubur começa a lamentar e, tocando seu tambor, circunda as casas dos deuses. Ela procura Enlil, o deus mais alto do céu e da terra, e Nana, o deus da lua e pai de Inana, mas ambos se recusam a se intrometer nas questões do mundo inferior. Por fim, Enqui, o deus das águas e da sabedoria, ouve o apelo de Ninshubur e sofre por Inana.

Ele se propõe a resgatá-la e, para isso, concebe duas criaturas – que não são nem macho nem fêmea – feitas da terra retirada de baixo de sua unha. Ele lhes dá de comer e beber para levar ao submundo e lhes diz para lamentarem com Eresquigal. Eles entram no mundo inferior despercebidos e consolam Eresquigal, que geme sobre seu consorte morto e sofre com dores semelhantes às do parto, de tão fortes. Ela fica tão grata pela empatia que lhes oferece um presente, ao que ambos pedem o cadáver de Inana, sobre o qual aspergem a comida e a água da vida. Trazida de volta à vida, Inana é lembrada de que, se deseja retornar do submundo, deve providenciar um substituto para ocupar seu lugar. À medida que ela volta, cruzando os sete portões, e recupera suas vestes reais, os demônios se agarram a ela para tentar recuperar seu bode expiatório.

A última parte do mito envolve a busca de seu substituto, seu consorte Dumuzi, que, em vez de lamentar sua morte, assumiu o trono no lugar dela.

Inana oferece um padrão de plenitude feminina que vai além do papel de mãe: ela é a personificação da fertilidade da terra; deusa da estrela da manhã e da tarde; deusa da guerra; deusa do amor sexual, da cura, das emoções e da música. Ela é uma andarilha; ela rompe o tabu de não cruzar o limiar do mundo inferior. Em cada um dos sete portões, ela deixa para trás aspectos de sua identidade. Essa "revelação sugere a remoção de velhas ilusões e falsas identidades que podem ter servido no mundo superior, mas que não funcionam no Mundo Inferior".[19]

Eresquigal foi violada pelos deuses e exilada no mundo inferior, como tudo o que se relaciona com a natureza e com o corpo. Ela é a parte do feminino que foi legada ao submundo. Ela personifica a fúria, a ganância e o medo da perda. Ela é a energia bruta, primordial, sexual; é o poder feminino separado da consciência. Os instintos e a intuição da mulher, ignorados e ridicularizados. "Ela é o lugar onde a vida em potencial repousa imóvel, nas dores do parto", antes de sua expressão.[20]

Tenho uma enorme admiração por Eresquigal, porque sei que ela tem o poder de me desbastar até minha essência. Sua força impessoal não é apenas destrutiva, mas transformadora, "como a decomposição e a gestação, que trabalham sobre o receptor passivo e estanque, inclusive de forma invasiva e contra sua vontade. Tais forças impessoais devoram e destroem, incubam e dão à luz, com uma implacável impiedade".[21]

Ela é o lugar tanto da morte quanto da nova vida adormecida, o ponto de destruição necessário e de cura. Ao encontrar Eresquigal, uma mulher enfrenta seu lado sombrio, a ira e a fúria deixadas sem expressão por décadas enquanto ela tentava agradar às figuras paternas. Uma cliente descreve isso como a bola de ferro derretido assentada em uma depressão, corroendo seu peito.

Eresquigal representa a relação da mulher com o funcionamento das camadas profundas de sua psique, de seu corpo e de sua natureza instintiva. Ela exige reverência e respeito. Ela nos observa com seu olho da morte, vendo o que nós mesmas não queremos enxergar. Ela exige que olhemos para aquelas partes de nós mesmas das quais nos separamos.

No seu aspecto mais negativo, ela pode paralisar a vida como um todo. Uma cliente descreve como sua mãe a encarava com um "olhar do mal": "Sempre que ficava zangada comigo, ela me lançava seu olhar do mal, cheio de ódio, e ficava em silêncio por uma semana. Era como um buraco negro. Ela agia como se eu estivesse morta; não me via, não me ouvia, não falava comigo. Eu ficava desolada por estar tão completamente distante dela. Sentia que a vida tinha acabado e eu não podia continuar. Eu implorava a ela que parasse, mas ela nunca cedia."

Eresquigal empala Inana em sua estaca, preenchendo "todo o seu vazio receptivo do feminino com força feminina do *yang*. Ela dá à mulher sua própria plenitude, para que ela não seja uma mera dependente do homem ou de um filho e possa ser um indivíduo completo em si mesmo".[22] Ela sabe quando quer dizer sim e não. Quando começa a ser assertiva, a mulher muitas vezes é vista como desagradável, feia, megera, pois não está mais disposta a sorrir, engolir sentimentos, permanecer entorpecida e agradar. Contudo, para que a mulher seja inteira, ela precisa recuperar a mãe sombria dentro de si mesma.

Encontro com a mãe sombria

Durante a descida, a mulher passa por um período de introversão ou depressão, uma lenta e dolorosa gravidez de si mesma na qual se livra de sua identificação com o ego-consciência, retornando a um estado de conhecimento do corpo/mente anterior à existência das palavras. Ela pode sentir uma terrível sensação de vazio, de ser excluída, evitada, deixada para trás, desvalorizada. Pode se sentir sem lar, órfã, num entrelugar. Tal como Deméter e Inana, ela não dará nenhum fruto, nenhum resultado. Pode se sentir nua e exposta, assexuada, árida e em carne viva. Pode sonhar com imagens de túneis, caminhos subterrâneos, ventres, catacumbas, que é engolida por cobras ou, ainda, ver-se como Jonas na barriga da baleia. Se puder permitir que a descida seja uma iniciação consciente, ela não precisa se perder na escuridão.

Uma cliente sonha que encontra sua mãe sombria em um vagão do metrô. "Estou no metrô com minha filha de 5 anos, com outra criança e meu marido. O trem entra na estação e nós começamos a descer. Minha filha, Maraya, sai correndo e seu chapéu é levado pelo vento para trás do trem. Ela sai correndo atrás dele e eu, atrás dela. Não a vejo, mas vejo crianças do outro lado dos trilhos indo atrás de alguma coisa. Não consigo ver Maraya, mas sei que ela está bem, que não caiu nos trilhos. Eu corro de volta ao vagão do metrô para pegar minha bagagem, a bolsa da câmera e minha bolsa para entregá-las ao meu marido, mas, quando volto para pegar outras coisas, o trem parte. Permaneço no vagão sem bagagem, sem dinheiro, sem câmera e não sei o nome da estação onde deixei minha família. Há apenas duas outras mulheres lá. Uma está reclinada, como se estivesse doente, e a outra cuida dela. Pergunto a essas mulheres o nome da estação que acabamos de deixar, mas elas não sabem e dizem que vai levar pelo menos mais 40 minutos até a próxima parada. Começo a contar meu dilema, e elas respondem: 'Você está realmente com problemas, não é?' No entanto, não me oferecem ajuda. Penso então que terei que lhes pedir pelo menos um dólar para voltar, mas não conheço as linhas do metrô nem sei se minha família vai me esperar na estação."

Peço a essa cliente que converse com as mulheres do vagão. "Elas são minha mãe e eu. 'O que você está fazendo no trem comigo?', pergunto. Elas me respondem: 'Você tem que nos encarar antes de poder descer.' Eu as encaro. A figura materna reclinada tem o poder e a filha cuida dela. A mãe é zombeteira, preguiçosa, mandona. Eu me recolho diante de sua presença, mas cuido dela com amor. Tenho vontade de matá-la.

"Ela está doente e dependente; seu poder está em sua dependência. É como me mantém acorrentada a ela. Sinto-me entorpecida, tanto que nem sei para onde o trem está indo. O destino é desconhecido, mas me sinto presa neste vagão com ela. Quero mandá-la se levantar e andar, mas tenho medo de que ela me castigue, retirando sua dependência. Ela não me ama de verdade. Sei disso, mas finjo que ela precisa de mim. Finjo e me torno a mártir que sofre há muito tempo. Vejam como sou boazinha. Eu tomo conta da minha mãe.

"Preciso me levantar na próxima estação e me afastar dela. Seria tão libertador! Essa mulher diante de mim é tão livre! Ela não tem nada: não tem bagagem, família nem dinheiro. Não tem limites, embora sinta medo. Estou atada a algo que nem está lá: uma velha identidade, a filha de uma mãe doente, provando que tenho valor. Retraída e calada, o que aconteceria se eu me levantasse e fosse embora? Perderia minha mãe. Perderia minha imagem de servir a minha mãe. Eu não estaria mais a serviço da mãe negativa. Romperia o complexo.

"Não posso continuar a servir e a respirar. Eu quero ver a luz do dia. Se ela quiser ficar no metrô, essa é a jornada dela. Eu quero respirar ar fresco. Ela se encolhe quando lhe digo que vou sair do trem quando chegarmos à estação."

Essa cliente passou os 40 dias seguintes de cama, com pneumonia. Teve uma febre misteriosa que a fazia suar constantemente. Foi um tempo de sofrimento e isolamento, mas também um tempo de purificação e transformação. Ela percebeu que não precisava mais sufocar de raiva da mãe. Ela havia lido o mito de Inana e Eresquigal e, um dia, no final de sua doença, chegou à terapia e disse que havia esquecido de dizer a Ninshubur que estava "descendo".

Sofrimento consciente e retorno

Depois de três dias, Inana não voltou do mundo inferior. Sua assistente de confiança, Ninshubur, pede ajuda aos deuses do céu e da lua. Como muitas mulheres, Inana "busca o amor em todos os lugares errados": apela às figuras paternas, que aparentemente têm todo o poder mas não são capazes nem generosos o suficiente para ajudar. Esse é um tema recorrente para mim e para muitas filhas do patriarcado que esperam ajuda e aprovação daqueles que se recusam a vê-las como são. As mulheres têm que aprender onde está sua verdadeira fonte de validação.

Ninshubur vai a Enqui, o astuto deus da água e da sabedoria, governante do fluxo dos mares e dos rios. Ele é o masculino generativo, criativo, brincalhão e empático.²³ Com terra ou argila debaixo das unhas, ele improvisa o que o momento exige. Ele gera criaturas que não são nem masculinas nem femininas para personificar a humildade, a empatia e a capacidade de espelhar os sentimentos de Eresquigal.²⁴ Ela está em luto profundo, e essas criaturas assexuadas sofrem com ela, por dentro e por fora. Não imploram a ela que *faça* nada, simplesmente permitem que ela *esteja* em sua dor. As criaturas entoam seus lamentos com ela. Eresquigal sente-se ouvida, e isso permite que o feminino profundo "aceite sua dor como ela é – como parte do processo natural da vida". Ela não precisa culpar ninguém; pode simplesmente estar com o sofrimento e curá-lo naturalmente.

Essa qualidade de empatia ou de *estar com* a dor a ajuda a se mover através dela. Ela também evita o que eu chamo de "ejaculação precoce" – passar à ação muito cedo porque a dor de sustentar a tensão do desconhecido é insuportável. Se tivermos a paciência de permitir que o processo seja concluído, pode ocorrer uma cura profunda. Se abortarmos o processo, nunca nos permitiremos chegar a termo. Mulheres e homens precisam se apoiar mutuamente para honrar o ciclo feminino, que, como os ciclos da vida na natureza, é um ciclo de morte, decomposição, gestação e renascimento.

Quando se sente ouvida, Eresquigal permite que as criaturas assexuadas (*galaturra* e *curgarra*) devolvam a vida a Inana. Inana sente a agitação da vida dentro de si. Ela é reanimada com comida e água e lentamente volta a si, empreendendo o retorno do mundo inferior para buscar seu substituto. Ela encontrou a deusa das trevas e sabe que "todas as mudanças e a vida exigem sacrifício. Esse é exatamente o conhecimento do qual se afastaram a moralidade patriarcal e as filhas do pai eternamente donzelas, querendo fazer as coisas certas para evitar a dor de carregar a própria renovação, o próprio ser individual e único".²⁵

Quando volta do mundo inferior, Inana não é só doçura e luz, da mesma forma que, quando uma mulher sai do isolamento voluntário para se afirmar, muitas vezes não é uma visão bonita. Pobres dos familiares e amigos que querem que ela volte a ser como era antes. Ela agora percebe até que ponto se sacrificou para agradar aos outros e não está disposta a fazer as coisas do jeito antigo. Ela corta impiedosamente de sua vida as pessoas e situações que não apoiam quem ela se tornou.

Inana encontra Dumuzi, seu consorte, seu igual, sentado no trono dela, despreocupado com sua situação. Ela o confronta e ordena que seja levado para o mundo inferior. Ela sacrifica aquele que lhe é mais querido. "O amado Dumuzi aqui é a atitude preferida do animus, o velho rei, que a alma feminina deve submeter ao *Self* e matar como fonte primária de sua própria validação e identidade."[26] Em outras palavras, ele é aquela parte à qual recorremos em busca de aprovação. Ouvi muitas clientes que, durante a redação da tese de doutorado, chegaram à conclusão de que a única razão pela qual haviam embarcado naquele rito particular de passagem era para obter a aprovação das figuras paternas. Naquele momento, muitas escolhem não entregar a tese e não se tornar Ph.Ds.

A deusa Inana chora a perda de seu amor, e é então que ela é ouvida por uma mulher humana. Gestinana, irmã de Dumuzi, que também está lamentando a perda do irmão, apela a Inana, por amor e tristeza, para que ela mesma seja levada no lugar de Dumuzi. Inana se comove tanto com sua oferta de sacrifício consciente que permite a Gestinana compartilhar o tempo de Dumuzi no mundo inferior; cada um passaria seis meses no submundo e seis meses na terra.[27]

Gestinana é o novo feminino; ela é uma mulher sábia que está em contato com os próprios sentimentos, é humilde e *consciente de seu sacrifício*. Está disposta a suportar o ciclo de descida-subida-descida; ela se relaciona com sua natureza masculina, assim como com as profundezas de seu feminino. Ela é "um modelo de alguém que está disposto a sofrer humana e pessoalmente o espectro completo que é a deusa".[28] Ela põe fim ao padrão de bode expiatório ao escolher enfrentar o mundo inferior.[29] Ela não culpa ninguém.

Gestinana tem muito a ensinar à heroína dos tempos modernos. Ela faz a descida não em busca de elogios e aprovação, mas para viver o ciclo completo de sua natureza feminina. Ela ganha a sabedoria dos ciclos de mudança, aceitando o lado sombrio e instintivo que nos ajuda a encontrar sentido no sofrimento e na morte, assim como no lado leve e alegre que reafirma nossa força, nossa coragem e nossa vida.

7
Anseio urgente de reconexão com o feminino

A bebê diminuta

Eu sonho que tenho uma bebê. Ela é muito pequena, quase uma minhoquinha esbranquiçada. Bill e eu estamos andando pela Main Street e, de repente, me lembro da bebê. Nos apressamos para chegar em casa e a encontramos do lado de fora, num carrinho, no degrau da entrada. Eu a tiro do carrinho e ela está faminta. Quando estou prestes a oferecer o peito, percebo que preciso trocar a fralda dela primeiro. Digo a Bill: "Você tem de desenvolver um relacionamento com ela, fale com ela." Eu a troco, mas ela parece tão triste, tão pequena, que mal consegue chorar; apenas faz um barulhinho. Ela não é difícil, só é triste. Estou preocupada com a sobrevivência dela, porque nem lembrava que a tinha. O leite escorre pelo meu peito esquerdo enquanto ela chora.

Quando reflito sobre esse sonho, a imagem da bebê minhoca me lembra a imagem de Darth Vader sem máscara no filme *O retorno de Jedi*, de George Lucas. Luke Skywalker remove a máscara do pai e fica chocado e triste ao ver a cabeça malformada do rei guerreiro. Servindo ao Estado, ele não desenvolveu sua humanidade. Entretanto, quando tiro a máscara de meu pai, vejo um menino triste querendo ser abraçado, acariciado e ouvir que é amado como ele é. Ao desmascarar o pai dentro de mim mesma, esse aspecto heroico, vejo minha profunda natureza feminina que anseia por ser reconhecida, que é carente de diálogo, quer ser purificada, trocada e alimentada. Mas essa conexão é tão frágil que às vezes eu a esqueço. Sem dúvida tenho leite suficiente para nutrir essa mulher recém-nascida, só tenho que me lembrar de fazê-lo.

Quando a mulher já realizou a descida e rompeu sua identidade como filha espiritual do patriarcado, surge um desejo urgente de se reconectar com o feminino, seja com a Deusa, a Mãe ou sua garotinha interior. Ela sente o desejo de desenvolver aquelas partes de si mesma que foram para o subterrâneo na busca heroica: seu corpo, suas emoções, seu espírito, sua sabedoria criativa. Pode ser que a relação da mulher com as partes não desenvolvidas de seu pai lhe forneça uma pista de sua verdadeira natureza feminina.

Se a mulher passou muitos anos afinando seu intelecto e seu domínio do mundo material, ignorando as sutilezas de seu conhecimento corporal, ela pode agora ser lembrada de que o corpo e o espírito são um só. Se ignorou suas emoções enquanto servia as necessidades de sua família ou da comunidade, ela pode agora começar lentamente a recuperar o que sente como mulher. Os mistérios do reino feminino surgirão em seus sonhos, em eventos sincrônicos, em sua poesia, sua arte e sua dança.

Ruptura corpo/espírito

Historicamente, a conexão entre corpo e alma foi destruída com a deposição da Deusa Mãe. Só agora, com a ameaça de destruição da Mãe Terra, essa conexão está sendo recuperada. Quando a humanidade esqueceu a santidade da terra e começou a adorar seus deuses nas igrejas e catedrais, e não nos bosques e nas montanhas, perdeu a relação sagrada "Eu-Vós" com a natureza. Esquecemos que éramos seus filhos, interconectados com todas as espécies. Perdemos a noção de sacralidade encarnada em todos os seres vivos, árvores, rochas, oceanos, quadrúpedes, pássaros, crianças, homens e mulheres. A partir desse descaso pela santidade da natureza veio a negação da santidade do corpo.

Nem sempre foi assim. Quando o corpo da mulher era o equivalente ao corpo da Deusa, a mulher era o receptáculo para o milagre da vida.

> Em tempos ancestrais, quando a metáfora e o arquétipo, e não o conhecimento científico, descreviam como as coisas funcionavam,

havia um sentimento de admiração pelas mulheres. Essa admiração tinha a ver com as mudanças pelas quais seu corpo passava. Uma menina se tornava mulher quando menstruava; o sangue sempre teve uma qualidade espiritual. Ela sangrava todos os meses até engravidar, e então parava de sangrar por nove meses e se tornava o receptáculo para uma nova vida. Acreditava-se que ela retinha o sangue no corpo para gerar um bebê. Depois de ter o bebê, ela voltava a sangrar, mês após mês, até a menopausa, quando novamente parava de sangrar. Isso também era considerado admirável, porque se acreditava que na menopausa a mulher retinha o sangue no corpo, dessa vez não para gerar um bebê, mas para produzir sabedoria. As mulheres estão agora recuperando essa maneira tão diferente de ver a própria experiência, enquanto trazem de volta ao mundo um sentido de sacralidade da matéria.[1]

Durante a Idade Média e, em especial, a partir da Revolução Industrial e da deificação da máquina, o corpo físico tanto das mulheres quanto dos homens – assim como a Mãe Terra – sofreu e ainda sofre abuso sexual e físico. O corpo foi levado para além dos limites de força e resistência e obrigado a se moldar às expectativas culturais de tamanho, formato e beleza em nome dos interesses da ganância humana. O aviltamento do corpo feminino vem sendo expresso em tabus culturais e religiosos em torno da menstruação, do parto e da menopausa,[2] mas também se reflete nas estatísticas que documentam casos de estupro, incesto e pornografia. A sacralidade do corpo feminino, o reconhecimento da sacralidade envolvida, foi perdida quando as pessoas começaram a adorar os deuses paternos. A reverência e a fertilidade outrora concedidas à mulher menstruada foram legadas para o subterrâneo juntamente com a Deusa.

Na ausência da Deusa, algumas mulheres esqueceram a profunda sabedoria do corpo feminino e os mistérios da sexualidade feminina. As mulheres *sabem* com o corpo. Jean Shinoda Bolen diz que "quando sabemos algo em nosso corpo assim como em nossa mente e no coração, então sabemos algo profundamente sobre nós mesmas, e é essa dimensão que está fora de equilíbrio em nossa civilização cristã e em nossa psicologia de influência cristã. É uma psicologia paterna e uma teologia paterna, em que mente, interpretações e palavra constituem a experiência transformadora, mas isso não é válido [para as mulheres]".³

Sexualidade feminina

A perda de poder associada à sexualidade da mulher é uma realidade entre as culturas desde que o homem descobriu que tinha um papel na procriação. Para proteger a descendência patrilinear, há séculos os homens tentam controlar a sexualidade das mulheres. "Embora precise da mulher, o homem tenta manter o poder dela sob controle, legislando contra o uso livre de seu sexo para que ela não comprometa a frágil mas resistente estrutura social de nossa sociedade patriarcal.⁴ Para proteger sua descendência patrilinear, seu filho deve ser o filho do pai e não o filho da mãe."⁵

Mesmo nas sociedades celtas, em que a descendência era matrilinear, o poder sexual da mulher era considerado perigoso, insalubre e assustador. Jean Markale conta que quando a Grande Mãe Celta, Rhiannon, foi empurrada para o subterrâneo, ela tomou a forma de javali ou de porca branca. A seguir, na história galesa contada por Markale, fica claro que a deusa porca, Henwen, era temida, perseguida e aviltada por Arthur e seus homens. O poder de sua fertilidade despertava neles grande terror.

Sheela-na-gig

Houve a profecia de que a Grã-Bretanha sofreria nas mãos dos filhos de Henwen (a Velha Branca). Assim, quando foi descoberto que ela estava grávida, Arthur reuniu o exército britânico e partiu para destruí-la. Ela deu à luz e, ao ser perseguida por seus agressores, atirou-se ao mar. Suas crias saltaram atrás dela. Em Maes Gwenith ("Campo de Trigo"), em Gewent, ela deu à luz um grão de trigo e uma abelha. Em LLonyon, em Pembroke, ela gerou um grão de cevada e um grão de trigo. Em Riw-Gyverthwch, em Arvon, ela deu à luz um bebê lobo e uma bebê águia. E em Llanveir ela deu à luz um gato, que o pastor de porcos jogou do alto das rochas no mar.[6] Trigo, cevada, abelhas e gatos: todos eram antigos símbolos da Deusa. O patriarcado pode persegui-la, mas sua descendência continuará a florescer.

Em muitas culturas antigas, a deusa porca encarnava a fertilidade e a abundância. Na Mesopotâmia, o porco era um símbolo da Deusa; na Europa Antiga, ganhou significado através do culto de Deméter e Perséfone, pois os ritos de Elêusis evoluíram através de cerimônias de vegetação, que usavam a porca sagrada. Após a conclusão das festividades, as mulheres saíam com os homens e faziam amor nos sulcos produzidos na terra para garantir o sucesso das colheitas. Esse ritual estabelece uma conexão direta entre a sexualidade humana e a fertilidade agrícola.[7] É provável que, nesse contexto, a sexualidade feminina recebesse a honra e a reverência que merecia por sua capacidade de trazer vida à terra. Espírito e corpo eram um só.

A maioria das mulheres perdeu essa noção de poder ligada à sua sexualidade. O homem, por outro lado, rebaixou a mulher, chamando-a de tentação, sedutora malvada e devoradora. O poder original da energia sexual e procriadora bruta da deusa era visto como uma enorme ameaça à autoridade masculina. Além disso, também é percebido como contraproducente para nossa ética cultural de trabalho: "O perigo das relações sexuais livres, como simbolizado pela deusa, a Nossa Senhora da Noite, reside na possibilidade de que elas proporcionem a satisfação total dos desejos instintivos de homens e mulheres, seguidos ou pelo sono, ou por um estado de inércia, próximo ao *nirvana*, no qual toda a vontade de viver desaparece. Dito de outra forma, haveria um regresso geral *ad uterum*, um retorno ao verdadeiro paraíso, na proteção real ou imaginária de um ventre materno sempre úmido e nutritivo."[8]

Antigas imagens de deusas que glorificavam os órgãos genitais femininos foram desfiguradas ao longo dos séculos por parte de tribos conquistadoras e de sacerdotes cristãos. A *Sheela-na-gig*, um símbolo celta do aspecto materno e devorador da Deusa, era esculpida na pedra de templos e castelos por toda a Irlanda e a Grã-Bretanha. Ela apresentava "enormes órgãos genitais separados com ambas as mãos e pernas dobradas, oferecendo uma fantasia de liberdade sexual ilimitada e, ao mesmo tempo, um divertido lembrete de nossas origens. Ela expressava a visão íntima e impressionante do mistério do nascimento e simbolizava o momento em que a placenta ensanguentada é cortada e uma nova vida é liberada".[9] Na maioria das efígies desse tipo que ainda restam, os genitais foram raspados da pedra, de modo que a imagem original é irreconhecível.

Com tanta destruição ativa dos símbolos da fertilidade feminina, não é de admirar que, hoje, algumas mulheres sintam vergonha de seus órgãos genitais e desenvolvam "desconfortos" sexuais, como condiloma, displasia e herpes. Elas escondem esse segredo de familiares e amigos por medo de serem consideradas sujas. Comparam a flor de sua sexualidade com outras e julgam que seus lábios e sua vagina deixam a desejar. Nada está certo no corpo delas; as adolescentes criticam o tamanho dos próprios quadris e seios em vez de celebrar sua capacidade de dar à luz e amamentar. Elas fazem comentários depreciativos sobre a menstruação, porque nunca lhes foi dito que o período em que "estão na lua" (como os nativos americanos se referem à menstruação) é um tempo de purificação, de sonhos, *insights* e intuição, um momento de enorme poder a ser recuperado e respeitado.

Mensagens familiares sobre o corpo feminino

"Conte-me sobre como é ser mulher", diz uma mulher de 35 anos. "Vivo dentro de um corpo que pesa mais de 90 quilos e não me identifico como feminina de forma alguma. Sei como é ser mãe; gosto de acolher crianças e meus clientes, mas não me identifico como uma mulher *sexual*. Meus pais sempre me advertiram para que não voltasse para casa grávida, por isso acho que eu pensava que se eu fizesse sexo, engravidaria e não teria mais autorização de voltar para casa. Assim, aos 13 anos, comecei a engordar para me proteger. Lembro-me de estar num baile da escola, no oitavo ano, e o garoto mais popular vir até mim e me convidar para dançar. Eu tinha tanto medo de ser tocada por ele que lhe respondi que ele era muito baixinho. Logo depois disso, comecei a comer demais."

Muitas mulheres têm tanta dificuldade de viver dentro de um corpo feminino que o maltratam com comida em excesso ou prejudicial, álcool, drogas, excesso de trabalho ou exercícios excessivos para exorcizar o desconforto de ser mulher. Se uma filha identificou-se com o papel masculino para agradar o pai, ela enfatiza o desenvolvimento de sua mente e de seu intelecto e rejeita seu corpo feminino. Ela não consegue mais ouvir seus desejos e necessidades. O corpo é inteligente; sabe quando tem fome e sede, quando precisa descansar ou se exercitar, quando quer sexo ou não e quando está fora de equilíbrio. Entretanto muitas de nós fomos treinadas para ignorar e anular as mensagens enviadas pelo nosso corpo.

O corpo das mulheres é de domínio público, como se evidencia claramente no momento atual, dado todo o furor sobre a questão do aborto. Todos têm uma opinião sobre o que uma mulher deve fazer ou não com o próprio corpo. Quando se trata do mercado de trabalho, muitas figuras paternas imploram às filhas que emagreçam e mantenham as aparências para conseguir um bom emprego como assistentes. Essas mesmas filhas poderiam ter a intenção de alcançar cargos de gerência, nos quais conquistariam poder e status, porém é dito a elas que se adaptem fisicamente ao que é apropriado para uma mulher num papel de apoio. Durante anos, as mulheres escutaram que não podem fazer um trabalho tão bom quanto os homens nos negócios porque menstruam e dão à luz. Não é segredo que, apesar dos avanços nos últimos 20 anos, elas ainda são penalizadas por tirar licença para ter filhos e cuidar deles, sendo por isso ignoradas para promoções e aumentos salariais.

Se a mãe da mulher não se relacionava com seu próprio corpo feminino ou fazia comentários depreciativos sobre sua sexualidade e a de outras mulheres, ela provavelmente não era capaz de valorizar o corpo feminino de sua bebê.[10] Algumas mulheres contam às filhas histórias de terror sobre a primeira penetração ou sobre as dores do parto, e é por isso que tantas meninas temem a sexualidade, detestam o próprio corpo e lentamente se desligam dos próprios instintos. Se a "ênfase em uma família estava no desempenho perfeito, sem qualquer reconhecimento genuíno do Devir ou do Ser da criança, ela muito cedo aprendeu que as respostas instintivas não eram aceitáveis; desse modo, sua raiva, seu medo e até mesmo sua alegria foram canalizadas para a musculatura de seu corpo, cronicamente trancados e inacessíveis à vida cotidiana. Quando o sentimento autêntico é desligado dos instintos, o conflito genuíno ou permanece no inconsciente ou ali se somatiza".[11]

As causas mais óbvias da separação de uma mulher das sensações de seu corpo são o incesto, o estupro ou maltratos físicos. Quando uma menina é abusada sexualmente por um homem com autoridade – um pai, irmão, tio, avô, amigo da família, professor, médico, treinador ou chefe –, ela entorpece seu corpo para esquecer a dor humilhante associada ao trauma sexual. No entanto, essa dor não desaparece com sua causa imediata. A experiência é armazenada em seu corpo no local da ferida, como em seus lábios, seios, lábios genitais, vagina ou colo do útero, causando tensão, dor física, sensações confusas de prazer, dormência ou doença. Descobri que muitas das minhas clientes que sofreram abuso sexual em idade precoce se tornaram trabalhadoras corporais incrivelmente sensíveis ou estão totalmente fora de contato com as próprias limitações físicas. Desse modo, ou elas transformam a ferida em uma experiência de profundo entendimento de como a dor e a confusão estão presas no corpo e podem ser liberadas ou blindam seu pobre corpo ferido, anestesiando a si mesmas em relação a seus instintos e sua intuição. Elas não confiam mais naquela sensação no fundo do estômago, porque ouvir o próprio corpo desencadeia lembranças e sentimentos indesejados.

Quando retorna da descida, a mulher recupera o próprio corpo e, nesse ato de retomada, não apenas retoma sua forma física pessoal, mas incorpora a sacralidade do feminino para todas nós. Ela começa a tornar conscientes suas necessidades. Através da alimentação, do exercício, do banho, do descanso, da cura, do sexo, do nascimento e da morte conscientes, ela nos recorda da santidade do feminino. Para muitas mulheres, inclusive eu mesma, os momentos mais sagrados foram físicos: ser abraçada, fazer amor, amamentar uma criança. Nada me aproximou mais do êxtase do sagrado do que dar à luz. A dimensão sagrada *é* encarnada e a alma de um ser humano, assim como a alma de uma cultura, não pode evoluir se o corpo não for recuperado e honrado.

Quando penso nas mulheres que trazem o aspecto sagrado do corpo feminino em seu trabalho e em sua vida, recordo Arisika Razak, uma parteira de Oakland, Califórnia, que criou a "dança da vulva" para honrar a sexualidade feminina.

"Como parteira", conta ela, "passo um bom tempo concentrada nos órgãos genitais das mulheres, olhando para a vulva, olhando para ver os lábios da vagina se abrindo e a cabeça da criança emergindo. Posso contar nos dedos de uma mão o número de mulheres que se deitaram na mesa de exames totalmente presentes no próprio corpo. Há mulheres que cobrem a vulva, fazendo a observação obrigatória sobre como cheira mal. Eu sei que todos esses sentimentos de vergonha e sujeira nem sempre estiveram presentes para nós. A vulva feminina já foi um emblema de beleza, santidade e transcendência. Todos os seres humanos vêm ao mundo através da porta de entrada do nosso corpo.

"Sou uma guerreira pelo corpo; trabalho com mulheres pobres, mulheres que não estão reivindicando espiritualidade ou sequer pedindo para que seus partos sejam espiritualizados. Uma das coisas que eu faço é lembrá-las de que sempre podem dizer 'não'. Se você não quer fazer sexo, você tem o direito de dizer não. Encorajo as mulheres a dizer 'sim' e 'não' em seus relacionamentos; digo a elas que sua sexualidade existirá ao longo da vida e que precisam pensar em cuidar mais do próprio corpo. A sexualidade é importante para mim porque constitui minha porta de entrada no reino espiritual, de modo que trabalhar com a dança da vulva e com o corpo é meu serviço à Deusa."[12]

Este é meu corpo

Produzimos símbolos de forma inconsciente e espontânea na forma de sonhos. Muitas mulheres e homens hoje sonham com a Deusa; ela é uma projeção do princípio feminino que precisa ser restaurado em nossa cultura. Ela assume diversas formas, muitas vezes incorporada nos ricos símbolos da herança cultural da pessoa.

Catherine é uma mulher de 40 e poucos anos, criada em uma rígida família católica irlandesa. Ela teve recentemente uma série de sonhos com o cálice, o qual, na missa católica, é utilizado na transformação do vinho em sangue de Cristo. Nas culturas pré-cristãs, o cálice, ou vaso, era um símbolo do aspecto feminino do sagrado.

No primeiro sonho, Catherine se viu em uma pintura com a seguinte inscrição embaixo: "Esta é Ela, que bebe o cálice do Sangue Sagrado". Um mês depois, teve um sonho no qual bebia do cálice e 12 gotas de sangue lhe deslizavam garganta abaixo. Ela ouviu as seguintes palavras: "Você é nutrida pelo sangue da Grande Mãe." "O sangue é uma imagem vivificante", escreveu ela em seu diário, "uma imagem de renovação e regeneração. São imagens poderosas do feminino: a do vaso, a do útero, a da limpeza e purificação do sangue menstrual. Beber o sangue da Deusa é minha iniciação sagrada nos mistérios do feminino."

Dois meses depois, Catherine teve um sonho no qual viu o próprio corpo como o cálice e ouviu as palavras: "Esta é minha amada filha, com a qual estou muito satisfeita." Ela acordou cheia de entusiasmo. "Eu estava vibrando de energia", escreveu. "Eu não conseguia permanecer na cama; sentia que meu corpo ia explodir, de tão repleta que estava. Era madrugada, mas mesmo assim peguei todo o meu material de arte e criei, primeiro um cálice rudimentar em barro. A temperatura do barro fresco me acalmou um pouco, mas não o suficiente. Eu precisava de cor para representar o que sentia. Peguei todas as canetas coloridas e desenhei um cálice vivo, com energia e vibrante de cor. As palavras 'este é o meu corpo, este é o meu sangue' se repetiam na minha mente. Percebi naquele momento que *eu* encarnava o espírito; *meu* corpo e *meu* sangue. Eu era a Deusa encarnada, não de forma arrogante, mas simplesmente como a encarnação do espírito. Deus ou Deusa não está separado de mim, fora de mim; eu A encarno, eu A sinto com todo o Seu poder."

Uma tampa no meu coração

Uma pessoa não realiza a descida facilmente; essa ação levanta poeira. Para evitar a sensação de tristeza e desamparo, preenchemos a vida, tanto quanto possível, com ocupações importantes – para não nos sentirmos sobrecarregados de emoções perigosas que espreitam nas profundezas. A mulher que tem a coragem de descer aos reinos abaixo da superfície de sua consciência comum encontrará lá sentimentos que escolheu não experimentar antes. À medida que for retirando a máscara que ostenta tão bem posicionada diante do coletivo de figuras paternas – sendo simpática, educada, complacente, agradável: "Ah, eu não me importo, pode ser o que você quiser" –, ela pode encontrar punhais de ira pelo tempo que sacrificou, de confusão com traições deixadas por resolver, de tristeza por ter se abandonado por tanto tempo, além de desamparo em relação ao próximo passo.

Uma mulher atraente de 50 e poucos anos que criou 10 filhos sorri e diz: "Eu tenho sido muito feliz todos esses anos. Só me arrependo das conversas que nunca tive – com meus filhos, com meu marido e comigo mesma. Coloquei uma tampa no meu coração, porque havia muito o que fazer, muitas decepções. Eu me sentia segura onde estava e não queria balançar o barco."

Muito o que fazer. Quantas mulheres abriram mão de si mesmas porque havia muito o que fazer e nenhum tempo para ouvir? As mulheres que se definem com base na relação que mantêm com pais, cônjuges, irmãos, filhos ou colegas de trabalho têm pouca energia restante para considerar *seus* verdadeiros sentimentos. Além do mais, foi dito a elas que pensar em si mesmas é egoísmo. Ou seu senso exagerado de autoimportância as impede de ver sua participação na codependência com os outros: "Se *eu* não fizer, ninguém vai fazer."

Durante séculos, foi dito às mulheres que não fossem "histéricas". Se elas tivessem convicções fortes a respeito de alguma coisa, não eram elogiadas por seu compromisso e sua paixão. Em vez disso, ouviam que estavam sendo irracionais. Se expressassem uma reclamação com raiva, diziam que estavam descontroladas.

Pais e mães que se sentem desconfortáveis com a expressão de sentimentos dizem às suas filhas "Não fique assim" ou zombam: "Lá vem o drama!", "Chega dessa choradeira!". Nessas famílias, a alegria também é expressa com moderação; demonstrar muita felicidade é considerado "bobo". Quando se diz repetidamente a uma criança que ela é "demais", ela aprende que seus sentimentos não são seguros. Ela rapidamente percebe que tristeza, decepção, raiva ou mesmo entusiasmo não são aceitáveis para os pais e professores. Se é assim, então por que sentir qualquer coisa? Sentimentos que não são reconhecidos não vão embora, eles migram para o subsolo e nos prendem ao passado.

Nós nos desconectamos dos nossos sentimentos porque não queremos experimentar a tristeza de não sermos abraçados e afagados como a bebê minhoca do meu sonho. Não queremos ouvir a fúria de seu grito, a exigência não proferida por essa nossa garotinha dentro de nós dizendo: "Como você foi capaz de me abandonar?" James Hillman chama isso de "o incestuoso retorno para a mãe". Essa reunião incestuosa com a mãe envolve "permitir-se unir às paixões mais sombrias e sangrentas, aos anseios reais de ser abraçado, carregado e acariciado, à fúria e à ira sem inibições. Significa ir aonde o coração realmente está, onde realmente sentimos, mesmo que seja nos punhos, nas entranhas e nos genitais, em vez de onde o coração deveria estar e como deveríamos nos sentir".[13] Podemos sentir a dor dessa tristeza particular com todo o nosso corpo.

Lamentando a separação do feminino

Um dos maiores desafios da jornada da heroína é experimentar a profunda tristeza que a mulher sente por sua separação do feminino, permitir-se nomear e lamentar essa perda do modo que lhe parecer apropriado e depois liberá-la e seguir em frente. Quando se encontra num estado de tristeza e desespero, ela precisa do apoio do feminino positivo, que é uma figura materna ou de irmã, homem ou mulher, para mantê-la em segurança enquanto ela a expressa. A intensidade da tristeza varia de acordo com o grau em que uma mulher se sente invisível e desconhecida para si mesma, e com quanto ela tem que fazer para recuperar seus tesouros perdidos. Ela pode se sentir triste pela simples razão de ter muito e não ter o suficiente: ter uma abundância de "coisas" ou elogios vazios, mas não amor-próprio, autorrespeito ou conexão com seu âmago. É importante não apenas concentrar a culpa nos outros por essa tristeza, mas examinar profundamente suas causas e assumir a responsabilidade pela autocura.

Angela, de 20 e poucos anos, é uma sobrevivente de incesto que relatou à mãe sua profunda decepção e raiva pela incapacidade da mãe de protegê-la de seu padrasto. Repetidas vezes, sua mãe lhe disse que não sabia o que estava acontecendo, recusando-se a assumir a culpa. Ela não quis ouvir os sentimentos de desamparo e tristeza da filha. Dez anos de amargura se passaram entre as duas mulheres, até que um dia a mãe foi até a filha e lhe disse: "Eu estava errada. Eu me sinto muito mal por não tê-la protegido. Não queria ver o que estava acontecendo porque não sabia o que fazer. Você tem que saber que fiz o melhor que pude na época, mas não foi o suficiente. Eu falhei com você." Assim, pela primeira vez, a filha se sentiu ouvida em seu relacionamento com a mãe. Isso não erradicou a dor e a humilhação do incesto, mas, ao expressar seus sentimentos e ao ser ouvida, ela começou a curar a ferida. E, a partir da tristeza, desenvolveu compaixão pela mãe.

"A tristeza está no âmago do ser. Despoje o coração de todos os outros sentimentos e, inevitavelmente, você encontrará a tristeza, como uma semente germinada, para dar à luz sua folha verde."[14] Mas não é preciso agarrar-se à tristeza. Liberar a tristeza é uma disciplina, é como a respiração consciente. Inspire, você a sente; expire, você a libera. Inspire, uma lágrima escorre por sua face; expire, você sentirá gratidão por seu calor. Inspire e sorria.[15] Seja gentil consigo mesma, avance pouco a pouco.

A Avó Aranha

Quando uma mulher volta do mundo inferior arrastando seu saco de ossos atrás de si, ela anseia por ser confortada, abraçada e acolhida. Há um desejo de se aninhar no colo de uma figura materna, de ficar abraçada ao seu peito, de ser reconfortada e ouvir que vai ficar tudo bem. O povo indígena Tewa Pueblo fala sobre a "jornada ascendente partindo da região mais profunda e escura do subterrâneo, com uma toupeira como escavadora. Quando as pessoas emergem, estão cegas pela luz e querem retornar. Então uma voz feminina fala baixinho, dizendo que tenham paciência e descubram os olhos, só que bem lentamente. Quando por fim abrem os olhos, veem a velha Mulher Aranha, a avó da Terra e de toda a vida. Ela adverte sobre as tentações de lutar e de ter armas e da tristeza que pode decorrer disso. Ela também fala do milho, de como plantar e cuidar dele."[16]

Ansiamos por essa qualidade do feminino que é compassiva e instrutiva, que nos ensina a cuidar de nós mesmos e nos adverte para não ficarmos presos a disputas mesquinhas e ao desejo de dominação. A Mulher Aranha está preocupada com as pessoas; ela é uma preservadora da vida, uma tecedora de teias, uma mentora e ajudante daqueles que sofrem na jornada. Ela compreende o que é a paciência: como não se expor à luz antes da hora, como manter a tensão e deixar as coisas acontecerem em seu devido tempo. Ela sabe como plantar e cultivar novas sementes. Essas qualidades do feminino, presentes na mulher ou no homem, os ajudam a encontrar sua verdadeira humanidade.

No mito da criação da nação indígena Hopi, a Avó Aranha tem um papel central em ajudar o povo a descobrir o sentido da vida. No livro *Changing Woman and Her Sisters* (Mudando a mulher e suas irmãs), Sheila Moon explica:

> Após ter criado o Primeiro Mundo (inferior) e colocado criaturas vivas nele, o Espírito do Sol não ficou satisfeito com o que havia feito, pois sentia que as criaturas não entendiam o significado da vida. Ele chamou a Avó Aranha e pediu-lhe que fosse até as criaturas e as preparasse para seguir em frente. E Ela assim o fez.
>
> Ela os conduziu, em sua ascensão, para o mundo seguinte que estava acima. Por algum tempo as criaturas melhoraram, porém novamente a Avó Aranha foi enviada para lhes falar sobre o mundo superior seguinte e conduzi-los até ele. Aqui, as criaturas organizaram aldeias, plantaram e viveram juntos em paz. Mas a luz era fraca e o ar, frio. A Avó Aranha lhes ensinou a tecer e fazer potes, e durante muito tempo todos se deram muito bem.
>
> Então começaram os desentendimentos. E a Avó Aranha veio, dizendo que precisavam fazer algumas escolhas, e aqueles que desejavam mudanças precisavam ir mais além. Quando, com grande dificuldade, conseguiram chegar logo abaixo da "porta para o céu", ninguém conseguia vislumbrar um modo de subir e entrar.
>
> Naquele momento, apareceram a Avó Aranha e seus jovens netos deuses guerreiros. Sementes foram plantadas para crescerem alto. A Avó Aranha exortou o povo a cantar sem parar. Isso ajudou o bambu a brotar e subir, por fim, através da "porta para o céu". A Avó Aranha contou ao povo que eles deveriam se unir e juntar seus pertences, que deveriam refletir profundamente sobre o que precisava ser mudado antes de chegarem àquela porta, e avisou que retornaria. "No Mundo Superior", disse Ela, "vocês devem aprender a ser humanos de verdade."[17]

A Avó Aranha e seus netos entraram no Mundo Superior primeiro. Enquanto as pessoas se instalavam nesse novo mundo, ela cuidou deles. Ficou por perto, disponível para lhes ensinar a fazer o que precisassem, e mostrou-lhes rituais para trazer luz e calor para o mundo.

Quando tudo tinha sido feito, a Avó Aranha pôs um lago no buraco pelo qual eles haviam passado e disse às pessoas como se preparar para suas jornadas e o que deveriam esperar. Ela lembrou-lhes de suas origens e os instruiu a manter os rituais sagrados, dizendo: "Somente aqueles que esquecerem por que vieram a este mundo perderão seu caminho."[18]

Assim como as primeiras pessoas, nós precisamos de introspecção feminina e sabedoria para sermos seres humanos plenos. A Avó Aranha nos ajuda a relembrar quem somos e qual é nossa responsabilidade como guardiões deste planeta. Ela nos proporciona ensinamentos, canções e rituais para nos recordar de que devemos honrar nossa conexão com os ciclos da natureza. Se sentirmos profundamente nossa interconexão com todas as espécies, não dominaremos nem destruiremos outras.

Há vários anos, entrevistei Colleen Kelley, uma ritualista e artista do Novo México, para um projeto que eu estava fotografando, intitulado *Changing Woman: Contemporary Faces of the Goddess* (Mulher em mutação: Faces contemporâneas da Deusa). Ela me contou que sonhara acordada com a imagem de uma mulher velha que me lembrou a Avó Aranha. "Enquanto peregrinava a um lugar sagrado no Arizona, tive uma experiência visionária de uma mulher muito velha que saiu do desfiladeiro em minha direção e me mostrou muitas coisas. Uma dessas coisas era uma teia espiritual que estava se desfazendo. Essa teia era formada por oferendas e cerimônias que vêm sendo feitas há milhares de anos. A mensagem trazida por ela foi que, para manter essa teia de vida, as mulheres que têm tentado manter vivas essas tradições estão agora tentando se comunicar de forma telepática com mulheres e homens de todo o mundo que estão em sintonia com a cerimônia. A vida será ameaçada se essa teia não for mantida."[19]

O feminino como preservador

A preservação da vida é um aspecto do feminino positivo, seja em uma mulher ou em um homem. O feminino positivo se ocupa com a criação de comunidades e de afiliações, com a união pelo bem comum. O feminino vê as semelhanças entre todos os seres e demonstra compaixão e misericórdia, exigindo que os jovens e os menos favorecidos sejam protegidos.

Käthe Kollwitz, uma artista alemã, retratou o trabalhador explorado e desprotegido, as alegrias e tristezas da maternidade e os horrores da guerra, personificando o aspecto de preservação inerente ao feminino. Em seus cartazes "As crianças da Alemanha têm fome!", "Guerra nunca mais" e "Sementes para plantação não devem ser pulverizadas", ela protestou contra a destruição sem sentido de vidas humanas durante a Primeira e Segunda Guerras Mundiais. Sua escultura *Tower of Mothers* (Torre de mães) mostra a proteção feroz e desafiadora do feminino contra as forças que ameaçam os jovens. Depois que seu filho foi morto na Primeira Guerra Mundial, ela expressou o luto de um povo inteiro em *The Parents* (Os pais).

Durante a angústia e o horror da Alemanha nazista, Kollwitz encorajou a si mesma e a outros a não perder a fé, desenhando imagens carregadas de ternura de mães e filhos para lembrar a todos o calor das relações humanas.[20] Ela sentiu que seu trabalho tinha um propósito: "O de ser eficaz neste tempo em que as pessoas estão tão indefesas e precisando de ajuda."[21] Na França, Romain Rolland chamou o trabalho de Kollwitz de "o maior poema alemão" de sua época. Ele escreveu: "Essa mulher de coração valoroso olhou para [os pobres] e tomou-os nos braços maternos com uma compaixão solene e terna. Ela é a voz do silêncio daqueles que foram sacrificados."[22] Como o aspecto do feminino encarnado em Kwan Yin, Kollwitz ouviu os gritos do povo.

O feminino como criador: Oxum e a mulher em transformação

A mulher que fez a descida experimentou o aspecto devorador e destruidor do feminino, que está a serviço da morte e da renovação de si mesma. Após a secura e aridez experimentadas durante essa separação da vida "acima", ela anseia pelo aspecto úmido, verde e suculento do feminino criativo. A mulher que se sentiu isolada de sua natureza feminina pode lentamente começar a recuperar quem ela é à medida que for sentindo a criatividade começando a fluir. Essa renovação pode ocorrer no jardim, na cozinha, na decoração do lar, no relacionamento, na tecelagem, na escrita ou na dança. Seu senso estético e sua sensualidade ganham vida à medida que ela é revigorada por cores, cheiros, paladares, tatos e sons.

Oxum, a deusa do amor, da arte e da sensualidade da África Ocidental, nos ensina sobre beleza e criatividade. Luisah Teish, uma sacerdotisa de Oxum na tradição africana Iorubá Lucumi, descreve-a como "o lugar onde as águas do rio se encontram com o oceano. Ela não é apenas o amor erótico entre casais, mas o amor que deu o impulso original para a criação. Ela está em cada lírio, em cada cachoeira e nos olhos de cada criança. Por causa dela, podemos existir no mundo sem medo; ela torna a vida mais do que suportável. Ela personifica tudo que é belo, que inspira as pessoas a ter uma grande imaginação para criar obras de arte requintadas e para realmente usar seus sentidos. Quando entro em transe e crio algo capaz de tornar outras pessoas mais abertas, sei que ela está lá. Sempre que estou perto de um rio com belas pedras, ouço-a tão claramente quanto o dia".[23]

Na mitologia Navajo, a Mulher em Transformação é a criadora. Ela é a terra e o céu, a Senhora das Plantas e do Mar. Ela vai além do aspecto gestacional da mãe; ela é a criadora feminina. Ela criou os primeiros seres humanos com sua pele, esfregada de várias partes de seu corpo. Ela está sempre mudando e evoluindo. "Seus movimentos cíclicos cósmicos – ela envelhece a cada inverno e se torna uma bela jovem donzela a cada primavera – fazem dEla a essência da morte e do renascimento, marca do contínuo rejuvenescimento e restauração da Vida."[24] Afirma-se que "enquanto a criatividade masculina tende sempre a avançar, a criatividade feminina tende a se voltar sobre si mesma, não tanto circularmente, mas numa espiral".[25] Ela está em constante mudança. Através da dança, a Mulher em Transformação cria. Essa mulher de beleza incrível cria beleza aonde quer que vá. Ela usa um vestido de conchas brancas e turquesa e dança um ritual de puberdade para todas as jovens Navajo. Essa dança é descrita na "Canção da primeira cerimônia da puberdade":

Ela se move, ela se move.
Ela se move, ela se move.

Mulher-Concha-Branca, ela se move
Seus sapatos de concha branca, ela se move
Seus sapatos enfeitados de preto, ela se move
Seus cadarços de concha branca, ela se move
Suas calças de concha branca, ela se move...

Sua saia de dança de concha branca, ela se move
Seu cinto de concha branca, ela se move
Sua saia de concha branca, ela se move
Seu bracelete de concha branca, ela se move
Seu colar de concha branca, ela se move
Seus brincos de concha branca, ela se move...

Acima dela, um pássaro azul macho dança lindamente, ela se move
Ele canta, sua voz é linda, ela se move...

Diante dela tudo é belo, ela se move
Atrás dela tudo é belo, ela se move.

Ela se move, ela se move
Ela se move, ela se move.[26]

Essa habilidade de se mover *com* o impulso criativo sem tentar forçá-lo é um aspecto do feminino que só agora estou começando a aprender. Filhas do pai, como eu, têm dificuldade em *permitir* que as coisas aconteçam. Gostamos de controlar os acontecimentos e seu timing. A espera por um resultado e a incerteza desse resultado criam enorme ansiedade. Há uma qualidade do feminino que permite que as coisas aconteçam de acordo com o ciclo natural das coisas. Na terapia e no processo criativo, as pessoas que trabalham em níveis profundos do inconsciente sabem que há fases de quietude e renovação e que elas devem ser respeitadas, protegidas e ter seu tempo respeitado. Não se pode forçar o nascimento. Confiar no mistério da manifestação é um dos ensinamentos profundos da jornada feminina.

Refinando o vaso

Descobrir sobre *ser*, e não *fazer*, é a tarefa sagrada do feminino. Em sonhos e obras de arte, muitas mulheres hoje estão retomando a imagem do vaso, que fala do aspecto do feminino voltando para o interior. A *vesica piscis* (do latim "bexiga de peixe") é um símbolo do feminino como vaso, tanto nas religiões pagãs quanto nas cristãs. Joan Sutherland fala sobre refinar o vaso, que é a nossa vida. "A meditação e aquele tipo de trabalho solitário refinam o vaso por dentro, enquanto o ritual comunitário, a união e a celebração com outras mulheres refinam-no por fora. Temos que continuar trabalhando naquele vaso, porque sua qualidade determina o que pode acontecer dentro dele, a natureza da transformação que pode ocorrer. É preciso prestar atenção nesse processo de refinamento para que o vaso aceite o que lhe é dado, o que vem através dele. O refinamento ocorre tanto por dentro quanto por fora, até que ele se torne um vaso transparente, até que as paredes se encontrem. E é simples, não é complicado. Mas é difícil e exige um compromisso real."[27]

Ser exige se aceitar, permanecer dentro de si mesma, e não *fazer* para provar alguma coisa. É uma disciplina que não recebe aplausos do mundo exterior, que questiona o produzir por produzir. Política e economicamente tem pouco valor, mas sua mensagem simples tem sabedoria. Se eu posso me aceitar como sou e se estou em harmonia com meu entorno, não tenho necessidade de produzir, promover ou poluir para ser feliz. E ser não é passivo; para ser, é preciso ter uma consciência focada.

Valerie Bechtol, uma artista do Novo México, cria vasos espirituais que falam desse aspecto ativo do ser. "Os vasos espirituais que crio são uma conexão comigo mesma como receptáculo, fazendo uma introspecção e percebendo que tudo de que preciso está dentro de mim. Sou um vaso incrível, um grande e maravilhoso ventre gigantesco totalmente contido em mim mesma. Não importa onde eu esteja. Eu tenho um lar nesse vaso. Através do meu trabalho, quero romper com a passividade que hoje atribuímos aos vasos em nossa cultura. Quero recuperar o significado dos tempos pagãos, quando o vaso era um instrumento muito ativo. Era transformador. O vaso era usado para curar e era sempre feito por mulheres."[28]

Talvez seja porque as mulheres entendem o que é ser um vaso. Elas entendem o que é permitir que a transformação ocorra dentro de seu ventre. Se lhes for dado apoio e respeito para *serem* quem são, as mulheres darão à luz sabedoria. E nosso planeta, Gaia, precisa dessa sabedoria, do *ser* consciente, para entrar em uma relação correta com todas as espécies vivas. Nosso *fazer* inconsequente gerou uma destruição terrível nesta terra.

É por isso que hoje é tão necessário redefinir o *herói* e a *heroína* em nossa vida. A busca heroica não se trata de poder sobre, de conquista e dominação;

é uma busca para trazer equilíbrio à nossa vida através do casamento entre os aspectos femininos e masculinos de nossa natureza. A heroína de hoje tem que confrontar o próprio medo de recuperar sua natureza feminina, seu poder pessoal, sua capacidade de sentir, curar, criar, mudar as estruturas sociais e moldar seu futuro. Ela nos traz sabedoria sobre a interconectividade de todas as espécies; ela nos ensina a viver juntos neste vaso global e nos ajuda a recuperar o feminino em nossa vida. Nós ansiamos por ela:

> Oh, Grande Avó,
> Eu fui uma filha do pai,
> E enfim sou a filha da minha mãe.
> Oh, Mãe, me perdoe, pois eu não sabia o que fazia.
> Oh, Mãe, me perdoe, assim como eu a perdoo.
> Oh, Avó, oh, Grande Avó,
> Estamos voltando para casa.
> Somos mulheres.
> Estamos voltando para casa.
> – Nancee Redmond[29]

8
Curando a ruptura mãe/filha

A realidade de nosso tempo na história exige que façamos a inversão do padrão dos contos de fadas: devemos voltar atrás, restaurar e curar essas constelações femininas a fim de renovar e integrar o elemento masculino suprimido.

– Madonna Kolbenschlag,
Adeus, Bela Adormecida

É profunda
esta busca para desenrolar a mortalha
que cobriria a ferida
que nos marcaria com sangue
na maré da anêmona vermelha
neste primeiro domingo depois
da primeira lua cheia da primavera,
que nos chamaria de volta
para a origem das coisas
e nos faria ver
no momento de virada do tempo
um reflexo da lua
na redenção
do Amor.

– Julia Connor, "On the Moon of the Hare"

A etapa seguinte da jornada da heroína envolve a cura do que eu chamo de *ruptura mãe/filha*, que é a ruptura com a própria natureza feminina. Para mim, essa é a parte mais difícil da jornada, pois considero essa ruptura o aspecto mais doloroso. Como muitas mulheres, eu descobri o pai poderoso dentro de mim e desenvolvi as qualidades heroicas que a sociedade definiu como masculinas. Desenvolvi as habilidades de discriminação, pensamento lógico e de concluir projetos – e todas elas me servem bem no mundo exterior. Várias vezes na vida fiz a descida e sobrevivi, depois de ser deixada em carne viva por Eresquigal. Em cada uma das vezes, retornei do mundo inferior com uma parte maior de mim intacta.

Mas eu não curei a ruptura mãe/filha dentro de mim. Meu relacionamento com minha mãe nunca foi fácil, mas sinto que essa ferida vai além do relacionamento da mulher com sua mãe. Ela está no cerne do desequilíbrio de valores dentro da nossa cultura. Nós nos separamos dos nossos sentimentos e da nossa natureza espiritual. Carecemos de conexões profundas. Ansiamos pela afiliação e pela comunidade – pelas qualidades positivas e

Mãe e Filha. Pintura de Mainrad Craighead.

fortes do feminino que faltam a esta cultura. Janet Dallett analisa: "Quando um indivíduo ou uma sociedade se torna unilateral demais, distante demais da profundidade e da verdade da experiência humana, algo na psique se rebela e se move para restaurar a autenticidade. A quebra liberta momentaneamente a vida das exigências da realidade cotidiana e ativa um processo profundamente espiritual, um rito interior de passagem com seu próprio fim curativo."[1] Ansiamos por uma mãe forte e poderosa.

Filhas sem mãe

Como muitas mulheres, nunca me senti profundamente acolhida pela minha mãe, embora eu conheça a sensação de ser amada profundamente. Minha mãe teve dificuldades para me aceitar quando criança – eu era demais para ela. Estava sempre caindo de árvores, quebrando o braço ou me envolvendo em acidentes. Ela não valorizava meus impulsos criativos, porque eles a ameaçavam. Ela tentou me conter, mas eu não podia ser contida. Eu vivia escapando da redoma de sua maternidade, que era pequena demais para mim e me sufocava.

Assim, nos meus primeiros anos de vida, identifiquei o feminino como asfixiante e perigoso. Embora reconhecesse sua beleza e sensualidade, para mim lhe faltava humor. Ele buscava a perfeição, e eu era uma criança nada perfeita; meus sentimentos não se encaixavam. Sei que minha rejeição inicial do feminino foi uma rejeição da raiva, da reprovação, da rigidez e da incapacidade da minha mãe de me ouvir ou ver como eu era. Na adolescência, quanto mais eu a rejeitava e me identificava com meu pai, mais eu me separava do feminino forte e poderoso dentro de mim.

Felizmente, minha mãe era muito envolvida com a vida religiosa e encorajou minha devoção ao espiritual. Na verdade, ela ficava orgulhosa porque eu ia todos os dias à missa de manhã cedo. As visões que eu tinha de São Francisco e da Virgem Maria eram bem diferentes das dela, mas eu podia passar horas criando altares e conversando com santos, e assim ela me deixava em paz. Quando eu não estava em casa, passava o tempo na floresta, perto do riacho, junto à minha árvore favorita. Lá eu me sentia em casa, segura e protegida.

Minha mãe me permitia ficar sozinha pelo tempo que eu quisesse, porque, quando estávamos juntas, acabávamos tendo atritos. Ela me chamava de sabichona e me dizia que um dia eu me veria em maus lençóis por isso. É claro que ela estava certa. Com alguma frequência, eu arrumava problemas com as freiras na escola – especialmente quando questionava algo que não fazia sentido para mim, como a Ressurreição de Cristo. "Como Jesus saiu do túmulo, irmã?", perguntei no segundo ano. "Ele já estava morto fazia três dias e tinha uma pedra enorme na abertura da caverna."

Ao fazer essa pergunta, fui imediatamente expulsa da aula e mandada direto para a sala do diretor. De lá fui enviada para casa, onde minha mãe ficou furiosa por eu ter ofendido as irmãs. Em outra ocasião, também no primeiro ano, a freira quebrou uma régua de madeira no meu braço, o que causou um galo tão grande que ela ficou com medo de me mandar para casa. Ela não precisava ter ficado com medo. Quando cheguei em casa, fui punida por ter tirado a freira do sério.

O início da juventude foi um pesadelo. Quando me apaixonei pelo meu primeiro namorado, aos 17 anos, minha mãe decidiu que eu estava possuída pelo diabo e marcou um encontro com o padre local para me exorcizar. Felizmente, ele cancelou. Ela não parava de me alertar que era melhor eu não voltar para casa grávida, mas me protegia tanto de tudo que eu nem sabia como isso poderia acontecer! Minha mãe não tinha me iniciado nos mistérios da mulher. Aos 21 anos, eu já sabia de tudo e acabei tornando realidade tudo que ela mais temia, ao chegar grávida e noiva em casa. Ela fez um escândalo e me chamou de prostituta. Meu corpo grávido, do qual eu estava tão orgulhosa, foi desprezado e ridicularizado.

Isso são águas passadas, que foram turbulentas em um momento mas já estão calmas hoje. Ao examinar como essa ruptura com o feminino afetou minha vida, tenho consciência de que não dei ouvidos ao meu corpo, ignorei suas necessidades e o levei além da exaustão, em direção à doença. Não valorizei as habilidades que desenvolvo com facilidade; ignorei minha intuição. Me senti culpada por tirar um tempo para relaxar ou para gestar. Esperei luta em vez de facilidade e não desfrutei plenamente desse precioso dom da vida. Ouço histórias semelhantes de outras mulheres que, na infância, foram instruídas a trabalhar muito, produzir, ser gratas e ignorar seus sentimentos. Não havia expectativa de uma vida fácil e *desfrutar* da vida era algo inaudito. Pelo contrário, o que ouviram foi: "A vida é dura, a vida não é justa. Se quiser relaxar, fique observando a grama crescer."

Ao trabalhar grande parte da raiva que permaneceu reprimida durante a infância e a adolescência, encontrei uma cura profunda na arte de ser mãe. Exercer a maternidade e, depois, ser professora me ensinaram a acolher, empoderar e brincar com os outros. Como muitas mulheres que não tiveram uma boa relação com a mãe na infância, encontrei minha cura mais profunda no papel de mãe ativa. Com 30 e poucos anos, procurei uma Mãe no amor e na aprovação das mulheres mais velhas que foram minhas mentoras ou colegas de trabalho. Com quase 40, me casei novamente após conhecer um homem que se sentia muito confortável com sua própria natureza feminina. Fui profundamente nutrida por seu amor.

Prezo meu relacionamento com minha irmã e minhas amigas e há anos estou envolvida em grupos e rituais femininos para honrar os ritos de passagem da mulher, mas ainda tenho um desejo urgente de me conectar com a Mãe. Parte disso resulta, por um lado, da consciência de que nunca poderei ter algumas conversas com minha própria mãe e, por outro, de um desejo de ser inteira.

Eu sei que a ruptura mãe/filha afeta minha relação com o feminino interior. Sei também que só estarei completa quando conseguir curar essa ferida. Sinto a impotência de um recém-nascido separado da mãe. Para curar essa ruptura interior, preciso desenvolver uma mãe acolhedora dentro de mim mesma.

A mãe como destino

Não importa se nossa mãe era carinhosa ou fria, encorajadora ou manipuladora, presente ou ausente, nossa relação interior com ela está integrada em nossa psique como o *complexo materno*. James Hillman avalia como esse complexo é a base de nossos sentimentos mais permanentes e irreprimíveis em relação a nós mesmos:

> A pessoa encara a mãe, como o destino, sempre e de novo. Não apenas o conteúdo dos sentimentos, mas a própria função se vale dos padrões das reações e valores que ganham vida na relação mãe-filho. O modo

como nos sentimos sobre nossa vida corporal, nossa confiança e autoestima física, o tom subjetivo com que entramos ou saímos para o mundo, os medos e culpas básicos, a forma como entramos no amor e nos comportamos na proximidade e intimidade, nossa temperatura psicológica de frieza ou calor, o jeito como nos sentimos quando estamos doentes, nossos modos, nosso gosto e estilo de nos alimentar e de viver, estruturas habituais de relacionamento, padrões de gesto e tom de voz, tudo isso traz as marcas da mãe.[2]

Para uma mulher, o complexo materno tem enormes implicações em relação à sua autoidentidade e seus sentimentos sexuais, e estes podem não ter nada a ver com a forma como ela percebe o conforto ou desconforto de sua mãe com seu próprio corpo. Hillman continua:

Essas influências sobre a função sentimento não precisam ser copiadas da mãe ou mesmo contrárias às dela para que o complexo materno mostre seu efeito. O complexo materno não é minha mãe; é meu complexo. É a maneira como minha psique assimilou minha mãe.[3]

Se a psique da mulher "assimilou" a mãe de forma negativa ou destrutiva, ela se separa de sua natureza feminina positiva e tem muito trabalho a fazer para recuperá-la. Se as atitudes de sua mãe ameaçam sua sobrevivência como mulher, ela pode se identificar estreitamente com o masculino, buscando nele a salvação. Muitas mulheres encontraram o aspecto espontâneo, divertido, prazeroso e acolhedor do feminino na figura paterna.

A natureza da ruptura mãe/filha também é determinada pela forma como a mulher integra a Mãe arquetípica em sua psique, o que inclui a Mãe Terra e a visão cultural do feminino.

Nossa psique coletiva teme o poder da Mãe e faz tudo que pode para degradá-lo e destruí-lo. Não valorizamos seu acolhimento; usamos, abusamos e dominamos a matéria (*mater*) toda vez que temos a oportunidade. A cada barril de petróleo derramado no Golfo do Alasca, a cada tonelada de resíduos nucleares armazenada no deserto do Novo México, a cada árvore sufocada pela chuva ácida, revela-se nossa enorme arrogância e nosso desrespeito por ela.

Ao longo de séculos, nossas igrejas vêm empurrando a face feminina de Deus para o subsolo, destruindo sua imagem e usurpando seu poder em benefício dos deuses masculinos. Como podemos nos sentir ligados ao feminino quando a cultura ao nosso redor faz tudo ao seu alcance para nos fazer esquecê-lo? Nós nos curvamos diante dos deuses da ganância, da dominação, da ignorância e zombamos das imagens femininas de resistência, equilíbrio e generosidade. Violamos, saqueamos e destruímos a terra e esperamos que ela nos dê infinitamente. Essa ferida mãe/filha é profunda e será preciso muito trabalho para curá-la.

A busca pela mãe pessoal

Eu me pergunto se a dor associada à ruptura mãe/filha tem origem no nascimento, quando a filha não está mais fundida com a mãe e anseia por aquele ambiente seguro e protegido para contê-la mais uma vez. Em algum lugar de nossa psique, todos nós ansiamos pelo calor do líquido amniótico, banhando-nos gentilmente e embalando-nos para a vida. Sentimos falta do som reconfortante do coração de nossa mãe pulsando dentro de nós. Se a separação da mãe ocorrer muito cedo ou a conexão com a mãe se perder ao nascer, a mulher buscará a mãe ao longo de toda a vida.

Rose-Emily Rothenberg escreve sobre a experiência de uma criança que se tornou órfã ao nascer:

> Desde muito cedo, a mãe representa o *Self*. Uma conexão viva com a mãe que expressa essa importante projeção de vida é crucial para o sentimento de segurança e autoestima do recém-nascido. A mãe também expressa uma conexão que vai até a terra. Quando há danos a essa relação primária fundamental, o ego [da criança] volta-se prematuramente para si mesmo, reduzido a seus próprios recursos. A criança então experimenta o abandono...[4]

Sentir-se abandonada pela mãe é um problema também para mulheres que não são órfãs. Quer a mãe estivesse fisicamente presente ou não, sua ausência emocional e espiritual é sentida pela criança como abandono. Pessoas sobreviventes de incesto que foram molestadas por parentes homens e pessoas adultas filhas de alcoólatras relatam a dor lancinante que sentem por terem sido abandonadas pela mãe, que estava sobrecarregada ou envolvida demais nos próprios problemas para ser protetora e estar presente para os filhos. Ao longo da vida, essas crianças continuam a pedir atenção, aprovação e uma definição de si mesmas em sua necessidade urgente de acolhimento por uma mãe.

Se a mulher reconhece a ferida de seu feminino interior e sua mãe ainda está viva e disponível, ela pode tentar curá-la, renovando e transformando essa relação inicial. Ela entende a própria fragmentação por ser uma filha sem acolhimento materno e tenta construir uma nova ligação. Em seu artigo "Como a filha do pai encontrou a mãe", a psicanalista junguiana Lynda Schmidt escreve sobre como estabeleceu uma relação com sua mãe, Jane Wheelwright, na meia-idade.

Schmidt teve a própria natureza como mãe, crescendo com pouca supervisão em um rancho, da mesma forma que sua mãe. Ela cresceu à maneira de Ártemis, sem supervisão, exceto pelos vaqueiros que exerciam a figura do "bom pai". "Devido a sua visão e sua motivação próprias, meus pais tinham negócios no mundo que não poderiam incluir a criação convencional dos filhos. Para mim, então, o maior recurso da minha vida era a natureza selvagem (que é a Grande Mãe/*Self* Feminino), mas de uma forma desarticulada. Meu princípio materno era, portanto, um arquétipo, uma atmosfera, uma geografia. Havia um mínimo de carne e osso de maternidade pessoal..."[5]

Ela descobriu que a "Grande Mãe-Rancho" era um excelente modelo para o mundo feminino, o que lhe proporcionou uma forte conexão com seu eu instintivo e biológico. No entanto, até a metade da vida, Schmidt teve pouca conexão com sua mãe. Naquela época, ela leu a transcrição original do livro de sua mãe, *Em busca da vida*, que é basicamente uma história de mãe/filha, contando a relação de Wheelwright com uma paciente terminal de câncer. Pela primeira vez, Schmidt teve a experiência de ver sua mãe como mãe. Embora a história fosse sobre o relacionamento de sua mãe com outra jovem, Schmidt conseguiu sentir sua capacidade de ser "maternal e preocupada, até talvez comigo. E esse sentimento abriu a segunda metade da minha vida".[6]

Schmidt encontrou um ponto em comum com sua mãe quando as duas passaram um tempo juntas no rancho, que havia sido mãe das duas. Lá, desenvolveram uma igualdade, uma relação de sororidade. Descobriram que podiam se encontrar em seu amor mútuo pelos cavalos e no mundo das ideias, trabalhando a relação mãe/filha em seus escritos e apresentações. A partir daí, passaram a compartilhar sua cura com outras mulheres através de oficinas sobre a relação mãe/filha.

Mulheres cuja mãe morreu ou não estava disponível por outros motivos procuram a mãe em sonhos, na natureza e em sua arte. No livro *Persephone's Search for Her Mother* (A busca de Perséfone pela mãe), Patricia Fleming escreve sobre seu anseio pela Mãe. Fleming ficou órfã quando sua mãe faleceu, 28 horas após seu nascimento, no Uruguai. Ela foi criada durante os primeiros cinco anos de vida pela avó e depois foi dolorosamente separada dela quando seu pai voltou a se casar. Ela procurou a mãe em seus relacionamentos com o marido, a filha, amigos e conhecidos, mas só conseguiu curar a ferida interior do feminino quando sua filha, que estava grávida, quase morreu, tendo perdido, porém, o bebê. Ela chorou por sua mãe, por sua avó, pela dor de sua filha e pelo bebê não nascido.

> Naquela primavera, quando as íris se abriram em flor, descobri que queria pintar essas flores, nada além de íris. Pintar essas formas profundamente femininas parecia preencher alguma necessidade em mim e construir uma ponte para o feminino profundo dentro de mim. Na história de Deméter, você se lembrará que Zeus acaba sentindo pena de Deméter e de suas lágrimas e envia a deusa Íris "em suas asas de ouro", segundo Homero, como um gesto de reconciliação. No mito, foi a primeira ponte de ouro para a mãe – Deméter, a terra – *para o comum*."[7]

Fleming continuou seu processo de cura com uma peregrinação à Grécia, que lhe pareceu ser a terra da Mãe. Lá, ela visitou os locais sagrados da Deusa, reverenciando Ártemis, Ísis e Deméter. Sua primeira experiência com Deméter foi no pequeno museu em Tegea, onde o entalhe de Deméter lhe lembrou tanto sua avó que ela sentiu um reconhecimento imediato de aceitação. Em Elêusis, ela se sentou no Poço Sagrado de Deméter, sentindo uma profunda emoção com o choque e o trauma vividos por Deméter em sua separação de Perséfone. Fleming finalmente sentiu que seu sofrimento tinha algum significado, sentindo-se então restaurada e redimida por sua afinidade com Deméter.

Depois dessa experiência, um sonho que a avó de Fleming teve a ajudou a fazer as pazes com sua busca pela mãe. No sonho, ela perguntava à sua avó já falecida onde ela gostaria de ser enterrada. A avó respondia que a escolha era dela, mas se ela decidisse levá-la para casa, estaria sempre com ela. Fleming concordou em levar o caixão para casa e colocá-lo em sua sala de estar. Nesse sonho, ela percebeu que havia internalizado a Mãe/Avó. Sua busca por sua mãe havia de fato terminado.[8]

A divina cotidianidade

As mulheres que carregam uma ferida profunda em relação à mãe costumam buscar a cura na experiência cotidiana. Para muitas, isso toma a forma da *divina cotidianidade*: ver o sagrado em cada ato cotidiano, seja lavando a louça, limpando o vaso sanitário ou tirando as ervas daninhas do jardim. A mulher é acolhida e curada ao se estabelecer no cotidiano. Durante esse período de recuperação do feminino interior, é muito frequente que ela se identifique com Héstia e encontre a Sábia Mulher Interior.

Em *Meditações pagãs*, Ginette Paris nos conta: "Héstia é o centro da Terra, o centro do lar e nosso centro pessoal. Ela não deixa seu lugar, nós é que devemos ir até ela."[9] Ela é o lugar de nossa sabedoria interior. Na Grécia Antiga, Héstia era tanto a deusa virginal do lar quanto o fogo da lareira. A lareira representa o centro de um lar, um abrigo, o lugar onde a família e os amigos se reúnem em companheirismo. Os valores associados a Héstia são o calor, a segurança e o relacionamento humano. A Héstia de uma família ou organização é a "aranha" que tece as teias, cuida dos detalhes e sabe o que cada um está fazendo.

Como as mulheres assumiram um papel mais importante no mundo exterior, a lareira da família foi deixada sem vigilância e o espírito de conexão e acolhimento se deteriorou. O valor do feminino como centro da família tem sido amplamente ignorado considerando a desvalorização da mulher pela sociedade. Como o lar e o círculo familiar perderam significado, também nós nos esquecemos de valorizar e proteger nosso planeta natal. As mulheres tiveram que deixar o lar para lembrar à humanidade a importância de cuidar do corpo físico de cada um e do corpo de nosso lar coletivo, o planeta Terra.[10]

Cura na natureza e na comunidade

Hoje, muitas mulheres estão dando um novo foco à arte da filiação. Em seu desejo de curar a ruptura com seu feminino interior, elas estão alcançando outras mulheres, unindo-se para falar de sua experiência do sagrado, honrando sua conexão com Gaia e passando por ritos femininos de passagem através de encontros de mulheres e buscas visionárias.[11] Curar a ruptura mãe/filha não é uma jornada puramente individual: para ouvir a própria voz e afirmar sua direção, uma mulher precisa de uma comunidade de apoio.

Na natureza, a mulher encontra a cura para sua busca fatigante nos braços de Gaia, a Mãe original. "Ela é mais solo que mãe e muito vasta, muito distante para ter as características geralmente associadas a uma mãe humana."[12] Toda matéria viva nasce dela. Seu seio generoso nos lembra nossa fertilidade. Ela nos reflete nossa própria natureza cíclica: o tempo para hibernar e o tempo de dar à luz. As primeiras flores da primavera, os gansos voando para o norte, os ventos soprando na relva alta e a desova do salmão nos lembram a renovação da vida. O solstício de inverno, por sua vez, nos dá permissão para descansar e reunir nossos sonhos.

As mulheres mais uma vez estão se unindo para celebrar as estações e honrar sua conexão com as fases da lua. As mães começaram a criar ritos da primeira menstruação com suas filhas pubescentes e a celebrar sua própria cessação do fluxo sanguíneo com ritos da menopausa. Através da busca visionária pela natureza selvagem, as mulheres encontram a coragem de superar seus medos pessoais enquanto são apoiadas por uma comunidade de mulheres de todas as idades. Elas cantam, dançam e jejuam juntas e ouvem sozinhas, em silêncio, as histórias da irmã serpente, do irmão falcão e da irmã lua. Elas rezam por uma visão de seu verdadeiro caminho. As mulheres estão compartilhando seus sonhos de um futuro que incorpora valores do coração, de uma linguagem que é inclusiva e de imagens que celebram a vida.

A Avó como guia

Muitas mulheres invocam a imagem da Avó como um guia para os reinos misteriosos do feminino. A avó de uma mulher pode ser lembrada como um porto seguro, uma fonte de nutrição, uma cuidadora em tempos de doença. Como Hécate, a Avó Aranha e Héstia, ela personifica qualidades de *insight* feminino, sabedoria, força e acolhimento que podem estar faltando na vida cotidiana de uma mulher. Invocamos as qualidades do aspecto feminino da mulher idosa para nos ajudar a atravessar as transições difíceis.

Durante um período difícil em que tentava entender o rumo que tomava todo o trabalho de sua vida, a psicoterapeuta Flor Fernandez, então com 20 e poucos anos, invocou a imagem de sua avó, Patricia, de Cuba.

Ela conta: "Minha avó sempre foi uma fonte de inspiração e força para mim. Cresci cercada por sua aura de proteção e cura. Eu a via curar os outros com suas orações, suas ervas e seus rituais. Eu era uma menina curiosa, e ela sempre encontrava tempo para falar comigo sobre o trabalho dela como curandeira. Quando eu tinha 5 anos, fiquei muito doente com mau-olhado. De acordo com as crenças, essa doença acontece quando alguém é olhado por uma pessoa que tem energia ou pensamentos negativos. Os sintomas são vômitos e diarreia, que eram os que eu tinha.

"Minha avó me levou para seu quarto de cura, acendeu velas e começou a cantar e a rezar. Minutos depois, eu estava bem e pronta para sair e brincar com meus amigos. No entanto, minha avó me disse para ficar no quarto e me ensinou uma oração de proteção, chamando um guia espiritual para me ajudar em ocasiões futuras.

"Deixei minha avó quando eu tinha 15 anos, para vir para os Estados Unidos. Por muitos anos esqueci minha conexão com ela e seu trabalho de cura. Eu precisava assimilar uma nova cultura, em que o trabalho de minha avó era considerado superstição. Quando eu tinha 28 anos, comecei a me lembrar dela novamente. Eu estava passando por um momento difícil, o que se poderia chamar de crise existencial. Tinha perdido minhas raízes e minha alma, estava me sentindo vazia e perdida.

"Na época, fui a uma oficina sobre a morte, o morrer e sonhos, e houve um momento na oficina em que olhei para a líder e vi o rosto da minha avó. Senti uma corrente de energia entrando diretamente no meu coração, elevando-me a um reino de conhecimento que eu havia esquecido. Naquela noite eu sonhei com ela. Ela veio até mim e disse: 'Lembre-se, minha filha, das vezes em que eu a sentava no meu colo e conversava com você sobre a cura com ervas, sobre como colhê-las na hora certa para que a força e o poder da planta fossem preservados. Passávamos muito tempo falando sobre a natureza humana e sobre forças que não são vistas, mas sentidas. Você era uma criança diferente, e eu reservei tempo para estar com você porque sabia que, no futuro, você poderia dar continuidade aos meus ensinamentos. Você esqueceu, como eu já esqueci uma vez, o mistério de nossa natureza feminina.'"[13]

Esse sonho foi o início da jornada de Fernandez para se tornar uma curandeira. Ela começou pela cura do próprio corpo e continuou a canalizar essa energia para a cura de outros. Muitas outras mulheres se lembram dos dons e talentos particulares de suas avós ao retomarem a própria natureza feminina.

A mulher como criadora de mitos

A criação de mitos é um processo contínuo e os mitos são necessários para organizar a vida. Ao discutir a definição de mito no contexto da poesia, Mark Schorer observa: "Os mitos são os instrumentos pelos quais lutamos continuamente para tornar nossa experiência inteligível para nós mesmos. Um mito é uma imagem ampla e controladora que atribui sentido filosófico aos fatos da vida comum, ou seja, que tem valor organizador para a experiência. Uma mitologia é um corpo mais ou menos articulado de tais imagens, um panteão. Sem tais imagens, a experiência se torna caótica, fragmentária e meramente fenomênica. É o caos da experiência que as cria, e elas têm a intenção de corrigi-la."[14]

Se não foi iniciada em uma mitologia feminina pela mãe ou a avó, a mulher tem que desenvolver sua própria relação com seu feminino interior, com a Grande Mãe. Isso pode explicar por que hoje tantas mulheres procuram imagens antigas de poderosas divindades e heroínas femininas para curar a ferida interior. Como a história feminina foi muito destruída, as mulheres estão voltando à pré-história para encontrar elementos da mitologia feminina que existiam antes da divisão grega do poder em múltiplos deuses. À medida que os arqueólogos descobrem culturas antigas baseadas nos princípios vitais da deusa, as mulheres recuperam o poder e a dignidade que lhes foram concedidos quando o papel da mulher era proteger a vida humana e a sacralidade da natureza.

Desde os anos 1970, as mulheres artistas criaram uma profusão de imagens representando figuras de deusas e símbolos pré-cristãos associados a elas. "Ao invocar os poderes associados ao arquétipo da Deusa, mulheres artistas como Mary Beth Edelson, Carolee Schneemann, Mimi Lobell, Buffie Johnson, Judy Chicago, Donna Byars, Donna Henes, Miriam Sharon, Ana Mendieta, Betsy Damon, Betye Saar, Monica Sjoo e Hannah Kay estão energizando uma nova forma de consciência da Deusa que, em sua manifestação mais recente, está exorcizando o mito da criação patriarcal através de uma retomada das faculdades visionárias femininas."[15]

A visão e o poder do feminino estão em representações da Virgem, da Mãe e da Velha; da aranha, da cobra e do pássaro; do vaso, da caverna e do graal; da montanha, da água e das árvores, assim como de figuras de deusas culturais específicas como Cerridwen, Lilith, Coatlicue, Kwan Yin, Iemanjá, Tiamat, Amaterasu e muitas, muitas outras. Esses trabalhos capturam a essência dos aspectos femininos de criadora, preservadora e destruidora, além de celebrarem a preservação, a reverência e a interconexão dos elementos básicos da vida.[16]

No livro *Women as Mythmakers: Poetry and Visual Art by Twentieth-Century Women* (Mulheres como criadoras de mitos: Poesia e arte visual por mulheres do século XX), Estella Lauter explica que o mito geralmente toma a forma de uma história ou símbolo excepcionalmente potente que se repete nos sonhos dos indivíduos ou tem suas origens em rituais de grupo.[17] Ela escreve: "Uma vez que o mito esteja estabelecido, é quase impossível removê-lo por meios exclusivamente racionais. O mito deve ser substituído por outra história ou símbolo igualmente persuasivo."[18]

As mulheres vêm desafiando os mitos predominantes dos antigos símbolos do feminino – a exemplo de Eva, ainda usada para distorcer o poder das mulheres. Ao descrever suas pinturas, a artista de Los Angeles Nancy Ann Jones afirma: "Temos que desafiar a tirania da Eva bíblica retratada como uma tentadora com um corpo profano e impuro e que foi por milhares de anos responsabilizada pela humanidade pelo pecado original. Esse mito reforçou a posição de que as mulheres devem ter sempre uma cidadania de segunda classe, pois foram criadas depois de Adão, a partir de sua costela. Em todas as proibições impostas às mulheres, Eva é usada como validação."[19]

Jones prossegue explicando os símbolos, em sua obra *Challenging Myth III* (Mito desafiador III): "Aqui, eu retratei Eva diante do labirinto inscrito no chão de Chartres, porque a Catedral de Chartres foi construída em um local que era sagrado para a deusa antes da existência do Cristianismo. Séculos antes de o Antigo Testamento ser escrito, a Deusa era adorada e a sexualidade da mulher era sagrada. Quero ver a sexualidade da mulher restaurada a seu poder e dignidade originais."[20] Artistas como Jones, que criam novas histórias e símbolos sobre o feminino, estão curando a própria natureza feminina nesse processo.

A origem das imagens da Deusa

Os primeiros símbolos da Deusa provavelmente tiveram origem na reverência humana pela criação feminina no parto. As imagens da mãe se tornaram sagradas. Mayumi Oda, uma artista que nasceu no Japão durante a Segunda Guerra Mundial e que mais tarde se mudou para os Estados Unidos, começou a pintar a Deusa nos anos 1960, época em que teve seus filhos. Ela estava preocupada com a ideia de dar à luz durante o período da Guerra do Vietnã, mas também estava determinada a encontrar uma imagem feminina positiva com a qual pudesse se identificar para lhe dar o poder de criar e viver. Oda não tinha nenhum conhecimento consciente prévio da Deusa nem um desejo de pintá-la. As imagens simplesmente brotaram dela.

"Naquela época, eu estava trabalhando com gravuras usando tinta preta. A gravura em água-forte utiliza muito o preto. Dessa semente escura surgiu essa enorme mulher com grandes seios fartos. Eu a intitulei 'O nascimento de Vênus', e isso foi definitivamente o nascimento de minha própria Deusa."[21]

Oda continuou explorando os diferentes aspectos de si mesma através do imaginário da deusa durante os 20 anos seguintes.

"Quando eu não conhecia minha raiva muito bem, tentei fazer deusas pacíficas. Fiz um quadro de Kwan Yin como uma deusa compassiva, segurando uma espada, e o intitulei de 'Ó Deusa, dai-nos força para atravessar'. Entendi que a compaixão não é mera piedade, e sim algo mais implacável.

Nos últimos anos, tenho trabalhado com a Dakini Negra, que é o aspecto agressivo do feminino, o lado guerreiro. Somente através da prática da gentileza comigo mesma pude fazer isso. Quando eu estava com raiva, não conseguia fazer. Não é a raiva que eu queria expressar; ela está além disso. É o dualismo que precisamos superar para ir além e encontrar nossa morte."[22]

Muitos artistas abordam a ligação entre a Deusa e a natureza. Buffie Johnson, uma artista de Nova York com quase 80 anos, pinta a Deusa em suas formas da natureza desde criança. "Fui chamada para este trabalho quando era muito jovem, mas não sabia disso na época. Quando eu tinha 7 ou 8 anos, eu morava na casa de um parente mais velho que era comandante naval, em Duxbury, Massachusetts, com minha tia e minha avó, e naquela época fiz 40 ilustrações de espíritos do sol, da lua, das estrelas, do vento norte e do vento leste, da terra e do céu. Todas eram mulheres em poses diferentes."[23]

Aos 30 e tantos anos, Johnson começou a colecionar imagens da Grande Mãe. Ela se deu conta de que estava representando a deusa da vegetação em suas pinturas florais. "Um dia acordei e disse: 'Bem, estou pintando a deusa da vegetação porque fiz o botão, a flor, o fruto, a vagem e a raiz, todo o ciclo da Senhora da Vegetação.'" Ela então pesquisou a Deusa durante 35 anos e compilou suas descobertas referentes aos primeiros artefatos conhecidos feitos pela humanidade para provar a existência da Deusa em seu livro intitulado *Lady of the Beasts* (Senhora das bestas-feras).

Quando lhe perguntei por que ela pintou a Deusa, Johnson respondeu: "A Terra está em perigo e nós estamos em perigo porque somos parte da Terra. Ao contrário da noção cristã de que plantas, animais, minerais e mares estão aqui para servir à humanidade, estamos interconectados e precisamos aprender a nos unir com o mundo, em vez de controlá-lo."[24]

A mulher do sonho sombrio

As mulheres de hoje sonham com mulheres fortes, acolhedoras, que não têm necessidade de dominar os outros para exibir poder e vão até a mulher sonhadora para despertá-la para uma nova ordem. Elas sonham com a escuridão, com a necessidade de enfrentar a dura realidade da vida e da morte, com a possibilidade de cataclisma, sofrimento e psicose. Muitas sonhadoras encontram uma mulher grande, poderosa, de pele escura, que as acolhe e as recria.

Após uma cirurgia renal, uma mulher de 40 e poucos anos teve o seguinte sonho, no qual experimentou a descida, o encontro com a mulher do sonho sombrio e a cura de sua ferida feminina:

"Percebo que estou descendo para o inferno. Visto minha capa de chuva vermelha. Quero voltar para o mundo terrestre.

"Estou rodeada de esqueletos e demônios. Minha pele é devorada e retirada do meu corpo por dentes ferozes. Sou ossos caminhando entre ossos. O vento começa a soprar e eu me sinto muito seca. Estou em um deserto, meus ossos secam e se desfazem em um monte de pó. Uma gota d'água clara cai no montículo de pó de ossos que sou eu.

"Uma mulher de pele escura, talvez africana ou indiana, toca o pó com os dedos e o transforma numa lama pastosa. Ela começa a me refazer. Começa pela minha vagina. Meu corpo humano começa a chorar. Ela faz de mim uma mulher em primeiro lugar.

"Quando meu corpo está completo, vejo que é o mesmo corpo em que estou agora. Minha cicatriz da cirurgia ainda está lá. Meus seios ainda estão flácidos da amamentação. Ah, é este o corpo que tenho para este mundo. Ainda não morri. Estou viva neste corpo e neste mundo. Um corpo transformado é para outro lugar."

Esse foi um poderoso sonho transformador que pressagiava enormes mudanças na percepção que essa mulher tinha de si mesma e de sua vida. A mulher do sonho sombrio também pode trazer uma mensagem direta para a sonhadora.

Recentemente, tive um sonho no qual uma mulher negra e bem magra estava sentada em minha cozinha e começava a rolar limões pela tábua de corte com a palma da mão aberta. Ela usava um roupão. Ela olhou para mim um pouco cansada, mas com olhos vívidos, e disse: "Garota, eu viajei o mundo inteiro em busca do meu trabalho e voltei para casa para escrever. Encontre suas palavras, garota."

As palavras da mulher

Quanto mais e mais pessoas criam imagens e histórias do sagrado feminino, mais elas se solidificam na linguagem e influenciam a experiência dos outros. Susan Griffin renomeou a terra como "irmã", em vez de mãe, prostituta ou velha, e, ao fazê-lo, nos deu um amor acessível pela natureza que não está separada de nós.

Em seu poema "This Earth: what She is to Me", Griffin identifica sua dor, sua empatia, seu eros e seu refúgio na relação com a Terra como irmã. Suas palavras trazem uma cura profunda.

> Ao entrar nela, ela perfura meu coração. À medida que me aprofundo, ela me desvela. Quando alcanço seu centro, estou chorando copiosamente. Eu a conheci durante toda a minha vida, e agora ela me revela histórias, histórias que são revelações e eu me transformo. Cada vez que vou até ela, eu nasço assim. A sua renovação me inunda sem parar, suas feridas me acariciam; tomo consciência de tudo o que se passou entre nós, do ruído entre nós, da cegueira, de algo que dorme entre nós. Agora meu corpo se entrega a ela, eles dialogam sem esforço; eu aprendo que em nenhum momento ela falhará comigo em sua presença. Ela é delicada como eu; conheço sua senciência; sinto sua dor e minha própria dor se internaliza em mim, e minha dor cresce e eu agarro essa dor com minhas mãos, e eu abro a boca para essa dor, eu sinto seu gosto, eu a conheço, e sei por que ela continua com esse enorme peso, com essa enorme sede, na seca, na fome, com inteligência em cada ato, ela sobrevive ao desastre. Esta Terra é minha irmã. Amo sua graça diária, sua ousadia silenciosa, e como sou amada, *como admiramos esta força uma na outra, tudo que perdemos, tudo que sofremos, tudo que sabemos: estamos atônitas com esta beleza,* e não esqueço: o que ela é para mim, o que eu sou para ela."[25]

Retomando a escuridão: recuperando a louca

Abri este capítulo com a citação de Madonna Kolbenschlag sobre restaurar e curar constelações femininas em contos de fadas porque sinto que é imperativo recuperar e reintegrar as partes reprimidas do feminino que são personificadas como bruxas, madrastas malvadas e mulheres loucas. Os contos de fadas costumam ser contados da perspectiva de uma garotinha (ou garotinho) e giram em torno de seu relacionamento com pais, irmãos, criaturas mágicas e pessoas que ela encontra ao longo do caminho. Ouvimos como ela responde ao tratamento bom ou ruim dos outros, como enfrenta os desafios ao longo de sua jornada e como finalmente alcança sua dádiva do sucesso ou da reconciliação.

Madrastas, bruxas e loucas são comumente retratadas como mulheres que impõem obstáculos para a criança em desenvolvimento. Elas são descritas como malvadas, cruéis, distantes, manipuladoras, ciumentas e gananciosas. Seus atos perversos são geralmente punidos com a morte. A bruxa é empurrada para dentro do forno em "João e Maria"; a madrasta de "Branca de Neve e os Sete Anões" dança até a morte ao calçar sapatos que foram aquecidos sobre brasas quentes; e a Bruxa Má do Oeste derrete em *O Mágico de Oz*.

No conto de fadas, há pouca preocupação com as origens da crueldade da madrasta ou da bruxa malvada; apenas supomos que ela sempre foi assim. Nunca ouvimos seu lado da história sobre a criança chorona, desobediente e manipuladora que é, é claro, a "menina dos olhos" do pai. A perversa madrasta representa a decepção de toda criança por não ter a mãe "perfeita", aquela mãe imaginária sempre disponível, sempre compreensiva e incondicionalmente amorosa.

Por sua vez, há um conto popular no qual a filha abre a porta e aceita a mãe de volta, curando aquelas partes reprimidas do feminino que escolhemos não ver ou nos recusamos a aceitar e compreender. Essa narrativa conta a história de uma filha rejeitada que cura a renegada dentro de si mesma curando a louca, que é sua mãe. Essa narrativa me foi contada pela primeira vez pela contadora de histórias Kathleen Zundell. O que se segue é minha versão desse conto.

Era uma vez uma mulher com quatro filhas. Ela amava suas filhas um, dois e três, que eram inteligentes, louras e lindas, mas odiava a caçula, a de número quatro, que era apenas como era. Todos os dias, essa mulher saía para buscar comida para as filhas. Ao voltar, suas filhas a ouviam cantar:

Minhas queridas filhas,
Um, dois e três,
Venham para a mamãe, venham para mim.
Mesmeranda, filha quatro,
Fique atrás da porta da cozinha.

As meninas corriam para a porta para deixar a mãe entrar, mas Mesmeranda ficava atrás da porta da cozinha. Então a mãe preparava o jantar para as três filhas mais velhas e, enquanto comiam juntas, conversando e rindo, jogavam as sobras para Mesmeranda. As meninas mais velhas cresceram e se desenvolveram, mas Mesmeranda permaneceu magra e frágil.

Mas, lá fora, um lobo faminto observava as idas e vindas da mãe e queria devorar suas três filhas gordinhas. Ele pensou que poderia pegá-las cantando a canção da mãe. O lobo praticou durante dias e noites, até que, numa tarde, enquanto a mãe estava fora, ele foi até a porta e cantou:

Minhas queridas filhas,
Um, dois, e três,
Venham para a mamãe, venham para mim.
Mesmeranda, filha quatro,
Fique atrás da porta da cozinha.

Mas nada aconteceu. As meninas não abriram a porta, porque a voz do lobo era grave e rouca. Frustrado, o lobo foi procurar o coiote. "Eu preciso ficar com a voz de uma mãe", disse ele. "Faça minha voz soar aguda e doce." O coiote olhou para o lobo e perguntou: "O que você vai me dar em troca?" E o lobo respondeu: "Vou lhe dar uma das filhas." O coiote então afinou a voz do lobo, que voltou à casa e cantou:

Minhas queridas filhas,
Um, dois, e três,
Venham para a Mamãe, venham para mim.

Mesmeranda, filha quatro,
Fique atrás da porta da cozinha.

Dessa vez, a voz do lobo estava tão aguda que voou ao vento. As meninas riram e disseram umas para as outras: "Ah, são apenas as folhas sussurrando", e não abriram a porta. Algum tempo depois, a mãe voltou e cantou sua canção para as filhas. Imediatamente elas abriram a porta e novamente as quatro comeram, deixando as sobras para Mesmeranda.

No dia seguinte, o lobo voltou para reclamar com o coiote: "Você deixou minha voz muito fina. Conserte-a para que eu soe como uma mulher." O coiote lançou um feitiço sobre o lobo e o lobo voltou para a casa das filhas. Dessa vez, ele cantou exatamente como a mãe:

Minhas queridas filhas,
Um, dois, e três,
Venham para a mamãe, venham para mim.
Mesmeranda, filha quatro,
Fique atrás da porta da cozinha.

Quando as meninas correram para receber a mãe, o lobo as enfiou em um saco e as levou embora. Mesmeranda permaneceu atrás da porta da cozinha.

Mais tarde naquele dia, a mãe voltou e cantou à porta:

Minhas queridas filhas,
Um, dois, e três,
Venham para a mamãe, venham para mim.
Mesmeranda, filha quatro,
Fique atrás da porta da cozinha.

Ninguém foi até a porta, então ela cantou sua canção novamente. Novamente ninguém foi recebê-la, e ela começou a temer o pior. Então ouviu uma voz fraca cantando:

Mamãe, suas filhas
Um, dois, e três

Não podem mais ouvir, não podem mais enxergar.
Elas foram embora, além da terra e do mar.
Mesmeranda está aqui, olhe para mim.

A mãe abriu a porta e, quando não viu suas filhas amadas, saiu correndo de casa como uma louca, arrancando os cabelos e cantando sua canção sem parar.

Mesmeranda se levantou, viu a sala vazia e saiu pela porta aberta. Ela começou sua jornada, fez seu caminho no mundo e, por fim, se casou com o filho do imperador.

O tempo passou. Um dia, uma velha louca de cabelo desgrenhado e emaranhado como um ninho de vespas foi ouvida cantando ao portão do palácio:

Minhas queridas filhas,
Um, dois, e três,
Não podem mais ouvir, não podem mais enxergar.
Mesmeranda, filha quatro,
Ouça-me agora, estou à sua porta.

As pessoas riam quando passavam por ela e os guardas do palácio a mandavam embora. Mas todo dia ela retornava, vestindo andrajos esfarrapados, e cantava:

Minhas queridas filhas,
Um, dois, e três,
Não podem mais ouvir, não podem mais me enxergar.
Mesmeranda, filha quatro,
Ouça-me agora, estou à sua porta.

Então chegou à imperatriz a notícia de que havia uma louca nas ruas cantando para sua filha Mesmeranda. Mesmeranda disse: "Eu não conheço nenhuma louca e não tenho mãe."

Um dia, Mesmeranda estava semeando flores no jardim do palácio e ouviu seu nome no refrão da mulher louca. Ela abriu o portão e olhou para o rosto da louca. Foi então que viu sua mãe. Ela pegou sua mão e a levou para dentro.

"Mamãe", disse ela, "as outras se foram. Mas olhe para mim. Eu sou Mesmeranda. Você não me amava antes e eu ficava atrás da porta da cozinha. Mas agora estou aqui e vou cuidar de você." Então ela banhou sua mãe, a vestiu e penteou seus cabelos.

Recuperando o poder do feminino

Mesmeranda aceita a mãe de volta, limpa-a, veste-a e cuida dela. Ela abre seu coração e aceita a Louca que é a mãe que a rejeitou. Cada uma de nós precisa aceitar de volta o feminino descartado para recuperar nosso pleno poder feminino. Se a mulher continua ressentida com a mãe por não ter recebido o cuidado materno, ela permanece ligada a essa mulher, uma filha numa eterna espera. Ela se recusa a crescer, embora para o mundo exterior pareça agir como uma adulta madura. Lá no fundo, ela se sente sem valor e incompleta. No livro *A virgem grávida*, Marion Woodman chama essa parte renegada de nós mesmas de "a virgem grávida": "a parte que se torna consciente quando mergulha na escuridão, minerando nossa escuridão de chumbo até conseguir trazer à luz nossa prata".[26]

Muitas mulheres não se dão conta de que se limitam na vida por causa das mensagens que receberam de suas "mães" (mãe, avó, tias e amigas da família) durante a infância. Essas ladainhas serviram para imobilizar sua mãe e continuar a acorrentar o espírito da filha: "Eu deveria ter sido...", "Eu sempre quis ser...", "Você não sabe como é doloroso não ter nada meu...", "Eu nunca tive tempo para mim mesma...", "Seu pai não me deixou...", "Não se meta em encrenca", "Não fira os sentimentos de ninguém", "Eu não aceito...", "Estou sobrecarregada...", "Eu vou ficar maluca...", "Não sei como as outras pessoas conseguem...", "Não consigo suportar esta dor".

"Não consigo suportar esta dor" era um comando direto para não sentir. Uma mãe americana de ascendência alemã disse à filha para não contar aos vizinhos nada do que sentisse: "Não fazemos isso nesta família." Se a filha dissesse à mãe que estava chateada com algo que havia acontecido com seus amigos na escola, a mãe lhe dizia para não se sentir assim. Para essa filha, recuperar a escuridão significa ir além da vergonha para resgatar *todos* os sentimentos que escondeu de si mesma, por mais assustadores que possam parecer, para que ela possa encontrar sua voz autêntica.

Uma cliente minha de quase 50 anos cresceu com uma mãe que tinha dificuldades de audição. Seu papel no relacionamento era proteger a mãe, interpretar para ela e falar por ela. Ela não tinha identidade própria, era apenas a intermediária da mãe. "Aprendi muito cedo a ser invisível. Aprendi também o que as outras pessoas queriam. Nunca tive a oportunidade de expressar o que eu queria, porque não havia ninguém para me ouvir ou para afirmar meus desejos. Eu desisti de querer. Tornei-me invisível para mim mesma. Só agora, quando me aproximo dos 50 anos, estou aprendendo como é importante ser visível tanto por fora quanto por dentro, ser reconhecida e elogiada pelo que sei e pedir o que quero."

Filhas que não tiveram uma mãe que as apoiasse na infância sentiam que precisavam saber fazer tudo por si mesmas. Essa é uma postura típica dos filhos adultos de alcoólatras. Eles têm dificuldade de pedir ajuda e de buscar aquilo de que precisam depois de adultos porque esse tipo de orientação nunca esteve disponível. Na idade adulta, continuam fazendo as coisas sozinhos, temendo que nunca possam contar com mais ninguém. Sentem que devem ter um desempenho perfeito para esconder aquilo que não sabem e que nunca lhes foi ensinado. Aprender a pedir ajuda é um grande passo para retomar seu poder pessoal.

Eu acho difícil aceitar e valorizar a louca dentro da minha mãe porque, dessa forma, terei que encarar a louca dentro de mim também. Se eu aceitar minha mãe de volta como ela é, preciso ficar em paz com o fato de que não posso fazê-la me amar do jeito que quero ser amada. Nunca terei uma "mamãe" que me ame de verdade. Uma mãe, sim, mas não uma "mamãe". Preciso aceitar minha mãe como ela é. Não posso me prender à dor de ter sido uma filha sem mãe, pois isso me impede de ser tudo que sou.

Durante um exercício de imaginação ativa de entrar em contato com meu aliado interior, a águia vem até mim e eu lhe pergunto o que é que me prende. Ela responde:

"Seu ressentimento prende você. Pare de ficar ressentida com o que falta, com o que você não recebeu da sua mãe. Isso são desculpas para si mesma. Perdoe sua mãe. Use a visão da águia para ver além de sua perda pessoal, senão seus sentimentos ficarão distorcidos. Não seja um rato, que fica preso, olhando para a ponta do próprio nariz."

9
Encontrar o homem interior com coração

Seu homem interior e sua mulher interior
têm estado em guerra
ambos estão feridos
cansados
e precisando de cuidados
está na hora
de baixar a espada
que os divide em dois

Curando o masculino ferido

Na lenda do Santo Graal, Percival buscava o Graal, o cálice usado por Cristo na Última Ceia e o antigo caldeirão da Grande Deusa. Percival se aventurou no Castelo do Graal, onde viu o Rei Pescador com uma ferida nos genitais ou na coxa, uma ferida que não cicatrizava. O próprio Graal poderia curá-lo, mas para isso ele precisava que um jovem inocente como Percival visse que algo estava errado, tivesse compaixão e lhe perguntasse: "O que te aflige?" Somente então o rei poderia dispor das qualidades curativas do Graal.

O Rei é o princípio dominante em nossa psique e em nossa cultura, e nós somos como o Rei Pescador em relação às nossas feridas. Também somos como Percival, um "perfeito tolo" graças a nossa inocência. Estamos cegos para o fato de que estamos desequilibrados. É preciso que um aspecto de nós mesmos reconheça nossa dor, tenha compaixão e pergunte: "O que te aflige?" Só então seremos curados.

Estamos separados do nosso feminino criativo e não temos uma relação com ele. Nossa mente racional o desvaloriza e o ignora. Nos recusamos a ouvir nossa intuição, nossos sentimentos e o conhecimento profundo de nosso corpo. Jean Shinoda Bolen afirma: "À medida que nos movemos cada vez mais para o reino do *logos* em detrimento de *eros*, para o lado esquerdo do cérebro em detrimento do direito, maior se tornou a sensação de alienação daquela fonte inarticulada de significado que pode ser chamada de feminino, a Deusa, o Graal."[1] Sentimos a tristeza e a solidão dessa alienação, mas não reconhecemos que esses sentimentos são resultado de um desequilíbrio dentro de nossa natureza.

O masculino é uma força arquetípica, não um gênero. Assim como o feminino, trata-se de uma força criativa que vive dentro de todas as mulheres e de todos os homens. Quando desequilibrada e *sem vínculo com a vida*, essa força se torna combativa, crítica e destrutiva. Quando está desconectado, esse arquétipo masculino pode se tornar frio e desumano, ignorando nossas limitações humanas. Seu machismo nos diz para seguir adiante, custe o que custar. Ele exige perfeição, controle e dominação; nada jamais será suficiente. Nossa natureza masculina, tal como o Rei Pescador, está ferida.

O Graal é o símbolo do princípio feminino sagrado e criativo acessível a todos nós. O Graal pode curar o Rei, assim como o feminino pode curar nossa natureza masculina. Na lenda, o Graal é sempre transportado pela Donzela do Graal, no entanto, nem Percival nem o rei enxergam esse fato. "O Graal, seu castelo e seus guardiões estão enfeitiçados devido a um ato de desrespeito, representado como insulto, violação ou agressão a suas donzelas, ou desrespeito à soberania do próprio Graal ou a sua lei através de uma atitude imprópria para com *Minne*, o amor."[2]

Assim como Percival e o rei, não reconhecemos o Graal dentro de nós. Precisamos abrir os olhos e expandir nossa consciência. Precisamos do feminino úmido, suculento, verde e afetuoso para curar o masculino ferido, seco, frágil e desmesurado na nossa cultura. Se não for assim, habitaremos uma terra estéril. Percival teve a experiência do Graal, do Castelo do Graal e do Rei Pescador ferido, mas ele não perguntou "O que te aflige?". Se quisermos nos curar, devemos tornar essa pergunta consciente. O elemento masculino desconectado e fora de controle dentro de cada um de nós nos impulsiona para além de um ponto de equilíbrio. É como um petroleiro saindo de curso, encalhando e causando uma tragédia nociva à Mãe Natureza.

O masculino desconectado

Uma força desconhecida e louca
golpeia Nossa Mãe com um barco bêbado
o lodo negro e grosso penetra Sua pele
entra em meus sonhos
contamina nossa consciência
estamos todos bêbados de óleo

nós embotamos nossos sentidos
desviamos nossos olhos
procuramos bodes expiatórios
esfregamos suas praias
limpamos seus pássaros
enjaulamos suas lontras
negamos nossa interconexão
nós vamos sujá-La novamente

Eu sofro pela Mãe Terra
ignorada
explorada em
Suas riquezas aproveitadas
o máximo possível
a ganância e a arrogância da humanidade
profanam
sujam
e
maculam
Seu corpo

*Quando vamos aprender que
estamos ferindo nossa Mãe
Tudo o que fazemos
afeta a todos
Não podemos mais ignorar
Somos árvores mar e terra
devemos deixá-La em segurança
dos nossos excessos*

Em maio de 1989, retornei do Alasca, onde trabalhei com crianças que sofriam com as sequelas do derramamento de óleo do navio *Valdez*, e me fiz a pergunta que Percival não fez: "O que te aflige?" Fiquei atônita com a capacidade de negação por parte dos porta-vozes da Exxon Oil Company ao comentar o efeito do lodo no ecossistema, na vida dos animais e no estilo de vida das pessoas que viviam nas aldeias de pescadores afetadas: "Teremos este derramamento limpo até o dia 15 de setembro de 1989", "Não morreram tantos animais assim", "Não houve mortos, então por que você está liderando grupos de luto?".

Eles mentem, ofuscam e negam a enorme destruição do meio ambiente. Demonstram pouca compaixão pela perda do sustento dos pescadores ou pela dolorosa morte de aves marinhas e lontras. Houve um enorme esforço de relações públicas para minimizar os efeitos tóxicos do vazamento de 240 mil barris de petróleo. A Exxon e a Secretaria de Turismo do Alasca veicularam uma campanha publicitária de 4 milhões de dólares utilizando a imagem de Marilyn Monroe sem a pinta no rosto para dissipar o medo de que a beleza do Alasca estivesse arruinada. "A menos que você olhe por muito tempo, provavelmente não notará que a pinta está faltando", dizia o anúncio. "Sem ela, a imagem pode ter mudado, mas a beleza, não. Isso também vale para o Alasca. O derramamento de óleo pode ter mudado temporariamente uma pequena parte da imagem, mas as coisas que você vê e faz aqui continuam tão bonitas como sempre."[3]

Esse tipo de negação flagrante é um exemplo do masculino desconectado, ferido e perigoso, agarrado à própria percepção da realidade. Há um elemento disso dentro de cada um de nós. Somos cegos para o masculino rígido, motivado e dominador que controla nossa psique. Cada vez que negamos nossos sentimentos, nosso corpo, nossos sonhos e nossa intuição, servimos a esse tirano interior.

A única maneira de uma mulher curar esse desequilíbrio dentro de si mesma é levar a luz da consciência à escuridão. Ela deve estar disposta a encarar e nomear seu tirano das sombras – e depois deixá-lo partir. Isso requer um sacrifício consciente dos apegos sem sentido ao poder do ego, ao ganho financeiro e à vida hipnótica e passiva. É preciso coragem, compaixão, humildade e tempo.

O desafio para a heroína não é a conquista, mas a aceitação: aceitação de suas partes inomináveis e não amadas que se tornaram tirânicas por terem sido ignoradas. Não podemos passar pela vida às cegas. Precisamos examinar todas as partes conflitantes de nós mesmos. Todos nós temos dragões espreitando nas sombras. O desafio, segundo Edward Whitmont, exige "a força para sustentar a consciência e o sofrimento do conflito, além da capacidade de se entregar a ela".[4] A missão da heroína é iluminar o mundo amando-o – começando por amar a si própria.[5]

Abrindo mão do "machisma"

Em 1984, eu tive um sonho na noite que antecedia um ritual indígena americano que coliderei nas montanhas de Santa Cruz, na Califórnia. A voz do sonho dizia: "A viagem de volta para casa, para o feminino, ocorre quando abrimos mão do *machisma*." Foi nessa mensagem enigmática que ouvi pela primeira vez o termo *machisma*, porém eu sabia que era um código para "eu consigo dar conta; sou forte; não preciso de ajuda; sou autossuficiente; posso fazer tudo sozinha", que é a voz do estereótipo do herói reverenciado em nossa cultura.

A voz do sonho revelava o humor dúbio do *trickster*, a figura arquetípica do malandro, do embusteiro, pois a manhã chegou trazendo chuva e começamos nossa caminhada de 41 quilômetros sob um aguaceiro que durou quatro dias. Com chuva contínua e sem equipamentos de proteção adequados, precisei recorrer a toda a força e resistência que eu pudesse reunir. Mas entendi que a voz estava me exortando a abandonar o arquétipo do "guerreiro solitário".

Chega um momento na vida de toda mulher em que ela é confrontada com uma escolha específica sobre ser mulher. Ela pode se deparar com um dilema sobre relacionamento, carreira, maternidade, amizade, doença, envelhecimento ou sobre a transição da meia-idade. Por um breve momento – seja um mês ou um ano – é dada a ela a mesma possibilidade que foi apresentada há tanto tempo a Percival: a oportunidade de *estar* em uma situação, de avaliá-la e de se questionar: "O que me aflige?"

Se escolheu de modo consciente ou inconsciente o caminho do guerreiro masculino, ela pode prosseguir estoicamente nesse caminho sozinha, afinando a própria identidade e descobrindo a amplitude e o alcance do poder e da aclamação no mundo, ou pode internalizar as habilidades aprendidas na jornada do herói e integrá-las à sabedoria de sua natureza feminina.

Não há dúvida de que ela precisa do masculino: "O inconsciente não pode realizar o processo de individuação por si só, ele depende da cooperação da consciência. Isso exige um ego forte."[6] Mas ela precisa de uma relação com o masculino interior *positivo*, o Homem com Coração. Ele a apoiará com compaixão e força para curar seu ego cansado e reivindicar sua profunda sabedoria feminina. E, para que esse masculino positivo com coração possa vir à tona, ela precisa honrar sua natureza feminina.

O casamento sagrado

Através do casamento sagrado, o *hieros gamos*, a unidade de todos os opostos, a mulher se recorda de sua verdadeira natureza. "É um momento de reconhecimento, uma espécie de lembrança daquilo que em algum lugar, lá no fundo, sempre soubemos. Os problemas atuais não foram resolvidos, os conflitos permanecem, mas o sofrimento dessa pessoa, desde que ele[ela] não fuja deles, não mais levará a neuroses, e sim a uma nova vida. O indivíduo vislumbra intuitivamente quem ele[ela] é."[7]

O casamento sagrado é o casamento do ego e do *self*. A heroína passa a compreender a dinâmica de sua natureza feminina e masculina e aceita os dois juntos. A esse respeito, June Singer escreve:

> Uma pessoa sábia disse certa vez que o objetivo do princípio masculino é a perfeição e o objetivo do princípio feminino é a completude.

Se você é perfeito, não pode ser completo, porque deve deixar de fora todas as imperfeições de sua natureza. Se você é completo, não pode ser perfeito, pois ser completo significa que você contém o bem e o mal, o certo e o errado, a esperança e o desespero. Portanto talvez seja melhor contentar-se com algo menos do que a perfeição e algo menos do que a completude. Talvez precisemos estar mais dispostos a aceitar a vida como ela é.[8]

O resultado dessa união é o "nascimento da criança divina". Uma mulher se dá à luz como um ser andrógino divino, autônomo e em estado de perfeição na unidade dos opostos. Ela é plena. A esse respeito, Erich Neumann escreve, em *Amor e Psiquê: Uma contribuição para o desenvolvimento da psiquê feminina*: "O nascimento da 'criança divina' e seu significado nos são conhecidos através da mitologia, mas é mais completamente compreendido pelo que aprendemos sobre o processo de individuação. Enquanto para uma mulher o nascimento do filho divino significa uma renovação e deificação de seu aspecto animus-espírito, o nascimento da filha divina representa um processo ainda mais central, relevante para o eu e para a totalidade da mulher".[9] Na união do Espírito (Psiquê) e do amor nasce uma filha sagrada que é chamada de Prazer-Alegria-Êxtase. Assim também o casamento sagrado une os opostos, dando origem à plenitude extasiante.

Uma Mulher Sábia e um Homem com Coração

O conto inglês "O casamento de sir Gawain e lady Ragnell" retrata a cura tanto do masculino ferido quanto do feminino distorcido, ao unir a Mulher Sábia com o Homem com Coração. No livro *The Maid of the North* (A criada do norte), Ethel Johnston Phelps reconta essa história, que se passa na zona rural da Inglaterra do século XIV.[10]

Um dia, no final do verão, quando Gawain, sobrinho do rei Arthur, estava com seu tio e os cavaleiros da corte em Carlisle. Nesse dia, o rei retornou de uma caçada em Inglewood com um aspecto tão pálido e abatido que Gawain o acompanhou até seus aposentos e lhe perguntou o que ele tinha.

Enquanto caçava sozinho, Arthur fora abordado por um temível cavaleiro das terras do norte chamado sir Gromer, que buscava vingança pela perda de suas terras. Ele poupou Arthur, dando-lhe a chance de salvar a própria vida desde que o encontrasse dali a um ano no mesmo local, desarmado e com a resposta para a pergunta: "O que é que as mulheres mais desejam acima de tudo?" Se ele encontrasse a resposta correta a essa pergunta, sua vida seria poupada.

Gawain garantiu a Arthur que, juntos, seriam capazes de encontrar a resposta correta para a pergunta, e durante 12 meses ambos coletaram respostas provenientes de todos os cantos do reino. Quando o dia se aproximava, Arthur ficou preocupado, pois nenhuma das respostas parecia ser a verdadeira.

Alguns dias antes de encontrar sir Gromer, Arthur cavalgou sozinho pelos juncos dourados e as urzes roxas até um bosque de grandes carvalhos. Diante dele, surgiu uma mulher enorme e grotesca. "Ela era quase tão larga quanto alta, sua pele era verde mosqueada e tufos de cabelo parecidos com ervas daninhas cobriam sua cabeça. Seu rosto parecia mais o de um animal do que o de um ser humano."[11] Seu nome era lady Ragnell.

A mulher revelou a Arthur que sabia que ele estava prestes a encontrar o irmão postiço dela, sir Gromer, e que ele não tinha a resposta certa para a pergunta. Ela lhe disse que conhecia a resposta correta e que lhe diria caso o cavaleiro Gawain se tornasse seu marido. Arthur ficou chocado e gritou que isso era impossível; ele não poderia dar a ela seu sobrinho.

"Não lhe pedi que me desse o cavaleiro Gawain", ela o repreendeu. "Somente se o próprio Gawain concordar em se casar comigo é que eu lhe darei a resposta. Essas são minhas condições."[12] Ao dizer isso, ela avisou que o encontraria no mesmo local no dia seguinte e desapareceu por entre os carvalhos.

Arthur ficou arrasado, porque não podia sequer considerar pedir a seu sobrinho que entregasse a própria vida em um casamento com aquela mulher tão feia a fim de se salvar. Gawain saiu do castelo para se encontrar com o rei, porém, ao vê-lo pálido e tenso, perguntou-lhe o que havia acontecido. No início, Arthur recusou-se a contar, mas quando finalmente relatou os termos da proposta de lady Ragnell, Gawain ficou encantado por poder salvar a vida do tio. Quando Arthur suplicou a ele que não se sacrificasse, Gawain respondeu: "É minha escolha e minha decisão. Voltarei com o senhor amanhã e concordarei com a condição de me casar com ela – desde que a resposta que ela fornecer seja a correta para salvar sua vida."[13]

Assim, Arthur e Gawain encontraram lady Ragnell e concordaram com sua condição. No dia seguinte, Arthur cavalgou sozinho e desarmado até Inglewood para encontrar sir Gromer. Primeiro tentou todas as outras respostas e, assim que sir Gromer ergueu a espada para parti-lo em dois, acrescentou: "Eu tenho mais uma resposta. O que uma mulher deseja acima de tudo é o poder da soberania – o direito de exercer a própria vontade."[14] Sir Gromer, indignado porque sabia que Arthur soubera a verdadeira resposta através de lady Ragnell, fez um juramento contra sua irmã postiça e fugiu para a floresta.

Gawain cumpriu sua promessa e se casou com lady Ragnell naquele dia. Após a festa de casamento, que foi assistida em choque e num silêncio desconfortável pelos cavaleiros e damas da corte, o casal se retirou para seus aposentos. Lady Ragnell pediu a Gawain que a beijasse. "Gawain foi até ela imediatamente e a beijou. Quando ele deu um passo para trás, viu-se diante de uma jovem esbelta, de olhos cinzentos e rosto sereno e sorridente."[15]

Chocado e desconfiado, Gawain perguntou o que havia acontecido. Lady Ragnell lhe disse que seu irmão postiço sempre a odiara e pedira a sua mãe, que tinha conhecimento de feitiçaria, que a transformasse numa criatura monstruosa que só poderia ser libertada se o melhor cavaleiro da Grã-Bretanha a escolhesse de bom grado para ser sua noiva. Gawain então lhe perguntou por que sir Gromer a odiava tanto.

"Ele me achava ousada e pouco feminina porque eu o desafiava. Recusei-me a obedecer a suas ordens tanto com relação às minhas terras, quanto às que se referiam a minha pessoa."[16] Gawain, admirado, sorriu para ela, pois estava maravilhado com o fato de que o feitiço fora quebrado. "Só em parte", advertiu ela. "Você tem uma escolha, meu querido Gawain, sobre como eu serei. Você me teria nesta, na minha própria forma, à noite e na minha antiga forma, feia, de dia? Ou prefere me ter grotesca à noite em nosso quarto e em minha própria forma no castelo durante o dia? Pense bem antes de escolher."[17]

Gawain pensou por um momento e se ajoelhou diante dela, tocou sua mão e disse-lhe que essa era uma escolha que deveria ser apenas dela. Afirmou ainda que, qualquer que fosse sua escolha, ele a apoiaria de bom grado. Lady Ragnell irradiava alegria. "Você respondeu bem, querido Gawain, pois sua resposta quebrou completamente o feitiço maligno de Gromer. A última condição que ele estabeleceu foi cumprida! Ele disse que se, após o casamento com o melhor cavaleiro da Grã-Bretanha, meu marido me desse livremente o poder de escolha, o poder de exercer meu livre-arbítrio, o encantamento maligno seria quebrado para sempre."[18]

Lady Ragnell e Gawain se uniram em um casamento sagrado de dois iguais que fizeram uma escolha livre e consciente de estarem juntos. Lady Ragnell havia sido enfeitiçada por seu perverso irmão postiço por haver afirmado sua vontade e protegido sua sexualidade, enquanto o compassivo Gawain lhe deu a liberdade para transformar sua desfiguração. Ela teve a capacidade de salvar o rei e Gawain teve a sabedoria de reconhecer a soberania do feminino. Juntos, eles encontraram o amor curativo. Em algumas versões da narrativa, lady Ragnell é a Deusa do Graal e Gawain é tanto seu curandeiro quanto seu amante.

Edward Whitmont acrescenta: "A Deusa do Graal é a heroína de uma narrativa sazonal de um rapto, senhora da lua e da vegetação, que se transforma do mais horrível dos animais à beleza mais radiante e atua como guia para o outro mundo."[19] Na versão galesa desse conto, há evidências de que Gawain seja o nome original de Percival, assim, tanto Gawain quanto Percival são iniciados nos mistérios do feminino. Através da reverência à soberania da deusa em sua forma repulsiva, o homem é mais uma vez capaz de beber de suas águas sempre correntes.[20] "Ao beber das águas da deusa, ele renuncia à reivindicação pessoal do ego ao poder. De fato, o ego se reconhece apenas como um receptor e canal de um destino que flui de um profundo e misterioso terreno, que é a fonte tanto do terror e da repulsa quanto do belo jogo da vida."[21]

Poderes curativos do feminino: Hildegard

Na lenda do Santo Graal, Percival vaga durante cinco anos pela terra estéril depois de não fazer a pergunta correta. Após muitas provações e aventuras, ele retorna ao castelo do Rei Pescador e, dessa vez, faz a pergunta prescrita, que cura o rei. Uma vez curado, o rei já pode morrer e o solo devastado volta a ser fértil. Como a Percival, agora nos é dada a oportunidade de reconhecer a necessidade da cura feminina em nossa cultura. Se a ignorarmos desta vez, teremos de fato uma devastação nuclear da Terra.

Hildegard de Bingen, que foi uma abadessa do século XII, mística, profeta, pregadora, professora, organizadora, reformadora, compositora, artista, curandeira, poeta e escritora e viveu no exuberante Vale do Reno, disse que o maior pecado da humanidade é a aridez e que sua maior necessidade é trazer umidade e verdor de volta à vida das pessoas. Jean Shinoda Bolen, ao falar da aplicabilidade de Hildegard aos ensinamentos do Graal, assinala:

> A umidade e o verde têm a ver com inocência, amor, coração, sentimentos e lágrimas. Todos os [fluidos] corporais se tornam úmidos quando nos comovemos – choramos, lubrificamos, sangramos; todas as experiências numinosas do nosso corpo têm a ver com a umidade. E é essa umidade que traz vida a este planeta, é a cura para a experiência do deserto e a cura para a aridez. Nós nos tornaremos áridos se derrubarmos nossas florestas tropicais. Nós, como povo, precisamos ser como Percival, que buscou naquela floresta selvagem o caminho de volta para o castelo do Graal, e, mais uma vez, ter a experiência e conhecer o significado do Graal. Nós apenas temos vislumbres, mas isso já é muito.[22]

A umidade traz cura para aqueles que estão secos. Um querido amigo meu, Steve, que era um educador de coração enorme, morreu de aids. Em seus últimos dias, ele imaginou a morte como um alívio da secura de seu corpo em deterioração, arrasado por dentro e por fora pelo sarcoma de Kaposi. Steve me disse que estava pronto para ir e me perguntou como seria sua passagem. "Você vai andar sem peso em um lindo prado verde", falei. "Será exuberante, verde, fértil, curativo e úmido."

Ele sorriu. "Estou tão seco", disse ele. "Que seja bem úmido."

Sonhando com a união sagrada

Quando a mulher tem a experiência do casamento sagrado dentro de si, ela tradicionalmente sonha encontrar o pai primordial, um homem que parece mais divino do que humano; ou ela é levada para o sagrado leito matrimonial de um jovem celestial. Ela sonha com a cerimônia do casamento, seu vestido ou véu, os ritos nupciais e o leito de consumação. Ela vê a imagem de seus sapatos de noiva ou do banquete sagrado.

Seu amante pode tomar a forma de uma fera ou de um poderoso aliado masculino com a aparência de um animal, com o qual ela se une em força e sensualidade. Uma mulher sonha repetidas vezes em fazer amor com Aslan, o leão de *As crônicas de Nárnia*, de C. S. Lewis, enquanto uma ursa testemunha e sanciona sua união.

Uma mulher de 40 e poucos anos sonhou com um amante de quem fora noiva 20 anos antes. "Estou nadando nua nas ondas quentes do mar sob as estrelas e ele vem até mim e me abraça. Estou completamente aberta para ele, e ele, para mim. Ele me conduz para fora do mar e, ternamente, seca meu corpo e me envolve em um quimono de seda branca. Ele pega minha mão e me leva para a montanha. A luz das estrelas ilumina centenas de plantas e flores em miniatura, e cada uma delas é uma joia. Caminhamos pelo prado em direção a uma corça ao longe. Ela me aguarda. Ela é antiga, sábia e amorosa."

C. S. Lewis criou Aslan como a personificação da consciência de Cristo. O urso e o cervo são ambos antigos símbolos da Deusa Mãe. Ambas as mulheres sonham com a união com princípios do divino.

Muitas mulheres hoje estão encontrando seu amado na Deusa. Em *Uncursing the Dark* (Retirando a maldição da escuridão), Betty De Shong Meador escreve sobre as diversas formas em que a Deusa aparece, muitas vezes em tempos de privação e desespero:

> Ela é um grupo de bruxas famintas no centro incandescente da Terra. É uma mulher negra que chega para fazer amor com a sonhadora. É uma rameira, uma prostituta; é rude, atrevida, vulgar. É uma sacerdotisa que conduz uma iniciação em uma sala de fogo. É sedutora, desejando a sonhadora, que desperta em seu amor erótico por uma mulher. É uma fonte que jorra inesperadamente. Ela é um animal. É um poço há muito enterrado sendo escavado. É um gato selvagem que alimenta as crias no colo de uma mulher. É um enxame de abelhas saindo de um antigo toca-discos.[23]

Enquanto escrevia este capítulo, tive o seguinte sonho: "Estou deitada com uma mulher. Estou surpresa por estar com ela, porque nunca estive com uma mulher. Ela é magra, tem a pele macia e seios pequenos. Sua pele é quase transparente. Ela me permite tocá-la e beijar seus mamilos. Está aberta e disponível. Eu amo sua pele e o calor de seu corpo, tão delicado. Fico ali deitada, debruçada, e fico tão excitada que todo o meu ser começa a tremer. Tenho um orgasmo de corpo inteiro, desde os dedos dos pés até o topo da cabeça. Isso me acorda. Ela me lembra Ísis trazendo Osíris de volta à vida." Depois de ter esse sonho, me senti energizada pelo resto do dia, assim como profundamente sensual e viva. Eu sabia que era um sonho importante sobre acessar Eros.

Muitas poetas expressam sua natureza erótica em suas muitas facetas, tanto sensuais quanto espirituais. Em "Ave", Diane Di Prima expressa sua união com o divino feminino:

... você é a colina, a forma e a cor da planície
você é a tenda, o abrigo de peles, a cabana
o manto de búfalo, a colcha, a malha tricotada
você é o caldeirão e a estrela vésper
você se eleva sobre o mar, você cavalga na escuridão
eu me movimento dentro de você, acendo o fogo da noite
mergulho a mão em você e como sua carne
você é minha imagem no espelho e minha irmã
você desaparece como fumaça nas colinas de névoa
você me conduz pela floresta dos sonhos sobre o cavalo
grande mãe cigana, eu encosto minha cabeça em seus ombros

Eu sou você
e eu devo me tornar você
eu vi você
e eu devo me tornar você
eu sou sempre você
eu devo me tornar você...[24]

O casamento sagrado se completa quando a mulher une os dois aspectos de sua natureza. Anne Waldman, poeta e budista praticante, diz: "Eu preciso unir o princípio da mulher (*prajna*) no homem em mim com o princípio do homem (*upaya*) em mim." Ela prossegue afirmando que todos nós precisamos respirar mais conhecimento, mais *prajna*, para o mundo a fim de restabelecer o equilíbrio. Ela cita a poeta turca contemporânea Gülten Akin:

> Viver com as pessoas, como elas vivem
> Inalando o ar que respiram
> Respirando conhecimento para dentro delas[25]

Essa é realmente a tarefa da heroína contemporânea. Ela cura enquanto respira, enquanto reconhece sua verdadeira natureza, exalando conhecimento para nosso interior. A heroína se torna a Senhora dos Dois Mundos: é capaz de navegar pelas águas da vida cotidiana e também de ouvir os ensinamentos das profundezas. É a Senhora do Céu e da Terra e do Mundo Inferior. Ela ganhou sabedoria com suas experiências, portanto não precisa mais culpar o outro: ela *é* o outro. Ela traz essa sabedoria de volta para compartilhá-la com o mundo. E as mulheres, os homens e as crianças do mundo são transformados por sua jornada.

10
Além da dualidade

Todos são, em parte, seus ancestrais;
assim como cada um é
parte homem e parte mulher.

– Virginia Woolf

O seu problema
É o meu problema
O problema de pensar que somos tão diferentes
O problema é como perceber...

– Anne Waldman, "Duality (A Song)"

Vivemos em uma cultura dualista que valoriza, cria e sustenta as polaridades – uma mentalidade estratificada "assim ou assado", que identifica e situa ideias e pessoas em extremos opostos de um espectro. Ao escrever sobre a "espiritualidade da criação", Matthew Fox explica, em *Pecados do espírito, bênçãos da carne*, que o pecado por trás de todo pecado é o dualismo: separação de si mesma, separação do divino, separação entre mim e você, separação entre o bem e o mal, separação entre o sagrado e a natureza. No pensamento dualista, tratamos o outro como um objeto fora de nós mesmos, alguma *coisa* a ser melhorada, controlada, dominada, possuída ou da qual desconfiar. O dualismo gera desconfiança, confusão, mal-entendido, desprezo, falta de confiança.

O pecado do dualismo prejudica nossa psique, contaminando nossas atitudes em relação à mente, ao corpo e à alma; a mulheres, homens e crianças; aos animais, à natureza, à espiritualidade; às estruturas políticas. Dividimos ideias e pessoas em hierarquias de bom/mau, nós/eles, preto/branco, certo/errado, masculino/feminino. Separamos o espírito da matéria, a mente do corpo, a ciência da arte, o bem do mal, a vida da morte, as mulheres dos homens, o gordo do magro, o jovem do velho, o socialista do capitalista, o liberal do conservador. Vemos o outro como inimigo e racionalizamos nossas críticas, nosso julgamento e a polarização que criamos, dizendo, de forma arrogante, que estamos "certos" ou que temos Deus ou a Deusa do nosso lado.

Esse tipo de polarização mantém algumas pessoas na pobreza, na ignorância ou mesmo doentes, enquanto permite que outras sejam ricas, bem cuidadas e poderosas. A dualidade permitiu que nacionalidades afirmassem sua supremacia sobre outras, de cujas crenças religiosas ou visões da realidade elas desdenham; permitiu que as feministas culpem os homens pelo desequilíbrio no planeta sem assumir a responsabilidade por seu próprio desejo de controle e sua ganância; deu aos homens liberdade para escapar do difícil autoexame necessário para efetuar a mudança enquanto exigem que as mulheres façam todo o trabalho emocional por eles; deu aos poderosos permissão para suprimir e distorcer o conhecimento, censurar o discurso, esterilizar aqueles que "não se encaixam" e causar um sofrimento terrível a todo o planeta. A arrogância humana não consegue enxergar que *somos todos um* e coexistimos ao longo de um *continuum* de vida.

A polarização faz com que o outro seja encarado como um "isso". O filósofo Martin Buber trata, em seu livro *Eu e Tu*, dos modos conflitantes como os seres humanos veem a si mesmos e aos outros. Ele descreve duas atitudes: a de Eu-Isso e a de Eu-Tu. A atitude do Eu-Isso trata o outro como uma *coisa* separada de si mesmo, algo que deve ser medido, organizado e controlado; a atitude do Eu-Isso não reconhece o outro como sagrado. A atitude Eu-Tu considera o outro um e igual a si mesmo.[1]

Buber diz que o Tu não pode ser controlado ou encontrado através de uma busca, apenas através da graça, no mistério. Tu é uma experiência do sagrado. Se eu me dirijo a você como "Tu", não "Isso", seja você humano, animal, mineral ou oceano, e se eu honrar minha divindade, então honrarei o sagrado dentro de você e permitirei que você viva em confiança, sem coerção nem qualquer controle exercido por mim.

O professor budista vietnamita Thich Nhat Hanh ensina que não pode haver dualidade, nenhum eu separado. Estamos todos interconectados, nós *inter-somos*. E, para *inter-ser* com algo ou para ser *um* com alguma coisa, precisamos entendê-la, devemos entrar nela. Não podemos ficar do lado de fora e apenas observá-la.

> Não se pode simplesmente ficar sozinho. Você tem que *inter-ser* com todas as outras coisas. Esta folha de papel é porque todo o resto é. Se você olhar para esta folha de papel, verá claramente que há uma nuvem flutuando nela. Sem nuvem, não pode haver chuva; sem chuva, as árvores não podem crescer, e sem árvores, não podemos fazer papel. A nuvem é essencial para que o papel exista. Se a nuvem não estivesse aqui, a folha de papel também não poderia estar. Portanto podemos dizer que a nuvem e o papel *inter-são*. A forma está vazia de um eu separado, mas está repleta de tudo que há no cosmos.[2]

Ele prossegue explicando que a dualidade é uma ilusão: "Há a direita e a esquerda; se você toma um lado, está tentando eliminar a metade da realidade, o que é impossível. É uma ilusão pensar que se pode ter direita sem esquerda, o bem sem o mal, mulheres sem homens, a rosa sem o lixo, os Estados Unidos sem a União Soviética."[3]

Curando a ruptura entre feminino e masculino

A ruptura entre mulheres e homens até pode ter suas raízes nos direitos de propriedade e procriação, mas foi ampliada e reforçada pela maioria dos sistemas religiosos e políticos. Gênesis 3:16, que estabelece que os homens devem governar as mulheres, foi não um decreto divino, mas uma peça de propaganda patriarcal. A religião ocidental vem encorajando a humanidade a culpar as mulheres pelos males do mundo e a excluí-las, evitando que tenham voz em assuntos espirituais, políticos e econômicos. O pecado original, baseado na expulsão de Adão e Eva do Jardim do Éden, tem desempenhado um papel importante desde a época de Santo Agostinho, no século IV, porque, segundo Matthew Fox, "cai como uma luva nas mãos dos construtores de impérios, senhores de escravos e da sociedade patriarcal em geral. Ele divide para conquistar, jogando o pensamento contra os sentimentos, o corpo contra o espírito, a vocação política contra as necessidades pessoais, as pessoas contra a terra, os animais e a natureza em geral".[4]

Enquanto pesquisava para escrever seu livro *Adão, Eva e a serpente*, Elaine Pagels ficou impressionada com "quão profundamente as tradições religiosas estão arraigadas na estrutura de nossa vida política, em nossas instituições e em nossas posturas em relação à natureza humana" e quão profundamente afetam nossas escolhas morais.[5] Se a tradição religiosa dominante é aquela que afirma que somente Deus e o imperador (que é o representante de Deus na Terra) são supremos, então será impossível para cada pessoa fazer sua própria escolha moral sobre como viver sua vida. Essas escolhas terão que ser legisladas para ela. Observamos a existência dessa desconfiança na atual polêmica política sobre a escolha das mulheres com respeito a ter filhos.

Se a postura predominante em relação à natureza humana é de pecado e depravação, então não há confiança. Há também pouco espaço para permitir uma mudança de atitude em relação aos inimigos. Muitos políticos hoje expõem essa mentalidade em suas relações com o Oriente Médio. Em resposta às críticas sobre a presença militar dos Estados Unidos na região, oficiais retornam ao pensamento da Guerra Fria, segundo o qual os muçulmanos estão apenas tentando nos enganar para reduzir nossas defesas e assim nos atacar em nosso próprio solo. De acordo com essa mentalidade, confiar no "outro" pode ser considerado ignorância, ingenuidade ou fraqueza.

A mensagem de Jesus Cristo de que todo ser humano – mulher, homem e criança – foi feito à imagem de Deus foi muito radical para a cultura em que ele viveu. No Império Romano, três quartos da população eram escravos ou descendentes de escravos, e Jesus pregava que todas essas pessoas, não apenas o imperador, eram um com Deus.[6] Essa união de divindade e humanidade tinha ramificações políticas de grande alcance, e por isso Jesus foi morto.

Nas relações patriarcais, sejam elas políticas, religiosas ou pessoais, somente uma pessoa pode estar no topo. Assim, há sempre quem controla e quem é controlado. Para preservar seu poder, a personalidade dominante precisa manter seu parceiro em uma posição inferior. Isso cria uma mentalidade específica na qual uma pessoa espera estar no controle e a outra espera ser controlada. Há um modelo espacial para esse tipo de organização:

quando envolve dois seres, assemelha-se a uma gangorra; quando envolve três ou mais, parece uma pirâmide.[7]

Na maioria das situações de trabalho, há um chefe que domina a visão e o pensamento da empresa, contratando colaboradores competentes que, por sua vez, aprendem rapidamente a antecipar o que o chefe deseja. A maioria das famílias também emprega a estrutura em pirâmide: um adulto domina e o parceiro e/ou os filhos aprendem a acomodar as necessidades, as ordens e os humores do adulto dominante. Algumas vezes, é claro, a pessoa dominante é uma criança que tiraniza os pais. O Exército, a Igreja Católica, a maioria das corporações, escolas e sindicatos são os principais exemplos de pirâmides invariáveis e hierárquicas. Um administrador escolar de Los Angeles disse certa vez, a respeito do corpo docente de sua instituição, que seria mais fácil mover um cemitério do que conseguir que seus professores cooperassem com ele.

Mary Ann Cejka escreve a respeito do pecado do sexismo, que criou essas pirâmides hierárquicas em nossa cultura, e situa as raízes dessas estruturas e as atitudes resultantes não no cristianismo ou no judaísmo, mas no Império Romano. Ela apela para uma conversão da hierarquia em comunidade:

> Marc Ellis, da Escola de Teologia Maryknoll, argumenta que o principal chamado dos cristãos de hoje, tanto como Igreja quanto como indivíduos, é o chamado à conversão do império em comunidade. Abandonar a estrutura de império é nos dissociar da pirâmide. A estrutura da comunidade é um círculo. O movimento dentro de um círculo se dá facilmente, e não às custas dos outros. O círculo como um todo é a forma básica de uma roda e, como tal, é a estrutura social apropriada para um "povo peregrino", um *povo que constrói uma jornada em conjunto*. As pessoas dentro de um círculo compartilham uma perspectiva igual; elas podem se olhar nos olhos. O círculo facilita a prestação de contas.[8]

Uma perspectiva circular

O círculo é inclusivo, ele não exclui. O símbolo do feminino é o círculo, exemplificado pelo ventre, pelo vaso e pelo Graal. As mulheres tendem a se agrupar; gostam de se relacionar umas com as outras, de ser úteis e conectadas. Elas sempre fizeram coisas juntas, como costurar, bordar, preparar alimentos e conservas e cuidar das crianças no parque. Elas pedem apoio umas às outras e celebram juntas suas realizações. "As mulheres sempre se reuniram em círculos – olhando umas para as outras como pares, sem ninguém com autoridade ou poder 'sobre' a outra."[9]

Em *O cálice e a espada*, Riane Eisler revela, a partir de relatos encontrados em escavações empreendidas pela arqueóloga Marija Gimbutas, que sociedades inteiras se baseavam no modelo do círculo ou do cálice, em vez do modelo da pirâmide ou da espada.[10] Essas sociedades exemplificavam o modelo de parceria de "poder com", em vez do modelo dominador de "poder sobre". As sociedades neolíticas da Europa Antiga, entre 7000 e 3500 a.C., eram civilizações que tinham instituições religiosas e governamentais complexas, usavam cobre e ouro para ornamentos e na produção de ferramentas, tinham uma escrita rudimentar e eram sexualmente igualitárias. Eram menos autoritárias e mais pacíficas do que as sociedades hierárquicas.

Os sítios arqueológicos de Çatal Hüyük e Hacilar, na Turquia, não mostraram nenhuma evidência, por um período de mais de 500 anos, de danos decorrentes de guerras nem do domínio masculino: "As evidências indicam uma sociedade geralmente não estratificada e basicamente igualitária, sem distinções marcantes baseadas seja em classes, seja no sexo."[11]

Ao observar a disposição do conteúdo de sepulturas em praticamente todos os cemitérios conhecidos da Europa Antiga, Marija Gimbutas concluiu que existia, no período Neolítico, uma sociedade igualitária entre homens e mulheres. Ela diz: "Nas 53 sepulturas do cemitério de Vinca, quase não se observa nenhuma diferença de riqueza entre as sepulturas masculinas e femininas [...] Em relação ao papel da mulher na sociedade, as evidências de Vinca sugerem uma sociedade igualitária e claramente não patriarcal. O mesmo pode se dizer da sociedade Varna: vejo que não havia uma escala de valores patriarcais entre masculino e feminino."[12]

Há indícios de que essas eram sociedades matrilineares, nas quais a descendência e a herança eram traçadas através da mãe, e onde as mulheres desempenhavam papéis-chave em todos os aspectos da vida. "Nos modelos de altares domésticos, templos e relicários [...] as mulheres são mostradas supervisionando a preparação e a realização dos rituais dedicados aos vários aspectos e funções da Deusa. Enorme energia foi empenhada na produção de equipamentos de culto e oferendas votivas [...] As criações mais sofisticadas da Europa Antiga – os mais requintados vasos, esculturas, etc. ainda remanescentes – foram obras feitas por mulheres."[13] As esculturas encontradas nas cavernas paleolíticas e nas planícies abertas da Anatólia e de outros sítios do Neolítico no Oriente Próximo e no Oriente Médio mostram que o culto à Deusa era central para todos os seres vivos. Essas esculturas indicam que as imagens mitológicas dos ritos religiosos do período e as figuras e símbolos femininos ocupavam um lugar central nesses sítios.[14]

A arte neolítica mostra uma notável ausência de armas, heróis, batalhas, escravidão ou fortificações militares. Não eram sociedades dominadoras. Elas ainda não tinham sido tocadas pelas tribos nômades tardias, provenientes da invasão curgã, povo que cultuava deuses sanguinários. A Deusa era central para todos os aspectos da vida. Símbolos da natureza – sol, água, touros, pássaros, peixes, serpentes, ovos cósmicos, borboletas e imagens da Deusa tanto grávida quanto dando à luz – foram encontrados em toda parte, em santuários e em moradias, em vasos e figuras de barro.[15] "E se a imagem religiosa central era uma mulher, dando ou não à luz, assim como em nossa época a imagem é de um homem morrendo em uma cruz, não seria irracional inferir que a vida e o amor à vida – mais do que a morte e o medo da morte – eram dominantes tanto na sociedade quanto na arte."[16]

Nessas sociedades, não havia separação entre o secular e o sagrado: religião era vida e vida era religião. Nas religiões da Deusa, a chefe da família sagrada era uma mulher: a Grande Mãe. Na família secular, a descendência era traçada através da mãe e o domicílio era matrilocal, isto é, o marido ia morar com o clã ou família de sua esposa.[17] No entanto, isso não constituía um matriarcado: tanto homens quanto mulheres eram filhos da Deusa e "nenhuma metade da humanidade estava acima da outra e a diversidade [não era] equiparada com inferioridade ou superioridade".[18] A atitude que prevalecia era a de ligação, não de classificação; de parceria, não de dominação.

Gimbutas sustenta que "o mundo do mito não era polarizado em feminino e masculino como entre os indo-europeus e muitos outros povos nômades e pastores das estepes. Ambos os princípios eram manifestados lado a lado. A divindade masculina [que muitas vezes acompanhava a Deusa] na forma de um homem jovem ou animal macho parece afirmar e consolidar as forças do feminino criativo e ativo. Nenhum dos dois está subordinado ao outro: complementando-se um ao outro, seu poder é duplicado".[19]

Houve vários momentos na história da humanidade em que existiram sociedades baseadas na parceria, nas quais os aspectos vivificantes do divino eram adorados como parte da vida cotidiana e as diferenças de gênero na realização de práticas religiosas e cotidianas não existiam. Sabemos que isso existiu não apenas por meio da arte nas cavernas paleolíticas na Europa Ocidental e nas câmaras funerárias em Çatal Hüyük e Hacilar, mas também pelo que sabemos dos cretenses minoicos, dos cristãos gnósticos, dos primeiros celtas, dos nativos americanos e dos balineses, para citar apenas alguns.

A natureza dual do divino

Mircea Eliade escreveu sobre a natureza dual do divino existente em muitas religiões, nas quais até mesmo as divindades mais supremamente femininas ou masculinas eram andróginas. "Sob qualquer forma que a divindade se manifeste, ele ou ela é a realidade última, o poder absoluto, e essa realidade, esse poder, não se deixará limitar por nenhum atributo (bom, mau, masculino, feminino ou qualquer outro)."[20]

No livro *Male/Female Language* (Linguagem masculina/feminina), Mary Ritchie Key aponta que os astecas, cujo sistema gramatical não era baseado em gênero, acreditavam que a origem do mundo e de todos os seres humanos era um princípio único, de natureza dual. "Esse ser supremo tinha um semblante masculino e feminino. Esse deus tinha a capacidade regeneradora tanto do homem quanto da mulher. Essa deidade dual, *Ometeotl*, tinha dois aspectos diferentes de um único ser supremo: *Ome* = dois, e *teotl* = deus."[21]

Elaine Pagels escreve sobre os Evangelhos Gnósticos, os 52 textos escritos pelos primeiros cristãos do primeiro ao quarto século d.C., que foram descobertos em Nag Hammadi, no Alto Egito, em 1945, por um camponês de origem árabe. Esses ensinamentos heréticos apresentam evidências de que Jesus falou de Deus Mãe e Deus Pai. No Evangelho de Tomé, Jesus contrasta seus pais terrenos, Maria e José, com sua mãe divina, o Espírito Santo, e seu pai divino, o Pai da Verdade.[22] O Espírito é ao mesmo tempo Mãe e Virgem, a consorte do Pai celestial e sua equivalente. No Evangelho de Filipe, o mistério do nascimento virginal de Cristo se refere a "aquela misteriosa união das duas potências divinas, o Pai de Todos e o Espírito Santo".[23] Além do místico Silêncio eterno e do Espírito Santo, a mãe divina também foi caracterizada como Sofia: a sabedoria, o pensamento original. "Além de ser a 'primeira criadora universal', que faz surgir todas as criaturas, ela também ilumina os seres humanos e os torna sábios."[24]

Por volta do ano 200 d.C., praticamente todas as imagens femininas de Deus haviam desaparecido da tradição cristã dominante. Entretanto, até aquele momento, há evidências de que as mulheres ocupavam posições de poder na Igreja. "Em grupos gnósticos como os valentinianos, as mulheres eram consideradas iguais aos homens. Algumas eram reverenciadas como profetas, professoras, evangelistas itinerantes, curandeiras, sacerdotisas e talvez até bispas."[25] Embora isso não fosse universalmente aplicado, por volta de 180 d.C., Clemente de Alexandria, um venerado pai da Igreja egípcia que se identificava como ortodoxo mas tinha contato com grupos gnósticos, escreveu: "... homens e mulheres compartilham igualmente em perfeição e devem receber a mesma instrução e a mesma disciplina. Pois o nome 'humanidade' é comum a homens e mulheres e, para nós, 'em Cristo não há homem nem mulher.'"[26]

A postura igualitária de Clemente infelizmente encontrou poucos seguidores entre outros líderes da Igreja do século II. A consciência da hierarquia masculina não estava aberta à igualdade das mulheres, nem por motivos seculares, nem por motivos teológicos. Sobre isso, Edward Whitmont esclarece: "Se as possibilidades criativas ou a destruição regressiva prevalecem, isso não depende da natureza do arquétipo ou do mito, mas da postura e do grau de consciência."[27] Clemente entendeu que sua perspectiva, formada na atmosfera cosmopolita de Alexandria entre os membros educados e abastados da sociedade egípcia, teve pouco impacto na maioria das comunidades cristãs do Ocidente espalhadas pela Ásia Menor, por Grécia, Roma, pela África provincial e pela Gália.[28]

Cristianismo celta

A semente do cristianismo primitivo floresceu em diferentes arenas de acordo com a cultura em que se enraizou. Os primeiros celtas eram um povo tribal, cuja sociedade inteira estava orientada para uma integração entre espiritualidade e vida. Eles acreditavam que toda a vida emanava da Fonte e que a função da vida era viver em harmonia com os reinos invisíveis. A espiral tripla encontrada na arte celta reflete a energia da Deusa Tríplice: o mundo causal, o mundo do pensamento (o mundo místico) e o mundo físico. Como a divindade encontrava-se tanto na natureza quanto na alma, o mundo natural era visto como a porta de entrada para os reinos invisíveis.

Nessa compreensão tão fértil dos mistérios foi incluída a figura de Jesus, que sabia ir e vir entre os dois mundos. Essa capacidade de viver o Mistério, de caminhar entre os mundos, já fazia parte da consciência celta, por isso a figura de Jesus foi adotada com paixão nos centros druídicos de aprendizado ao longo das terras dos celtas. A cruz celta nunca se concentrou na morte de Cristo, mas na capacidade de ir e vir entre os mundos.

Em vez da doutrina, o cristianismo celta enfatizava a experiência individual direta do espírito. As pessoas eram incentivadas a conversar sobre ela e a vivenciá-la, com "amigos de alma"[29] como conselheiros. A comunidade era não hierárquica e o principal conselheiro espiritual era o "amigo de alma", não a autoridade eclesiástica exercida pelos bispos. O cristianismo celta abraçava o feminino, o desenvolvimento da intuição, e encorajava a experiência sensual da vida. A emoção sensual era considerada a sabedoria do corpo – e o corpo humano nunca poderia ser considerado maligno. Havia uma grande ênfase no aprendizado e a compreensão de que, através do livre-arbítrio, o ser humano tinha o poder de viver inserido de acordo com o projeto da natureza.

Como os celtas eram um povo tribal, seu modelo social nos centros de aprendizagem era descentralizado; a autoridade residia no grupo e a abadessa ou o abade desempenhavam o papel específico do terapeuta. Isso é muito semelhante ao funcionamento do zen-budismo. Os cristãos celtas acreditavam que o espírito se manifestava em um campo de energia de cinco níveis, interagindo sem hierarquia: os mundos dos minerais, das plantas, dos animais, dos seres humanos e dos anjos estavam interligados.

Esse campo de cinco níveis de energia se tornou uma realidade viva para mim quando estudei o cristianismo celta com Vivienne Hull, na Ilha de Iona. Essa bela ilha escocesa é um "lugar muito fino", um lugar onde a separação entre os mundos é tão tênue que é fácil caminhar entre eles, onde se está consciente de ser tocado pelos reinos invisíveis.

Na Igreja Cristã Celta, as mulheres atuavam como iguais ao lado dos homens, viajando como pregadoras pelas Ilhas Britânicas e ocupando cargos de autoridade. Santa Brígida era uma abadessa de Kildare no século V e cuidava do fogo sagrado de Beltane, assim como o fizeram 11 de seus filhos. O fogo continuou a arder até o século XI, quando o bispo o extinguiu, por ordens de Roma. Apesar da censura da Igreja romana, o cristianismo celta nunca perdeu sua orientação ao feminino, à natureza, ao misticismo e à intuição. Os cristãos celtas sentiam que, se a religião se separasse do feminino, se separaria da terra. O cristianismo celta floresceu durante mil anos e hoje está florescendo novamente. Ele faz a mesma pergunta de todos nós: "Estamos dispostos a viver no limite e caminhar entre os mundos?"[30]

O mundo enfrenta atualmente muitas transições difíceis, e as populações de todos os países estão preocupadas com o planeta e com o bem-estar da comunidade terrestre. É urgente que restauremos a visão espiritual no próprio coração das nossas vidas. Ao entrarmos em 2020, muitos dos antigos ensinamentos que honram a inter-relação entre matéria e espírito, corpo e mente, natureza e sagrado, humano e divino estão retornando. A religiosidade dos maias, dos budistas tibetanos, dos nativos americanos, a espiritualidade da Criação e as religiões da Deusa estão reavivando essas antigas verdades.

O círculo como um modelo de vida

A forma mais pura, simples e abrangente é o círculo.[31] É a primeira forma que uma criança desenha, uma forma repetida infinitamente na natureza. Ela tem harmonia, dá conforto, é transformadora. Um círculo não tem princípio nem fim. "Nada é excluído; tudo encontra seu lugar e é compreendido como um aspecto integral de um processo como um todo."[32] Quando alguém se senta em círculo com os outros, todos são iguais e estão ligados. Ninguém está no poder; o poder é compartilhado, e não há lugar para egocentrismo. Como todos estão interligados e encontram significado somente através da relação do círculo, a visão de cada pessoa é transformada à medida que o círculo toma forma. A magia ocorre em círculos. Um círculo é um abraço de dar e receber; ele nos ensina sobre o amor incondicional.

"A mandala primordial era, sem dúvida, um círculo desenhado no solo. Ao sair desse círculo, o iniciado se movia através de um mundo da magia no qual ele era tão-somente uma língua da terra cantando a canção dela para as estrelas. A roda do tempo retorna. O círculo mágico é desenhado mais uma vez."[33]

Certa vez tive a oportunidade de participar de um retiro de cinco dias para alunos do último ano do ensino médio em que utilizamos o formato do conselho tribal dos indígenas americanos como a principal forma de comunicação. No conselho, nos sentamos em círculo e passamos um bastão

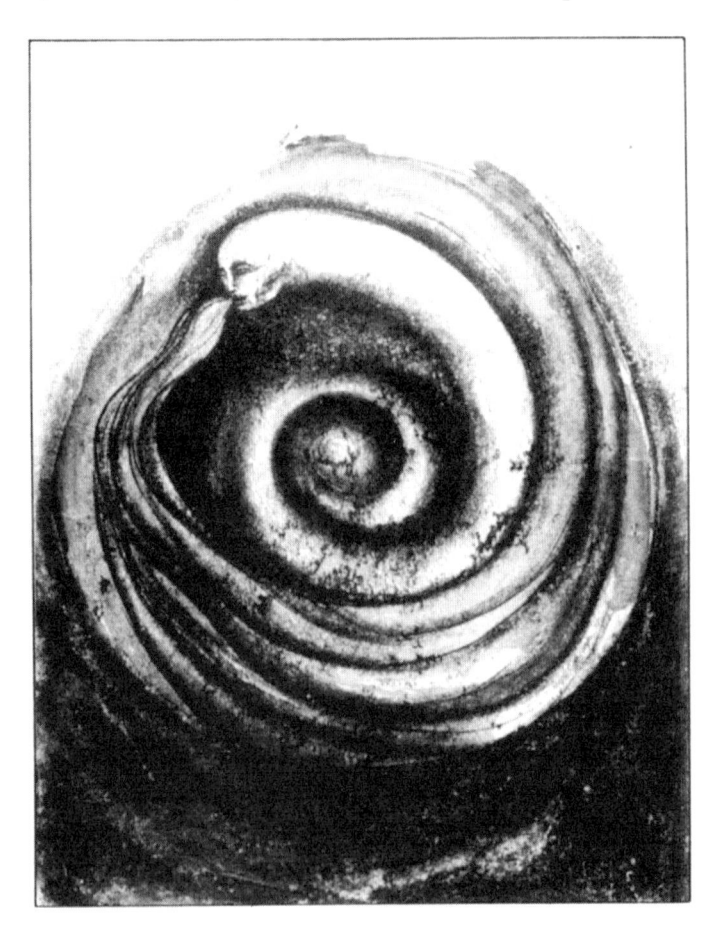

Pedra do Nascimento. Pintura de Deborah Koff-Chapin, extraída de *At the Pool of Wonder: Dreams and Visions of an Awakening* (No lago do maravilhamento: Sonhos e visões de um despertar). Copyright © 1989, por Marcia Lauck e Deborah Koff-Chapin. Reproduzida com a autorização da Bear & Company Publishing.

de fala. Somente a pessoa que tiver nas mãos esse objeto ritual pode falar, e os demais membros do círculo ouvem atentamente. Entramos no espaço e no tempo ritualísticos.

O tema do conselho foi a discussão das relações homem/mulher, e entramos num período de tempo atemporal, em que as posturas de cada pessoa sobre esse assunto tão volátil se transformaram. No decorrer do processo, percebi que esse círculo era um poderoso veículo para que mulheres e homens mudassem sua postura em relação a si mesmos e aos outros, para que falassem e ouvissem com o coração.

Ouvimos a dor de uma adolescente que foi molestada pelo pai e sua consequente indignação com todos os homens por não atuarem pelo fim do abuso sutil e ostensivo das mulheres. Ela responsabilizou cada homem que estava ali. Os meninos responderam às acusações com sua própria indignação e repugnância acerca da insensibilidade do comportamento de certos homens, cujo único poder vinha às custas de outros. Eles também expressaram medo e vergonha por não saberem como intervir, além do temor de serem categorizados como machos abusivos. Seus sentimentos de inadequação eram palpáveis.

As meninas expressaram sua raiva contra o assédio sexual na rua e seus sentimentos de medo por sua segurança. Os rapazes discutiram suas inseguranças em relação ao próprio corpo, a necessidade de estar à altura da imagem machista masculina disseminada em nossa cultura e sua confusão sobre como estar socialmente com as meninas sem que um desempenho sexual seja esperado deles. As meninas falaram sobre como eram constantemente julgadas na escola por seu corpo e sua aparência e como precisavam ser mais inteligentes do que os colegas do sexo masculino para receber atenção nas aulas. Os rapazes descreveram a dor e a frustração de ouvir os amigos homens se vangloriarem de façanhas sexuais com meninas que eram suas amigas. Tanto meninas quanto meninos expressaram o medo da separação da família e dos amigos quando saíssem de casa.

Houve muitas lágrimas e muitos momentos de tensão. Eles expressaram raiva em relação às percepções errôneas que as pessoas tinham umas das outras. Expressaram medo de que mulheres e homens nunca vivessem juntos em harmonia, com tanta confusão a respeito uns dos outros – muitas vezes mantida em silêncio. Ouvimos os preconceitos que as pessoas carregam sobre outras raças, gerações ou orientações sexuais. Foram necessárias quatro horas para que 26 alunos e todos os professores falassem. O silêncio era absoluto; a atenção estava voltada para a pessoa que segurava o bastão de fala. Ninguém que participou desse círculo foi o mesmo depois disso.

Naquela noite, tive um sonho sobre nosso conselho, no qual uma cobra entrava na sala e deslizava para o centro do círculo. Ninguém se mexia, todos observávamos a serpente em silêncio. Ela circulava o grupo e lentamente espreitava cada pessoa, parando de vez em quando para olhar fixamente. Por fim, a cobra pousava seus olhos sobre mim, me olhando profundamente, talvez até mesmo através de mim. Ela então abria a boca e dizia uma palavra, mas com tanta ênfase que eu compreendia imediatamente: "Transformação."

Esse encontro me deu uma grande esperança. Se os alunos do ensino médio puderam se reunir em círculo com os mais velhos e ouvir profundamente o medo, a raiva, a alegria, o desespero e a esperança no futuro de cada um, então talvez esses adolescentes e as crianças que vierem depois deles sejam capazes de efetuar uma cura do pecado da dualidade. Esses jovens estão aprendendo a compaixão; estão aprendendo a aceitar um ao outro, a valorizar o cuidado e a afiliação em vez da conquista e da dominação. Eles estão aprendendo que somos todos basicamente uma e a mesma coisa.

A compaixão que experimentamos juntos permitirá que cada um de nós se aproxime mais da compreensão da diversidade em vez de se sentir ameaçado por ela. Acredito que as mulheres estão afetando profundamente a massa crítica. À medida que cada uma de nós cura suas naturezas feminina e masculina, mudamos a consciência no planeta: de uma consciência viciada em sofrimento, conflito e dominação para uma consciência que reconhece a necessidade de afiliação, cura, equilíbrio e *inter-ser*. As mulheres precisam respirar mais conhecimento, mais *prajna*, no mundo para recompor esse desequilíbrio. *Somos* um povo peregrino; estamos em uma jornada *juntos* para aprender a honrar e preservar a dignidade de todas as formas de vida visíveis e invisíveis. É aí que reside nosso poder heroico.

Conclusão

A velha história acabou e o mito da busca heroica tomou um novo rumo na espiral evolutiva. A busca pelo "outro", pelo título honorífico, pela conquista, pela aclamação e pela riqueza, pelos 15 segundos de fama já não é relevante. Essa busca desorientada tem causado demasiados danos ao corpo/alma da mulher e à estrutura celular da Mãe Terra.

A heroína de hoje precisa usar a espada do discernimento para cortar os laços do ego que a aprisionam ao passado e, assim, descobrir o que é relevante ao propósito de sua alma. Ela deve abrir mão do ressentimento em relação à mãe, deixar de lado a culpa e a idolatria pelo pai e encontrar coragem para encarar a própria escuridão. Sua sombra é dela, para ser nomeada e acolhida. A mulher ilumina esses espaços escuros e sombrios dentro de si através de práticas como meditação, arte, poesia, brincadeiras, rituais, relacionamentos e escavação na terra.

A palavra *heroína* já teve muitos significados, e a mulher que recebeu esse título usou muitos disfarces. Ela já foi uma donzela em apuros esperando o resgate do cavaleiro de armadura brilhante, uma Valquíria cavalgando pelo céu conduzindo suas tropas para a batalha, uma artista solitária que pinta ossos no deserto, uma freira miúda curando as feridas dos pobres em Calcutá e uma supermãe conciliando o leite em pó e a pasta de trabalho. Ela foi mudando o rosto da mulher a cada nova geração.

A missão da heroína de hoje é extrair a prata e o ouro dentro de si mesma. Ela precisa desenvolver uma relação interior positiva com seu Homem com Coração e encontrar a voz de sua Mulher Sábia para curar seu distanciamento do sagrado feminino. Ao honrar corpo e alma, assim como sua mente, ela cura a ruptura dentro de si mesma e dentro da cultura. As mulheres de hoje estão conquistando a coragem de expressar sua visão, a força para estabelecer limites e a disposição para assumir a responsabilidade por si mesmas e pelos outros de uma maneira nova. Elas recordam as pessoas a respeito de suas origens, da necessidade de viver com consciência e de sua obrigação de preservar a vida na Terra.

> Mulheres são tecelãs; nos entrelaçamos com homens, crianças e outras mulheres para proteger a teia da vida.
> Mulheres são criadoras; nós damos à luz novas gerações e crianças de nossos sonhos.
> Mulheres são curandeiras; conhecemos os mistérios do corpo, do sangue e do espírito porque são uma única e mesma coisa.
> Mulheres são amantes; nos acolhemos com alegria, acolhemos homens, crianças, animais e árvores escutando com o coração suas vitórias e tristezas.
> Mulheres são alquimistas; revelamos as raízes da violência, da destruição e da profanação do feminino e transformamos as feridas culturais.
> Mulheres são as protetoras da alma da Terra; retiramos a escuridão do esconderijo e honramos os reinos invisíveis.
> Mulheres são mergulhadoras; submergimos nos Mistérios, onde é seguro e maravilhoso e jorra vida nova.
> Mulheres são cantoras, dançarinas, profetas e poetas; pedimos à Mãe Kali que nos ajude a lembrar quem somos enquanto seguimos nossa jornada pela vida.

> Kali, esteja conosco.
> Violência, destruição, receba nosso respeito.
> Ajude-nos a trazer a escuridão para a luz,
> A aliviar a dor, a raiva,
> Onde possa ser visto pelo que é:
> O círculo de equilíbrio para nosso amor vulnerável e dolorido.
> Coloque a fome selvagem no lugar dela,
> Dentro do ato de criação,

O poder bruto que forja um equilíbrio
Entre ódio e amor.
Ajude-nos a ser sempre esperançosas,
Jardineiras do espírito
Aquelas que sabem que sem escuridão
Nada nasce
Assim como sem a luz,
Não há flores.
Tenha em mente as raízes,
Você, a Escuridão, Kali,
Poder Incrível.[1]

– May Sarton

Notas

Introdução

1. Joseph Campbell, entrevista com o autor, Nova York, 15 de setembro de 1981.
2. Todas as citações presentes no texto foram traduzidas livremente com base no original, mesmo nos casos em que a obra já foi publicada em português. Para informações sobre as edições brasileiras, ver Bibliografia. (N. da E.)
3. Anne Truitt, Daybook: *The Journal of an Artist* (Nova York: Penguin Books, 1982, p. 110).
4. Joseph Campbell, *O herói de mil faces*.
5. Entrevista com Campbell.
6. Entrevista com Campbell.
7. Starhawk, *Dreaming the Dark*, p. 47.
8. Madeleine L'Engle, "Shake the Universe", pp. 182-185.
9. Rhett Kelly, "Lot's wife", 1989.

1. Separação do feminino

1. Harriet Goldhor Lerner, *Women in Therapy*, p. 230.
2. Polly Young-Eisendrath e Florence Wiedemann, *Female Authority*, p. 4.
3. Joseph Campbell, *O herói de mil faces*.
4. Os termos feminino e masculino são usados para descrever formas de ser, princípios inerentes à existência humana incorporados tanto por mulheres quanto por homens. Eles não se referem a gênero. O feminino foi distorcido pela cultura ocidental para transmitir a ideia de mulher/fraqueza, enquanto o masculino foi distorcido para transmitir a ideia de homem/força. Em vez disso, essas palavras devem se referir a um conjunto contínuo de atributos inerentes a todos os seres humanos, sem limitação de gênero. A busca da mulher é identificar as suas formas de ser para si própria sem as limitações impostas por palavras como feminino e masculino.
5. Sibylle Birkauser-Oeri, *The Mother*, p. 14.
6. Lerner, *Women in Therapy*, p. 58.
7. Carol Pearson e Katherine Pope, *The Female Hero in American and British Literature*, p. 105.

8   Carol Pearson and Katherine Pope, *The Female Hero in American and British Literature*, p. 105.
9   Kathie Carlson, *In Her Image: The Unhealed Daughter's Search for Her Mother* (Boston & Shaftesbury: Shambhala Publications, 1989), p. 55.
10 Pearson and Pope, *The Female Hero*, p. 120.
11 Young-Eisendrath and Wiedemann, *Female Authority*, p. 45.
12 Young-Eisendrath and Wiedemann, *Female Authority*, p. 45.
13 Adrienne Rich, *Of Woman Born*, pp. 246-247.
14 Barbara G. Walker, *The Woman's Encyclopedia of Myths and Secrets*, p. 488.
15 Ver Marija Gimbutas, *Goddesses and Gods of Old Europe*, e Merlin Stone, *When God Was a Woman*.
16 O temo matrifobia, criado pela poeta Lynn Sukenick, significa o medo não de ser igual à mãe, mas de se tornar a própria mãe. Ver Rich, *Da mulher nascida*, p. 237.
17 Rich, *Da mulher nascida*, p. 218.
18 Lerner, *Women in Therapy*, p. 182.
19 Lerner, *Women in Therapy*, p. 182.
20 Carol Pearson, *The Hero Within*, p. 196.
21 Cheri Gaulke, entrevista com a autora, Los Angeles, Califórnia, 23 out. 1986.
22 Cheri Gaulke, entrevista com a autora, Los Angeles, Califórnia, 23 out. 1986.
23 De acordo com um estudo realizado pela Rand Corporation, divulgado em fevereiro de 1989 e relatado no artigo "Women Narrowing Wage Gap, but Poverty Grows, Study Finds" – "Estudo aponta que mulheres diminuem desigualdade salarial, mas pobreza cresce" (Sacramento Bee Final, 08/fevereiro/1989), os salários de todas as mulheres trabalhadoras aumentaram de 60 para 65% dos salários recebidos pelos homens entre 1980 e 1986. Na faixa etária entre 20 e 24 anos, o salário das mulheres aumentou de 78% do salário dos homens para 86%. Até o ano 2000, a estimativa conservadora era de que as mulheres ganhariam 74% do salário dos homens. A pobreza é uma condição mais provável para as mulheres devido aos salários mais baixos e porque a maioria das famílias monoparentais são chefiadas pela mãe. Em 1940, apenas uma em cada dez famílias tinha chefes de família do sexo feminino. Em 1980, no entanto, esse número havia aumentado em 40%. As mulheres encabeçavam quase uma em cada sete famílias. Sessenta e dois por cento dos adultos pobres eram mulheres. A diferença entre os rendimentos dos homens e das mulheres não causava diferenças nas estatísticas de pobreza se as famílias permanecessem intactas. Essa proteção terminou com o aumento da incidência de divórcios e de mães solteiras e a consequente proliferação de famílias monoparentais.

Em um estudo sobre pais trabalhadores e a revolução em casa, publicado no livro *The Second Shift* (Nova York: Viking, 1989), a socióloga Arlie Hochschild constatou que as mulheres desempenham a maioria das tarefas domésticas e fazem a maior parte das tarefas parentais, tentando de fato realizar as tarefas de dois empregos em tempo integral em um dia de 24 horas. De acordo com seus cálculos compilados durante um período de oito anos, ela observou que, em média, as mulheres norte-americanas, nos anos 1970 e 1980, trabalharam cerca de quinze horas a mais por semana do que os

homens. Por ano, soma-se um mês inteiro de trabalho extra. Somente as mulheres que ganhavam mais do que seus maridos faziam menos da metade do trabalho doméstico.
24 Janet O. Dallett, *When the Spirits Come Back*, p. 27.
25 Young-Eisendrath e Wiedemann, *Female Authority*, p. 63.
26 Carlson, *À sua imagem*, p. 77.

2. Identificação com o masculino

1 Lynda W. Schmidt, "How the Father's Daughter Found Her Mother", p. 8.
2 Kathy Mackay, "How Fathers Influence Daughters", pp. 1-2.
3 Kathy Mackay, "How Fathers Influence Daughters", pp. 1-2.
4 Kathy Mackay, "How Fathers Influence Daughters", pp. 1-2.
5 Kathy Mackay, "How Fathers Influence Daughters", pp. 1-2.
6 Kathy Mackay, "How Fathers Influence Daughters", pp. 1-2.
7 Kathy Mackay, "How Fathers Influence Daughters", pp. 1-2.
8 Linda Schierse Leonard, *The Wounded Woman*, pp. 113-114.
9 Mackay, "How Fathers Influence Daughters".
10 Jean Shinoda Bolen, *Goddesses in Everywoman*, p. 7.
11 "Making It", L. A. *Times Magazine*, 4 de dezembro de 1988, p. 72.
12 Polly Young-Eisendrath e Florence Wiedemann, *Female Authority*, p. 49.
13 Carol Pearson e Katherine Pope, *The Female Hero in American and British Literature*, p. 121.
14 Lewis Carroll, *Alice's Adventures in Wonderland and Through the Looking Glass*, p. 165.
15 Pearson e Pope, *The Female Hero*, p. 123.
16 Leonard, *The Wounded Woman*, p. 17.
17 Mackay, "How Fathers Influence Daughters".
18 Carol Pearson, *The Hero Within*, pp. 125-126.

3. O caminho de provas

1 Kathy Mackay, "How Fathers Influence Daughters".
2 Harriet Goldhor Lerner, *Women in Therapy*, p. 159.
3 Harriet Goldhor Lerner, *Women in Therapy*, p. 162.
4 Betty Friedan, *The Second Stage*, p. 219.
5 Carol Pearson e Katherine Pope, *The Female Heroin American and British Literature*, p. 66.
6 Carol Pearson e Katherine Pope, *The Female Heroin American and British Literature*, p. 255.
7 Polly Young-Eisendrath e Florence Wiedemann, *Female Authority*, p. 119.
8 Pearson e Pope, *The Female Hero*, p. 143.
9 A narrativa de Psiquê e Eros foi extraída de Robert A. Johnson, *She: Understanding Feminine Psychology*, pp. 5-22.

10 Título original: *She: Understanding Feminine Psychology*. Versão publicada no Brasil: JOHNSON, Robert A. *She: a chave do entendimento da Psicologia Feminina*. São Paulo: Mercuryo, 1987.
11 Robert A. Johnson, *She: Understanding Feminine Psychology*, p. 23. (Tradução nossa).
12 Robert A. Johnson, *She: Understanding Feminine Psychology*, p. 69.

4. A dádiva ilusória do sucesso

1 "Making It", L. A. *Times Magazine*, 4 de dezembro de 1988, pp.72-74.
2 Betty Friedan, *The Second Stage*, p. 56.
3 Betty Friedan, *The Second Stage*, p. 113.
4 Helen M. Luke, *Woman, Earth and Spirit*, p. 8.
5 Madonna Kolbenschlag, *Kiss Sleeping Beauty Goodbye*, p. 83.

5. Mulheres fortes podem dizer não

1 "Fueling the Inner Fire: a conversation with Marti Glenn", in: *Venus Rising* 3, n. 1 (1989).
2 Roger L. Gree, *Heroes of Greece and Troy*, p. 222.
3 Roger L. Gree, *Heroes of Greece and Troy*, pp. 222-223.
4 Carol P. Christ, *Laughter of Aphrodite*, pp. 97-98.
5 Carol P. Christ, *Laughter of Aphrodite*, pp. 98-99.
6 Carol P. Christ, *Laughter of Aphrodite*, p. 99.
7 John Russell, *The New York Times*, seção Artes e Entretenimento, fevereiro de 1981. Citado por Betty Friedan, *The Second Stage*.
8 Excertos de um trabalho com Jean Shinoda, em "The Journey of the Heroine", *Venus Rising* 3, n. 1 (1989).
9 Sylvia Brinton Perera, *Descent to the Goddess*, p. 8.

6. Iniciação e descida para a Deusa

1 Patricia Reis,"The Goddess and the CreativeProcess", em: Patrice Wynne, *The Woman spirit Sourcebook*, p. 181.
2 Barbara G. Walker, *The Skeptical Feminist*, p. 117.
3 Barbara G. Walker, *The Skeptical Feminist*, p. 122.
4 Merlin Stone, *When God Was a Woman*, p. 219.
5 Barbara Walker, *The Skeptical Feminist*, p. 133.
6 Barbara G. Walker, *The Woman's Encyclopedia of Myths and Secrets*, pp. 218-19.
7 Barbara G. Walker, *The Woman's Encyclopedia of Myths and Secrets*, pp. 219-20.
8 Barbara G. Walker, *The Woman's Encyclopedia of Myths and Secrets*, p. 220.
9 Charles Boer (tradutor), "The Hymn to Demeter", em: *Homeric Hymns*, 2ed. rev. Texas: Irving, 1979, pp. 89-135.

10 Jean Shinoda Bolen, *Goddesses in Every Woman*, pp. 169–71.
11 Helen Luke, *Woman, Earth and Spirit*, p. 56.
12 Christine Downing, *The Goddess*, p. 48.
13 Helen Luke, *Woman, Earth and Spirit*, p. 65.
14 C. G. Jung, "Psychological Aspects of the Kore", em: C. G. Jung e K. Kerenyi, *Essays on a Science of Mythology*, p. 215.
15 Luke, *Woman, Earth and Spirit*, p. 57.
16 Luke, *Woman, Earth and Spirit*, p. 54.
17 Luke, *Woman, Earth and Spirit*, p. 64.
18 Sylvia Brinton Perera, *Descent to the Goddess*, pp. 9-10.
19 Sylvia Brinton Perera, *Descent to the Goddess*, p. 59.
20 Sylvia Brinton Perera, *Descent to the Goddess*, p. 23.
21 Sylvia Brinton Perera, *Descent to the Goddess*, p. 24.
22 Sylvia Brinton Perera, *Descent to the Goddess*, p. 40.
23 Sylvia Brinton Perera, *Descent to the Goddess*, p. 67.
24 Sylvia Brinton Perera, *Descent to the Goddess*, p. 70.
25 Sylvia Brinton Perera, *Descent to the Goddess*, p. 78.
26 Sylvia Brinton Perera, *Descent to the Goddess*, p. 81.
27 Sylvia Brinton Perera, *Descent to the Goddess*, p. 90.
28 Sylvia Brinton Perera, *Descent to the Goddess*, p. 94.
29 Sylvia Brinton Perera, *Descent to the Goddess*, p. 91.

7. Anseio urgente de reconexão com o feminino

1 Jean Shinoda Bolen, "Intersection of the Timeless with Time: Where Two Worlds Come Together," *Address to Annual ATP Conference*, Monterey, Califórnia, 6 ago. 1988.
2 Carol P. Christ, *Laughter of Aphrodite*, p. 124.
3 Bolen, *ATP*.
4 Jean Markale, *Women of the Celts*, p. 99.
5 Jean Markale, *Women of the Celts*, p. 99.
6 Jean Markale, *Women of the Celts*, p. 96.
7 Buffie Johnson, *Lady of the Beasts*, p. 262.
8 Markale, *Women of the Celts*, p. 100.
9 John Sharkey, *Celtic Mysteries*, p. 8.
10 Marion Woodman, *The Pregnant Virgin*, p. 58.
11 Marion Woodman, *The Pregnant Virgin*, p. 58.
12 Maureen Murdock, *Changing Women*, p. 43.
13 Marie-Louise von Franz e James Hillman, *Jung's Typology*, p. 116.
14 P. L. Travers, *Out from Eden*, p. 16.
15 Monge budista vietmamita,Thich Nhat Hanh, que ensina a simples meditação de respirar e sorrir.
16 Sheila Moon, *Changing Woman and Her Sisters*, p. 139.

17 Sheila Moon, *Changing Woman and Her Sisters*, p. 136-38.
18 Sheila Moon, *Changing Woman and Her Sisters*, p. 138.
19 Colleen Kelly, entrevista com a autora, Point Reyes, Califórnia, 1 nov. 1986.
20 Mina Klein e Arthur Klein, *Käthe Kollwitz*, p. 104.
21 Mina Klein e Arthur Klein, *Käthe Kollwitz*, p. 82.
22 Mina Klein e Arthur Klein, *Käthe Kollwitz*, p. 92.
23 Luisah Teish, entrevista com a autora, Los Angeles, Califórnia, 7 nov. 1986.
24 Moon, *Changing Woman*, pp. 157-58.
25 Moon, *Changing Woman*, p. 169.
26 Kathleen Jenks, *Changing Woman*, p. 209, apud Klah, Hasten e Wheelwright, Mary, *Navajo Creation Myths* (Santa Fe, N. M.: Museum of Navajo Ceremonial Art, 1942), p. 152.
27 Joan Sutherland, entrevista com a autora, Malibu, Califórnia, 6 fev. 1986.
28 Murdock, *Changing Women*, p. 44.
29 Nancee Redmond, sem título, 10 dez. 1986.

8. Curando a ruptura mãe/filha

1 Janet O. Dallett, *When the Spirits Come Back*, p. 32.
2 James Hillman e Marie-Louise von Franz, *Jung's Typology*, pp. 113-14.
3 James Hillman e Marie-Louise von Franz, *Jung's Typology*, pp. 113-14.
4 Rose-Emily Rothenberg, "The Orphan Archetype".
5 Lynda W. Schmidt, "How the Father's Daughter Found Her Mother", p. 10.
6 Lynda W. Schmidt, "How the Father's Daughter Found Her Mother", p. 18.
7 Patricia C. Fleming, *Persephone's Search for Her Mother*, p. 143.
8 Patricia C. Fleming, *Persephone's Search for Her Mother*, p. 144-47.
9 Ginette Paris, *Pagan Meditations*, p. 167.
10 Ginette Paris, *Pagan Meditations*, p. 178.
11 Para mais informações sobre reuniões femininas, ver: Patrice Wynne, *The Womanspirit Sourcebook*. San Francisco: Harper & Row, 1988.
12 Ginette Paris, *Pagan Meditations*, p. 175.
13 Flor Fernandez, entrevista com a autora, Venice, Califórnia, 14 out. 1989.
14 Mark Schorer, "The Necessity of Myth", em: Henry A. Murray (ed.), *Myth and Mythmaking*, p. 355.
15 Hilary Robinson (ed.). *Visibly Female: Feminism and Art Today*. Nova York: Universe Books, 1988, p. 158.
16 Estella Lauter, *Women as Mythmakers*, p. 170.
17 Estella Lauter, *Women as Mythmakers*, p. 1.
18 Estella Lauter, *Women as Mythmakers*, p. 1.
19 Nancy Ann Jones, entrevista com a autora, Los Angeles, Califórnia, 10 ago. 1988.
20 Nancy Ann Jones, entrevista com a autora, Los Angeles, Califórnia, 10 ago. 1988.
21 Mayumi Oda, entrevista com a autora citada parcialmente em: Murdock, *Changing Woman*, p. 45.

22 Mayumi Oda, entrevista com a autora citada parcialmente em: Murdock, *Changing Woman*, p. 45.
23 Buffie Johnson, entrevista com a autora, Venice, Califórnia, 18 fev. 1986.
24 Buffie Johnson, entrevista com a autora, Venice, Califórnia, 18 fev. 1986.
25 Susan Griffin, "This Earth: What She Is to Me", *Woman and Nature*, p. 219.
26 Marion Woodman, *The Pregnant Virgin*, p. 10.

9. Encontrar o homem interior com coração

1 Jean Shinoda Bolen, "Intersection of the Timeless with Time: Where Two Worlds Come Together", *Address to Annual ATP Conference*, Monterey, Califórnia, 06 ago. 1988.
2 Edward C. Whitmont, *Return of the Goddess*, p. 155.
3 *Los Angeles Times*, 29 maio 1989.
4 Whitmont, *Return of the Goddess*, p. 172.
5 Carol Pearson, *The Hero Within*, p. 125.
6 Sybille Birkhauser-Oeri, *The Mother*, p. 121.
7 Helen Luke, *Woman, Earth and Spirit*, p. 63.
8 June Singer, "A Silence of the Soul", p. 32.
9 Erich Neumann, *Amor and Psyche*, p. 140.
10 Ethel Johnston Phelps, *The Maid of the North*.
11 Ethel Johnston Phelps, *The Maid of the North*, p. 37.
12 Ethel Johnston Phelps, *The Maid of the North*, p. 38.
13 Ethel Johnston Phelps, *The Maid of the North*, p. 39.
14 Ethel Johnston Phelps, *The Maid of the North*, p. 40.
15 Ethel Johnston Phelps, *The Maid of the North*, p. 43.
16 Ethel Johnston Phelps, *The Maid of the North*, p. 43.
17 Ethel Johnston Phelps, *The Maid of the North*, p. 44.
18 Ethel Johnston Phelps, *The Maid of the North*, p. 44.
19 Whitmont, *Return of the Goddess*, p. 167.
20 Whitmont, *Return of the Goddess*, p. 171.
21 Whitmont, *Return of the Goddess*, p. 173.
22 Bolen, *ATP*.
23 Betty DeShong Meador, "Uncursing the Dark", pp. 37-38.
24 Janine Canan (ed.). *She Rises Like the Sun*. Freedom, Califórnia: Crossing Press, 1989. p. 20.
25 Anne Waldman, "Secular/Sexual Musings", p. 13.

10. Além da dualidade

1 Martin Buber, *I and Thou*.
2 Thich Nhat Hanh ofereceu uma série de retiros e palestras na American Buddhism, nos Estados Unidos. Alguns excertos foram compilados por Peter Levitt em *The Heart of Understanding*.

3 Peter Levitt em *The Heart of Understanding*.
4 Matthew Fox, *Original Blessing*, p. 54.
5 Entrevista de Elaine Pagels com Bill Moyers, em "A World of Ideas".
6 Entrevista de Elaine Pagels com Bill Moyers, em "A World of Ideas".
7 Donna Wilshire e Bruce Wilshire, "Gender Stereotypes and Spatial Archetypes".
8 Mary Ann Cejka, "Naming the Sinof Sexism", *CatholicAgitator*, abril de 1989, p. 2.
9 Wilshire e Wilshire, "Gender Stereotypes", p. 82.
10 *The Early Civilization of Europe, Monograph for Indo-European Studies 131*. Los Angeles: UCLA, 1980 (cap. 2, pp. 32-33, como citado em Riane Eisler, *The Chalice and the Blade*, p. 14.)
11 Eisler, *The Chalice and the Blade*, p. 14.
12 Eisler, *The Chalice and the Blade*, p. 14.
13 Eisler, *The Chalice and the Blade*, p. 14.
14 Eisler, *The Chalice and the Blade*, p. 15.
15 Eisler, *The Chalice and the Blade*, p. 18.
16 Eisler, *The Chalice and the Blade*, p. 20-21.
17 Eisler, *The Chalice and the Blade*, p. 23-24.
18 Eisler, *The Chalice and the Blade*, p. 28.
19 Marija Gimbutas, *Goddesses and Gods of Old Europe, 7000–3500 b.c.*, p. 237.
20 Mircea Eliade, *Patterns in Comparative Religion*, 1958, p. 421, apud Marta Weigle, *Spiders and Spinsters*, p. 269.
21 Apud Weigle, *Spiders and Spinsters*, p. 267.
22 Elaine Pagels, *The Gnostic Gospels*, p. 62.
23 Elaine Pagels, *The Gnostic Gospels*, p. 64.
24 Elaine Pagels, *The Gnostic Gospels*, p. 65.
25 Elaine Pagels, *The Gnostic Gospels*, p. 72.
26 Elaine Pagels, *The Gnostic Gospels*, p. 81-82.
27 Edward Whitmont, *Return of the Goddess*, p. 164.
28 Elaine Pagels, *The Gnostic Gospels*, p. 82.
29 N. T.: Os celtas tinham a expressão "Amam Cara", o "amigo de alma", uma presença compassiva que poderia ser exercida por um guia espiritual, por um professor ou colega, fosse clérigo ou leigo, homem ou mulher.
30 Notas da autora realizadas nas palestras de Vivienne Hull, na Chinook Community, Escócia, 20-21 jun. 1988.
31 José Arguelles e Miriam Arguelles, *Mandala*, p. 23.
32 José Arguelles e Miriam Arguelles, *Mandala*, p. 127.
33 José Arguelles e Miriam Arguelles, *Mandala*, p. 127.

Conclusão

1 May Sarton, de "The Invocation to Kali", em Laura Chester e Sharon Barba (eds.) *Rising Tides*, p. 67.

Bibliografia

Livros

Arguelles, José; Arguelles, Miriam. *Mandala*. Berkeley: Shambhala Publications, 1972.
Birkhauser-Oeri, Sibylle. *The Mother*: Archetypal Image in Fairy Tales. Toronto: Inner City Books, 1988.
Boer, Charles (trad.). "The Hymn to Demeter". In: *Homeric Hymns.* 2ed. rev. Irving, Texas: Spring Publications, 1979.
Bolen, Jean Shinoda. *Goddesses in Everywoman*: A New Psychology of Women. São Francisco: Harper & Row, 1984. [Edição brasileira: *As deusas e a mulher*. São Paulo: Paulinas, 1990.]
Buber, Martin. *I and Thou*. Nova York: Scribner, 1958. [Edição brasileira: *Eu e Tu*. São Paulo: Centauro, 2001.]
Budapest, Zsuzsanna. *The Grandmother of Time*. São Francisco: Harper & Row, 1989.
Budapest, Zsuzsanna. *The Holy Book of Women's Mysteries.* Berkeley: Wingbow Press, 1989.
Campbell, Joseph. *The Hero with a Thousand Faces*. Bollingen Series 17. Princeton: Princeton University Press, 1949.
Campbell, Joseph. *The Power of Myth*. Nova York: Doubleday, 1988.
Canan, Janine. *Her Magnificent Body:* New and Selected Poems. Manroot Books, 1986.
Canan, Janine (org.). *She Rises Like the Sun*. Freedom, Califórnia: Crossing Press, 1989.
Carroll, Lewis. *Alice's Adventures in Wonderland and Through the Looking Glass*. Nova York: New American Library, 1960.
Chernin, Kim. *Reinventing Eve*. Nova York: Harper & Row, 1987.
Chester, Laura; Barba, Sharon (orgs.). *Rising Tides*: 20th Century American Women Poets. Nova York: Washington Square Press, 1973.
Christ, Carol P. *Laughter of Aphrodite*. São Francisco: Harper & Row, 1987.
Clift, Jean Dalby; Clift, Wallace B. *The Hero Journey in Dreams*. Nova York: Crossroad Publishing Co., 1988.
Dallett, Janet O. *When the Spirits Come Back*. Toronto: Inner City Books, 1988.
Downing, Christine. *The Goddess*. Nova York: Crossroad Publishing Co., 1981.

Edinger, Edward F. *Ego and Archetype*. Nova York: Putnam's/Jung Foundation, 1972.

Eisler, Riane. *The Chalice and the Blade*. São Francisco: Harper & Row, 1987. [Edição brasileira: *O cálice e a espada*. Rio de Janeiro: Imago, 1989.]

Fox, Matthew. *Original Blessing*. Santa Fe: Bear & Company, 1983. [Edição brasileira: *Pecados do espírito, bênçãos da carne*. Campinas: Verus, 2004.]

Friedan, Betty. *The Second Stage*. Nova York: Summit Books, 1981. [Edição brasileira: *A segunda etapa*. Rio de Janeiro: Francisco Alves, 1983.]

Gimbutas, Marija. *Goddesses and Gods of Old Europe, 7000–3500 b.c.* Berkeley/Los Angeles: University of California Press, 1982.

Green, Roger L. *Heroes of Greece and Troy*. Nova York: Walck, 1961.

Griffin, Susan. *Like the Iris of an Eye*. Nova York: Harper & Row, 1976.

Griffin, Susan. *Woman & Nature*: The Roaring Inside Her. Nova York: Harper & Row, 1978.

Hall, Nor. *The Moon and the Virgin*. Nova York: Harper & Row, 1980.

Hammer, Signe. *Passionate Attachments*: Fathers and Daughters in America Today. Nova York: Rawson Associates, 1982.

Hildegard of Bingen. *Illuminations of Hildegard of Bingen*. Santa Fe: Bear & Company, 1985.

Johnson, Buffie. *Lady of the Beasts*. São Francisco: Harper & Row, 1988.

Johnson, Robert A. *She: Understanding Feminine Psychology*. São Francisco: Harper & Row, 1977. [Edição brasileira: *She – A chave do entendimento da psicologia feminina*. São Paulo: Mercuryo, 1987.]

Jung, C. G.; Kerenyi, K. "Psychological Aspects of the Kore." *Essays on a Science of Mythology*. Nova York: Pantheon Books, 1949.

Klein, Mina C.; Klein, H. Arthur, *Käthe Kollwitz: Life in Art*. Nova York: Schocken Books, 1975.

Kolbenschlag, Madonna. *Kiss Sleeping Beauty Goodbye*. São Francisco: Harper & Row, 1979. [Edição brasileira: *Adeus, Bela Adormecida*. São Paulo: Saraiva, 1991.]

Lauter, Estella. *Woman as Mythmakers*: Poetry and Visual Art by Twentieth-Century Women. Bloomington: Indiana University Press, 1984.

Leonard, Linda Schierse. *The Wounded Woman*. Boston: Shambhala Publications, 1982.

Lerner, Harriet Goldhor. *Women in Therapy*. Nova York: Harper & Row, 1988. [Edição brasileira: *Mulheres em terapia*. Porto Alegre: Artes Médicas, 1990.]

Levitt, Peter. *The Heart of Understanding*. Berkeley, Califórnia: Parallax Press, 1988.

Luke, Helen M. *Woman, Earth and Spirit*: The Feminine in Symbol and Myth. Nova York: Crossroad Publishing Co., 1981.

Markale, Jean. *Women of the Celts*. Rochester, Vermont: Inner Traditions International, 1986.

Moon, Sheila. *Changing Woman and Her Sisters*. São Francisco: Guild for Psychological Studies, 1984.

Murray, Henry A. (org.). *Myth and Mythmaking*. Boston: Beacon Press, 1960.

Neumann, Erich. *Amor and Psyche:* The Psychic Development of the Feminine. Bollingen Series 54. Princeton: Princeton University Press, 1955. [Edição brasileira:

Amor e Psiquê – Uma contribuição para o desenvolvimento da psiquê feminina. São Paulo: Cultrix, 1993.]

Neumann, Erich. *The Great Mother*: An Analysis of the Archetype. Bollingen Series 47. Princeton: Princeton University Press, 1955.

Pagels, Elaine. *The Gnostic Gospels*. Nova York: Vintage Books, 1981. [Edição brasileira: *Os Evangelhos Gnósticos*. Rio de Janeiro: Objetiva, 2006.]

Paris, Ginette. *Pagan Meditations*: The Worlds of Aphrodite, Artemis and Hestia. Dallas: Spring Publications, 1986. [Edição brasileira: *Meditações pagãs*. Petrópolis: Vozes, 1994.]

Pearson, Carol. *The Hero Within*. São Francisco: Harper & Row, 1986. [Edição brasileira: *O despertar do herói interior*. São Paulo: Cultrix, 1992.]

Pearson, Carol; Pope, Katherine. *The Female Hero in American and British Literature*. Nova York: R. R. Bowker Co., 1981.

Perera, Sylvia Brinton. *Descent to the Goddess*. Toronto: Inner City Books, 1981. [Edição brasileira: *Caminho para a iniciação feminina*. São Paulo: Paulus, 1985.]

Phelps, Ethel Johnston. *The Maid of the North*: Feminist Folk Tales from Around the World. Nova York: Holt, Rinehart, and Winston, 1981.

Rich, Adrienne. *Of Woman Born:* Motherhood as Experience and Institution. Nova York: Bardam Books, 1976.

Sharkey, John. *Celtic Mysteries*: The Ancient Religion. Nova York: Thames and Hudson, 1975.

Starhawk. *Dreaming the Dark*: Magic, Sex and Politics. Boston: Beacon Press, 1982.

Stone, Merlin. *Ancient Mirrors of Womanhood*. Boston: Beacon Press, 1979.

Stone, Merlin. *When God Was a Woman*. San Diego: Harcourt Brace Jovanovich, 1978.

Von Franz, Marie-Louise; Hillman, James. *Jung's Typology:* The Inferior Function and the Feeling Function. Dallas: Spring Publications, 1971. [Edição brasileira: *A tipologia de Jung*. São Paulo: Cultrix, 1971.]

Walker, Barbara G. *The Skeptical Feminist*. São Francisco: Harper & Row, 1987.

Walker, Barbara G. *The Woman's Encyclopedia of Myths and Secrets*. São Francisco: Harper & Row, 1983.

Weigle, Marta. *Spiders and Spinsters*: Women and Mythology. Albuquerque: University of New Mexico Press, 1982.

Whitmont, Edward C. *Return of the Goddess*. Nova York: Crossroad Publishing, 1988. [Edição brasileira: *Retorno da Deusa*. São Paulo: Summus, 1991.]

Woodman, Marion. *The Pregnant Virgin:* A Process of Psychological Transformation. Toronto: Inner City Books, 1985. [Edição brasileira: *A virgem grávida*. São Paulo: Paulus, 1999.]

Wynne, Patrice. *The Womanspirit Sourcebook*. São Francisco: Harper & Row, 1988.

Young-Eisendrath, Polly; Wiedemann, Florence. *Female Authority:* Empowering Women through Psychotherapy. Nova York: Guilford Press, 1987.

Artigos

Fleming, Patricia C. "Persephone's Search for Her Mother." *Psychological Perspectives* 15, n. 2 (outono de 1984): 127-47.
Jenks, Kathleen. "'Changing Woman': The Navajo Therapist Goddess." *Psychological Perspectives* 17, n. 2 (outono de 1986).
L'Engle, Madeleine. "Shake the Universe." *Ms magazine*. Julho/agosto de 1987.
Mackay, Kathy. "How Fathers Influence Daughters." *Los Angeles Times*, 6 de abril de 1983.
Meador, Betty DeShong. "Uncursing the Dark: Restoring the Lost Feminine." *Quadrant* 22, n. 1 (1989): 27-39.
Murdock, Maureen. "Changing Women: Contemporary Faces of the Goddess." *Women of Power* 12 (inverno de 1989).
Rothenberg, Rose-Emily. "The Orphan Archetype." *Psychological Perspectives* 14, n. 2 (outono de 1983).
Schmidt, Lynda W. "How the Father's Daughter Found Her Mother." *Psychological Perspectives* 14, n. 1 (primavera de 1983): 8-19.
Singer, June. "A Silence of the Soul: The Sadness of the Successful Woman." *The Quest* (verão de 1989).
Travers, P. L. "Out from Eden." *Parabola* 11, n. 3 (agosto de 1986).
Waldman, Anne. "Secular/Sexual Musings." *Vajradhatu Sun* 10, n. 6.
Wilshire, Donna W.; Wilshire, Bruce W. "Gender Stereotypes and Spatial Archetypes." *Anima* 15, n. 2 (primavera de 1989).

Poemas

Connor, Julia. "On the Moon of the Hare." In: *Making the Good*. Santa Fe: Tooth of Time Books, 1988.
Di Prima, Diane. "Prayer to the Mothers." In: Chester, Laura; Barba, Sharon (orgs.). *Rising Tides*. Nova York: Washington Square Press, 1973.
Jong, Erica. "Alcestis on the Poetry Circuit." In: *Half-Lives*. Nova York: Holt, Rinehart & Winston, 1973.
Piercy, Marge. "For Strong Women." In: *Circles on the Water:* Selected Poems of Marge Piercy. Nova York: Alfred A. Knopf, 1982.
Waldman, Anne. "Duality (A Song)." *Fast Speaking Music*, BMI, 1989.

Fontes das ilustrações

p. 38: "Górgona" a partir de Templo de Veii, Museo di Villa Giulia, 500 a.C. Ilustração de Sandra Stafford, copyright © 1989.

p. 53: "O nascimento de Atena", a partir de detalhe de faixas de bronze num escudo, 580-570 a.C., Museu Nacional de Atenas. Ilustração de Sandra Stafford/Ron James, copyright © 1989.

p. 68: *Desafiando o mito III*, pintura de Nancy Ann Jones, copyright © 1986.

p. 105: "Senhora das feras", a partir de detalhe de pintura numa ânfora de terracota, Beócia, séc. VII a.C., Museu Nacional de Atenas. Ilustração de Sandra Stafford, copyright © 1989, foto de Martha Walford.

p. 134: "Sheela-na-gig", a partir de entalhe na Igreja de St. Mary e St. David, Kilpeck. Ilustração de Sandra Stafford, copyright © 1989.

p. 152: *Mãe e filha*, pintura de Meinrad Craighead de *The Mother's Songs: Images of God the Mother*, copyright © 1986 por Meinrad Craighead. Reproduzida com autorização da Meinrad Craighead e Paulist Press.

p. 200: "Pedra do nascimento", pintura de Deborah Koff-Chapin de *At the Pool of Wonder: Dreams and Visions of an Awakening*, copyright © 1989 por Marcia Lauck e Deborah Koff-Chapin. Reproduzida com autorização da Bear & Company Publishing.

Agradecimentos

A jornada da heroína é o trabalho de muitas mulheres com as quais tenho empreendido uma cojornada. Gostaria de expressar meu apreço em particular às mulheres que integraram meus grupos de mulheres durante os últimos 12 anos. Passamos juntas por todas as etapas da jornada, atuando como aliadas, ogras, coandarilhas, curandeiras e, por fim, nos tornando um conselho de idosas tagarelas.

Aprendi sobre as sutis diferenças entre a busca masculina e a feminina com os participantes de minhas oficinas e aulas sobre a jornada do herói/da heroína. Meus agradecimentos em especial a esses homens e mulheres, que buscavam a cura de sua ferida feminina. Sou grata pela oportunidade de compartilhar as jornadas das mulheres que conduzi na busca dessa visão, das mulheres em terapia, das minhas amigas mulheres e das mulheres de minha família. Sou especialmente grata àquelas que me permitiram, generosamente, contar neste livro seus sonhos e histórias.

Uma mulher em particular tem sido minha guia ao me fazer perceber minha confiança no velho modelo do herói e me ajudar a curar minha ruptura mãe/filha: Gilda Frantz. Agradeço profundamente por estar ao meu lado e por encorajar o processo de minha jornada criativa.

Meus agradecimentos às pessoas a quem entrevistei durante a preparação deste livro: a Joseph Campbell, que estava lá no início, e às mulheres artistas e poetas cujo trabalho expressa profundamente seu compromisso de reivindicar o poder e a beleza do feminino. Obrigada também ao grupo Impossible Women, com o qual compartilhei pela primeira vez meu diagrama da jornada da heroína.

Várias pessoas me ajudaram a preparar este trabalho: minha filha, Heather, que atuou como assistente com pesquisas, notas de rodapé, edição e um bom humor no geral; Jeffrey Herring, que obteve as autorizações necessárias; e meu parceiro, Bill Dial. A equipe de trabalho da Biblioteca Jung, em Los Angeles, cedeu-me generosamente seu tempo e sua assistência; e Martha Walford compartilhou seus slides de artefatos antigos da deusa, enquanto Sandra Stafford desenhou as ilustrações.

Sou especialmente grata à minha editora, Emily Hilburn Sell, da Shambhala Publications, com quem partilhei muitas risadas durante a preparação final deste livro. Apreciei seu humor, sua sabedoria e seu entusiasmo desde o início com este projeto. Gostaria de agradecer pela assistência espiritual permanente que tenho recebido da Grande Mãe durante o desvelo na busca desta heroína. Sua imagem está em meu computador sob várias formas: meus agradecimentos à Mãe Ursa, Kwan Yin, Mari-Afrodite, Nut e Mahuea. Por fim, sou grata às mulheres de linhagem feminina por sua força celta, suas canções, sua narração de histórias e sua devoção aos reinos invisíveis.

CONHEÇA ALGUNS DESTAQUES DE NOSSO CATÁLOGO

- Augusto Cury: Você é insubstituível (2,8 milhões de livros vendidos), Nunca desista de seus sonhos (2,7 milhões de livros vendidos) e O médico da emoção
- Dale Carnegie: Como fazer amigos e influenciar pessoas (16 milhões de livros vendidos) e Como evitar preocupações e começar a viver
- Brené Brown: A coragem de ser imperfeito – Como aceitar a própria vulnerabilidade e vencer a vergonha (900 mil livros vendidos)
- T. Harv Eker: Os segredos da mente milionária (3 milhões de livros vendidos)
- Gustavo Cerbasi: Casais inteligentes enriquecem juntos (1,2 milhão de livros vendidos) e Como organizar sua vida financeira
- Greg McKeown: Essencialismo – A disciplinada busca por menos (700 mil livros vendidos) e Sem esforço – Torne mais fácil o que é mais importante
- Haemin Sunim: As coisas que você só vê quando desacelera (700 mil livros vendidos) e Amor pelas coisas imperfeitas
- Ana Claudia Quintana Arantes: A morte é um dia que vale a pena viver (650 mil livros vendidos) e Pra vida toda valer a pena viver
- Ichiro Kishimi e Fumitake Koga: A coragem de não agradar – Como se libertar da opinião dos outros (350 mil livros vendidos)
- Simon Sinek: Comece pelo porquê (350 mil livros vendidos) e O jogo infinito
- Robert B. Cialdini: As armas da persuasão (500 mil livros vendidos)
- Eckhart Tolle: O poder do agora (1,2 milhão de livros vendidos)
- Edith Eva Eger: A bailarina de Auschwitz (600 mil livros vendidos)
- Cristina Núñez Pereira e Rafael R. Valcárcel: Emocionário – Um guia lúdico para lidar com as emoções (800 mil livros vendidos)
- Nizan Guanaes e Arthur Guerra: Você aguenta ser feliz? – Como cuidar da saúde mental e física para ter qualidade de vida
- Suhas Kshirsagar: Mude seus horários, mude sua vida – Como usar o relógio biológico para perder peso, reduzir o estresse e ter mais saúde e energia

sextante.com.br